# Homer's Odyssey 6-8

## Greek Text with Facing Vocabulary and Commentary

Geoffrey Steadman

Homer's Odyssey 6-8
Greek Text with Facing Vocabulary and Commentary

First Edition

© 2010 by Geoffrey D. Steadman

Revised July 2014

The Greek text is the edition by T. W. Allen, first published by Oxford University Press in 1908.

ISBN-13: 978-0-9843065-2-7
ISBN-10: 0-9843065-2-8

Published by Geoffrey Steadman
Cover Design: David Steadman

Fonts: Times New Roman, SPIonic, GFS Porson

geoffreysteadman@gmail.com

# Preface to the Series

The aim of this commentary is to make Homer's *Odyssey* Books 6-8 as accessible as possible to intermediate level Greek readers so that they may experience the joy, insight, and lasting influence that comes from reading one of the greatest works in classical antiquity in the original Greek. To accomplish this goal, I have decided to eschew the traditional commentary format and adopt the best features of Clyde Pharr's widely popular edition of Vergil's *Aeneid*, a student commentary that has more than proven its effectiveness at the secondary and collegiate levels.

Facing each of the 65 pages of the Greek text (1246 lines of verse at 20 lines per page) is a single page of commentary, which is divided into halves. The top half includes all of the corresponding vocabulary words that occur 14 or fewer times in the three books, arranged alphabetically in two columns. The bottom half of the commentary is devoted to grammatical notes, which are organized according to line numbers and likewise arranged in two columns. The advantage of this format is that it allows me to include as much information as possible on a single page and at the same time insure that the numerous commentary entries are distinct and immediately accessible to readers.

To complement the vocabulary within the commentary, I have added a Core Vocabulary List that includes all words occurring 15 or more times and strongly recommend that readers memorize this list before they begin reading. Together, this book has been designed in such a way that, once readers have mastered the Core List, they will be able to rely solely on the Greek text and facing commentary and not need to turn a page or consult outside dictionaries as they read.

The grammatical notes are designed to help beginning readers read the text, and so I have passed over detailed literary and philosophical explanations in favor of short, concise, and frequent entries that focus exclusively on grammar and morphology. The notes are intended to complement, not replace, an advanced level commentary, and so I encourage readers to consult such commentaries either before or after reading the Greek. Assuming that readers finish elementary Greek with varying levels of ability, I draw attention to subjunctive and optative constructions, identify unusual aorist and perfect forms, and in general explain aspects of the Greek that they should have encountered in first year study but perhaps forgotten. As a rule, I prefer to offer too much assistance rather than too little.

## Better Vocabulary-Building Strategies

One of the virtues of this commentary is that it eliminates time-consuming dictionary work. While there are certainly occasions where a dictionary is absolutely necessary for developing a nuanced reading of the Greek, in most instances any advantage that may come from looking up a word and exploring alternative meanings is outweighed by the time and effort spent in the process. Many continue to defend this practice, but I am convinced that such work has little pedagogical value for intermediate-level students and that the time saved by avoiding such drudgery can be better spent reading more Greek, reviewing morphology, committing vocabulary to memory, or reading secondary literature.

As an alternative to dictionary work, this commentary offers a two-step approach to building knowledge of vocabulary. First, I isolate the most common words (15 or more times) for immediate drilling and memorization. Since these words are not found elsewhere in the commentary, readers are forced to consult the list until they have learned the words thoroughly. Second, I have included the number of occurrences of each Greek word at the end of each definition entry. I encourage readers who have mastered the Core List to single out, drill and memorize moderately common words (e.g. 14-8 times) as they encounter them in the reading and devote comparatively little attention to words that occur once or twice. (According to perseus.tufts.edu, 1300 of the 2289 unique words that occur in Books 6-8 occur only once.) Altogether, I am confident that readers who follow this regimen will learn Homer's vocabulary more efficiently and develop fluency more quickly than with traditional methods.

## Print-On-Demand Publishing

Finally, this volume is a self-published, print-on-demand (POD) book, and as such it gives its author distinct freedoms and limitations that are not found in traditional publications. After writing this commentary, I simply purchased an ISBN number (the owner is *de facto* the publisher) and submitted a digital copy for printing. The most significant limitation of a POD book is that it does not undergo the extensive peer-review or general editing required by traditional publications.

The benefits of POD, however, outweigh the costs. This commentary and others in the series simply would not exist without POD. Since there is no traditional publisher acting as a middle man, there is no one to deny publication of this work because it may not be profitable *for the publisher*. Moreover, since the production costs are so low and there is no standing inventory of unsold books, I am able to offer this book at a very low price. Finally, since this book is no more than a .pdf file waiting to be printed, I am able to make corrections and place a revised edition of a POD book for sale within a single day. In this regard, we should liken PODs to software instead of traditional typeset books. Although the first edition of a POD may not be as polished as a traditional book, I am able to respond very quickly to readers' recommendations and criticisms and create an emended and augmented POD that is far superior to previous editions. If you would like to recommend changes to this volume or download a free .pdf copy of this or other commentaries in the series, please contact me at the URL or email address below. I would be grateful for your help.

Geoffrey Steadman Ph.D.
geoffreysteadman@gmail.com
www.geoffreysteadman.com

# Introduction to the Odyssey 6-8

Adults and schoolchildren worldwide read the *Odyssey* as if Books 6-8, otherwise known as the Phaeacian episode, never existed, and in doing so they sorely misread the epic. If you ask the typical student to recall the *Odyssey*, she will predictably say that after the Trojan war Odysseus and his men wandered around the Mediterranean for several years, encountering strange lands and memorable monsters. Odysseus alone survived, and after spending seven years stranded on an island with the goddess Calypso, he found a way home, where, disguised as an old man, he killed the suitors who had broken the guest-host relationship and reunited with his wife Penelope.

The problem with this immensely popular reading of the epic is that it is factually inaccurate and overlooks one of the central features of Homer's poem: it is Odysseus himself, a man of great cunning and deceit, who tells the story of his travels to the Phaeacians, and he has good reason to manipulate his audience. After Odyssey is shipwrecked on Scheria, the island of the Phaeacians, he faces a twofold challenge: on the one hand, the princess Nausicaa is looking for a husband, and Odysseus looks increasingly like a possible match; on the other hand, the Phaeacians are not accustomed to guests, and so there is a concern that they may resort to violence or that their king Alcinous will not fulfill his promise and return Odysseus to Ithaca.

It is not surprising that these dual threats, namely that the Phaeacians will break the guest-host relationship by either harming their guest or by forcing him to linger longer than he wishes, become prominent themes throughout Odysseus' account of his travels. In light of the Phaeacian episode, Odysseus' encounters with the Cyclops and Laestrygonians or again with the Lotuseaters and Circe become not a recollection of personal hardships (if they ever were) but a calculated attempt to persuade his host to abide by the guest-host relationship. Sure enough, when Odysseus ends his tales in Book 12, Alcinous arranges not only to send his guest home safely but also to provide enough gifts to magnify the honor and glory of the returning king of Ithaca.

A knowledge of Books 6-8 is indispensible if readers wish to achieve a proper understanding of Odysseus' travels, but undoubtedly what is most attractive and meaningful in these three books are the conversations Odysseus has with his hosts.

Every dialogue is an exercise of rhetorical brilliance, where both guest and host alike speak in half-truths as they attempt to ascertain their interlocutor's motives and pursue their own private interests. The speeches deserve close reading, and readers are sure to be rewarded for their efforts. Set against the idyllic background of the island, so lushly described in Book 7, these uneasy exchanges between Odysseus and the Phaeacians remind us that, much like the epic as a whole, things are not what they appear to be.

## Outline of Books 6-8

### Book 6: Odysseus arrives in Scheria, land of the Phaeacians.

1-2 Odysseus is naked and asleep by the seashore.
3-47 Athene visits Nausicaa in a dream.
48-70 Nausicaa requests a carriage from Alcinous.
71-109 Nausicaa washes clothes at the river's mouth with her attendants.
110-48 Odysseus wakes up and scares the girls.
149-97 Odysseus and Nausicaa speak.
198-250 Nausikaa has Odysseus fed and clothed.
251-331 Nausikaa and Odysseus arrange to go to the city separately.

### Book 7: Odysseus enters Alcinous' hall.

1-13 Nausicaa returns to the palace.
14-45 A disguised Athena guides Odysseus.
46-77 Athena talks about Queen Arete and King Alcinous.
78-132 Cloaked in mist, Odysseus surveys the palace and orchards.
133-77 Odysseus enters the palace and beseeches Arete.
178-229 Alcinous greets Odysseus and sends away his guests.
230-333 Odysseus recalls his past for Arete and Alcinous.
334-47 Odysseus retires for the night in the palace.

### Book 8: Odysseus is entertained by the Phaeacians.

1-45 The Phaeacians convene a council.
46-71 They prepare for the banquet.
72-103 Demodocus sings about Odysseus and Achilles
104-30 The youth engage in athletic competitions.
131-265 When challenged, Odysseus wins the discus throw.
266-369: Demodocus sings about Ares and Aphrodite.
370-453 The Phaeacians dance and offer gifts.
454-68 Odysseus says goodbye to Nausikaa with gratitude.
469-531 Demodocus sings about the Trojan horse at Odysseus' request.
532-86 Alcinous asks his guest about his name and homeland

# Core Vocabulary List
# (Words 15 or More Times)

Readers should review this core list as soon as possible and then begin to master the high frequency words (e.g. 14-8 times or fewer) as they encounter them in the reading. With few exceptions, most of the words below may be found in elementary Greek courses. The number of occurrences of each word in Books 6-8 was tabulated with the help of vocabulary tools in the Perseus Digital Library (perseus.tufts.edu).

ἄγω: to lead, to bring, to carry, to convey, 41
αἰεί: always, forever, in every case, 15
αἱρέω: to seize, take; mid. choose, 15
Ἀλκίνοος, ὁ: Alcinoos, 54
ἀλλά: but, 52
ἄλλος, -η, -ο: other, one...another, 46
ἀμφί: on both sides, round, 20
ἀμφί-πολος, ἡ: handmaid, attendant, 24
ἄν (κέ): modal adv., 58
ἀνά: up, upon (+ dat.); up to, on to (+ acc.), 25
ἀνήρ, ἀνδρός, ὁ: a man, 45
ἄνθρωπος, ὁ: human being, 20
ἀπό: from, away from. (+ gen.), 18
ἄρα: then, therefore, it seems, it turns out, 101
ἄριστος, -η, -ον: best, most excellent, 16
αὐτάρ, ἀτάρ: but, yet, 47
αὐτός, -ή, -ό: -self; he, she, it; the same, 56

βαίνω: to walk, step, go, 25

γαῖα, ἡ: earth, ground, land, country, 15
γάρ: for, since, 72
γε: at least, at any rate; indeed, 51
γίγνομαι: to become, come to be, be born, 15
γυνή, γυναικός, ἡ: a woman, wife, 15

δέ: but, and, on the other hand, 485
δή: indeed, surely, really, certainly, just, 48
δίδωμι: to give, offer, grant, provide, 35
δῖος, -α, -ον: god-like, divine, wondrous, 20
δόμος, ὁ: house, abode, 15
δῶμα, -ατος, τό: house, 29

ἑ: him, her, it (reflexive), 100
ἐάν: εἰ ἄν, if (+ subj.), 18
ἐγώ: I, 123
εἰ: if, whether, 27
εἶδον: see, behold; pass. appear (aor ὁράω) 31
εἷμα, -ατος, τό: a garment, clothing, 18
εἰμί: to be, exist, 154
εἶπον: aor., said, spoke, 30
εἰς: into, to, in regard to (+ acc.), 112
ἐκ: out of, from (+ gen.), 34
ἐμός, -ή, -όν: my, mine, 29

ἐν: in, on, among. (+ dat.), 98
ἔνθα: there, thither; then, at that time, 37
ἐπεί: when, after, since, because, 48
ἔπειτα: then, next, secondly, 19
ἐπί: to, toward (acc.), near, at (dat., gen.), 53
ἔπος, -εος, τό: a word, 17
ἔρχομαι: to come, go, 86
ἔχω: to have, hold; be able; be disposed, 37

Ζεύς, ὁ: Zeus, 23
ἤ: or (either...or); than, 31
ἠ-δέ: and, 33

θεός, ὁ, ἡ: god, goddess, 57
θυμός, ὁ: heart, soul, mind, spirit, 28

ἵημι: to send forth, throw; let go, release, 18
ἱκνέομαι: to go, come, approach, arrive, 29
ἵστημι: make stand, set up, stop, establish, 24

καί: and, also, even, too, 287
κακός, -ή, -όν: bad, base, cowardly, evil, 17
καλός, -ή, -όν: beautiful, fair, noble, fine, 27
κατά: down from (+ gen.), down (+ acc.), 39
κέ (ἄν): modal adv., 58
κελεύω: to bid, order, command, exhort, 20
κῆρυξ, -υκος, ὁ: herald, envoy, messenge, 15
κούρη, ἡ: girl, maiden, maid; daughter, 21

μάλα: very, very much, exceedingly, 26
μέγαρον, τό: hall, chief-room, large room, 15
μέγας, μεγάλη, μέγα: big, great, important 20
μέν: on the one hand, 85
μετά: with (+ gen.); after (+ acc.), 23

νηῦς, νηός, ἡ: a ship, boat, 27
νῦν: now; as it is, 24

ξεῖνος, ὁ: guest, foreigner, stranger, 43

ὁ, ἡ, τό: he, she, it; that; who, which, that, 355
ὅδε, ἥδε, τόδε: this, this here, 30
Ὀδυσσεύς, ὁ: Odysseus, 59
οἶδα: to know, 19
ὅσος, -η, -ον: as much or many as; all who, 23
ὅτε: when, at some time, 21

# Synopsis of Major Differences between Homeric and Attic Greek

**1. Verb Augments:** The past augment ἐ- is frequently missing from verbs.

ἐκάθευδε → καθεῦδε (*was sleeping*)  ἔβη → βῆ (*set out*)  ἦγε → ἄγε (*led*)

**2. Infinitives:** Infinitives may end not only with -ειν but also with -έμεν or -έμεναι

ἰέναι (*to go*) → ἰέναι, ἴμεν or ἴμεναι  εἶναι (*to be*) → εἶναι, ἔμεν or ἔμμεναι

**3. There are three different meanings for the pronoun ὁ, ἡ, τό:**

A. Personal/Demonstrative: *he, she, it, that* frequently before μέν (6.1) and δέ (6.20)
B. Relative: *who, which, that* accented and often following commas (6.6)
C. Indefinite: *the*, weak *that* often preceding and modifying a noun

|      | m. sg. | f. sg. | n. sg. | m. pl | f. pl. | n. pl. |
|------|--------|--------|--------|-------|--------|--------|
| Nom. | ὁ | ἡ | τό | οἱ, τοί | αἱ, ταί | τά |
| Gen. | τοῦ, τοῖο | τῆς | τοῦ, τοῖο | τῶν | τάων | τῶν |
| Dat. | τῷ | τῇ | τῷ | τοῖσι, τοῖς | τῇσι, τῆς | τοῖσι, τοῖς |
| Acc. | τόν | τήν | τόν | τούς | τάς | τά |

**N.B.** The variations of the genitive sg. and dative pl. are common in the declensions.
οἱ is also a 3rd person dat. sg. pronoun: "to him," "to her," or "to it" (see below)

**4. Personal pronouns**
Homer often uses ἔο (οὗ), οἱ, ἕ (μιν) below in place of αὐτοῦ, αὐτῷ, αὐτόν.

|      | 1st person singular | | 2nd person singular | | 3rd person singular | |
|------|---------------------|------|---------------------|------|---------------------|------|
| Nom. | ἐγώ | *I* | συ | *you* | ——— | |
| Gen. | ἐμέο, ἐμεῖο | *my* | σέο, σεῖο | *your* | εἷο, ἔο | *his, her, its* |
|      | ἐμεῦ, μευ, ἐμέθεν | | σεῦ, σευ, σέθεν | | εὗ, ἔθεν | |
| Dat. | μοι | *to me* | σοί, τοι | *to you* | οἱ, ἑοῖ | *to him, her, it* |
| Acc. | μέ | *me* | σέ, σε | *you* | ἕ, μιν | *him, her, it* |

|        | 1st person plural |        |      | 2nd person plural |        |       | 3rd person plural |          |
|--------|-------------------|--------|------|-------------------|--------|-------|-------------------|----------|
| Nom.   | ἡμεῖς, ἄμμες      |        | we   | ὑμεῖς, ὔμμες      |        | you   | ——                |          | they |
| Gen.   | ἡμέων, ἡμείων     |        | our  | ὑμέων, ὑμείων     |        | your  | σφέων, σφείων     |          | their |
| Dat.   | ἡμῖν              |        | to us| ὑμῖν              |        | to you| σφίσι(ν), σφι(ν)  | to them  |
| Acc.   | ἡμέας, ἄμμε       |        | us   | ὑμέας, ὔμμε       |        | you   | σφέας, σφας, σφε  | them     |

## Possessive Adjectives

1st  ἐμός, ή, όν *my, mine*                 ἡμέτερος, η, ον (ἀμός, ή, όν) *our(s)*
2nd  σός, σή, σόν (τεός, τεή, τεόν) *your(s)*   ὑμέτερος, η, ον (ὑμός, ή, όν) *your(s)*
3rd  ἑός, ἑή, ἑόν (ὅς, ἥ, ὅν) *his, her(s), its (own)*  σφέτερος, η, ον (σφός, ή, όν) *their(s)*

## 5. Declension Endings

### 1st declension feminine / 1st declension masculine

|        | 1st declension feminine |                      | 1st declension masculine |                   |
|--------|-------------------------|----------------------|--------------------------|-------------------|
| Nom.   | -η, -α, -ᾱ              | -αι                  | -ης, -α, -ᾱς             | -αι               |
| Gen.   | -ης, -ᾱς                | -ῶν, -ᾱων, -έων      | -ᾱο, -εω, -ω             | -ῶν, -ᾱων, -έων   |
| Dat.   | -η, -ᾳ                  | -αις, -ῃσι, -ῃς      | -η, -ᾳ                   | -ῃσι, -ῃς         |
| Acc.   | -ην, -αν, -ᾱν           | -ᾱς                  | -ην, -ᾱν                 | -ᾱς               |

### 2nd declension masculine / 2nd declension neuter

|        | 2nd declension masculine |                   | 2nd declension neuter |                   |
|--------|--------------------------|-------------------|-----------------------|-------------------|
| Nom.   | -ος, -ως, -ους           | -οι               | -ον                   | -α                |
| Gen.   | -οιο, -ου, -ω, -οο       | -ων               | -οιο, -ου, -ω, -οο    | -ων               |
| Dat.   | -ῳ                       | -οισι(ν), -οις    | -ῳ                    | -οισι(ν), -οις    |
| Acc.   | -ον, -ων                 | -ους, -ως         | -ον                   | -α                |

### 3rd declension masc. and fem. / 3rd declension neuter

|        | 3rd declension masc. and fem. |                   | 3rd declension neuter |                   |
|--------|-------------------------------|-------------------|-----------------------|-------------------|
| Nom.   | -ς                            | -ες, -εις, -ους   | --                    | -α, -η, -ω        |
| Gen.   | -ος, -ους, -ως                | -ων               | -ος, -ους, -ως        | -ων               |
| Dat.   | -ι, -ῑ                        | -εσσι(ν), -σι(ν)  | -ι, -ῑ                | -εσσι(ν), -σι(ν)  |
| Acc.   | -α, -ν, -η, -ω                | -ας, -εις, -ς     | --                    | -α, -η            |

## 6. Common Irregular Verbs

### εἰμί (to be)

|        | present |                   | imperfect |                  |                   | participle |
|--------|---------|-------------------|-----------|------------------|-------------------|------------|
| 1st    | εἰμί    | εἰμέν             | ἦα (ἔα, ἔον) | ἦμεν          | ἐών, ἐοῦσα, ἐόν   |
| 2nd    | ἐσσί (εἶς) | ἐστέ           | ἦσθα (ἔησθα) | ἦτε           |                   |
| 3rd    | ἐστί    | εἰσί (ἔᾱσι)       | ἦεν (ἤην, ἔην, ἦν) | ἦσαν (ἔσαν) |                |

|        | subjunctive |             | optative |           |
|--------|-------------|-------------|----------|-----------|
| 1st    | ἔω          | ἔωμεν       | εἴην     | εἶμεν     |
| 2nd    | ἔῃς         | ἔητε        | εἴης (ἔοις) | εἶτε   |
| 3rd    | ἔῃ (ἔῃσι, ἦσι) | ἔωσι (ὦσι) | εἴη (ἔοι) | εἶεν     |

### εἶμι (to go)

|        | present (fut. of ἔρχομαι) |          | imperfect |                   |                    | participle |
|--------|---------------------------|----------|-----------|-------------------|--------------------|------------|
| 1st    | εἶμι   | ἴμεν             | ἤια (ἤιον) | ἤομεν            | ἰών, ἰοῦσα, ἰόν    |
| 2nd    | εἶς (εἶσθα) | ἴτε        | ἤεις (ἤεισθα) | ἦτε           |                    |
| 3rd    | εἶσι   | ἴᾱσι            | ἤει (ἤιε, ἦε, ἴε) | ἤισαν (ᾖσαν, ἤιον, ἴσαν) |      |

|        | subjunctive |           | optative |          |
|--------|-------------|-----------|----------|----------|
| 1st    | ἴω          | ἴωμεν     | ἴοιμι    | ἴοιμεν   |
| 2nd    | ἴῃς (ἴῃσθα) | ἴητε      | ἴοις     | ἴοιτε    |
| 3rd    | ἴῃ (ἴῃσι)   | ἴωσι      | ἴοι (ἰείη) | ἴοιεν   |

# Abbreviations

| | | | | | |
|---|---|---|---|---|---|
| abs. | absolute | imp. | imperative | pf. | perfect |
| acc. | accusative | impf. | imperfect | pl. | plural |
| act. | active | imper. | impersonal | plpf. | pluperfect |
| adj. | adjective | indic. | indicative | pred. | predicate |
| adv. | adverb | i.o. | indirect object | prep. | preposition |
| aor. | aorist | inf. | infinitive | pres. | present |
| app. | appositive | inter. | interrogative | pron. | pronoun |
| comp. | comparative | m. | masculine | reflex. | reflexive |
| dat. | dative | n. | neuter | rel. | relative |
| dep. | deponent | nom. | nominative | seq. | sequence |
| d.o. | direct object | obj. | object | sg. | singular |
| f. | feminine | opt. | optative | subj. | subject |
| fut. | future | pple. | participle | superl. | superlative |
| gen. | genitive | pass | passive | voc. | vocative |

---

# Additional Readings

**The Odyssey Re-Formed** (1996) by Frederick Ahl and Hanna Roisman offers readers a thought-provoking meditation of the entire poem and devotes considerable attention to Books 6-8. Whether or not you agree with the authors' reading, this book will inspire hours of reflection and conversation. No knowledge of Greek is required for this well-written volume.

**Homer's Odyssey, Oxford Readings in Classical Studies** (2009) edited by Lillian Doherty is a collection of "sixteen authoritative articles that have appeared over the last thirty years" in Homeric scholarship. This book is essential for those who want an detailed study of particular topics in the *Odyssey* as well as a sampling of the variety of modern approaches to the work.

## Commentaries and a Lexicon

**The Odyssey, Books VI-VIII** (1994) by A. F. Garvie is one of the popular "green and yellow" commentaries published by Cambridge. This advanced level volume includes an introduction, the Greek text, and an extensive commentary intended not to address general vocabulary and morphology but to elucidate words and phrases in light of other occurrences in epic poetry.

**Homer: Odyssey I-XII** (1947) by W. B. Stanford has long been the standard text and commentary for the *Odyssey*. This single volume (432 pp.) includes a lengthy introduction to the *Odyssey*, the Greek text for Books 1-12, a complete review of Homeric Greek, and notes.

**Lexicon of the Homeric Dialect** (1924) by Richard J. Cunliffe is a dictionary devoted to the vocabulary in the *Odyssey*, *Iliad*, and Homeric Hymns. Though Georg Autenrieth has published a similar volume, Cunliffe's book also contains within each dictionary entry the book and line references to the other occurrences of that word in the Homeric corpus.

"Well my ship's been split to splinters and it's sinking fast
I'm drownin' in the poison, got no future, got no past
But my heart is not weary, it's light and it's free
I've got nothin' but affection for all those who've sailed with me."

-Bob Dylan


"To make the ancients speak, we must feed them with our own blood."

-von Wilamowitz-Moellendorff

ὣς ὁ μὲν ἔνθα καθεῦδε πολύτλας δῖος Ὀδυσσεὺς 1
ὕπνῳ καὶ καμάτῳ ἀρημένος· αὐτὰρ Ἀθήνη 2
βῆ ῥ᾽ ἐς Φαιήκων ἀνδρῶν δῆμόν τε πόλιν τε, 3
οἳ πρὶν μέν ποτ᾽ ἔναιον ἐν εὐρυχόρῳ Ὑπερείῃ, 4
ἀγχοῦ Κυκλώπων ἀνδρῶν ὑπερηνορεόντων, 5
οἵ σφεας σινέσκοντο, βίηφι δὲ φέρτεροι ἦσαν. 6
ἔνθεν ἀναστήσας ἄγε Ναυσίθοος θεοειδής, 7
εἷσεν δὲ Σχερίῃ, ἑκὰς ἀνδρῶν ἀλφηστάων, 8
ἀμφὶ δὲ τεῖχος ἔλασσε πόλει, καὶ ἐδείματο οἴκους, 9
καὶ νηοὺς ποίησε θεῶν, καὶ ἐδάσσατ᾽ ἀρούρας. 10
ἀλλ᾽ ὁ μὲν ἤδη κηρὶ δαμεὶς Ἀϊδόσδε βεβήκει, 11
Ἀλκίνοος δὲ τότ᾽ ἦρχε, θεῶν ἄπο μήδεα εἰδώς. 12
τοῦ μὲν ἔβη πρὸς δῶμα θεά, γλαυκῶπις Ἀθήνη, 13
νόστον Ὀδυσσῆι μεγαλήτορι μητιόωσα. 14
βῆ δ᾽ ἴμεν ἐς θάλαμον πολυδαίδαλον, ᾧ ἔνι κούρη 15
κοιμᾶτ᾽ ἀθανάτῃσι φυὴν καὶ εἶδος ὁμοίη, 16
Ναυσικάα, θυγάτηρ μεγαλήτορος Ἀλκινόοιο, 17
πὰρ δὲ δύ᾽ ἀμφίπολοι, Χαρίτων ἄπο κάλλος ἔχουσαι, 18
σταθμοῖιν ἑκάτερθε· θύραι δ᾽ ἐπέκειντο φαειναί. 19
ἡ δ᾽ ἀνέμου ὡς πνοιὴ ἐπέσσυτο δέμνια κούρης, 20

ἀγχοῦ: near, nigh, close by, 1
ἀ-θάνατος, -ον: undying, immortal, 14
Ἀθήνη, ἡ: Athena, 11
Ἀΐδης, ὁ: Hades, 1
ἀλφηστής, -ου: gain-getting, grain-eating, 1
ἄνεμος, ου, ὁ: wind, 6
ἀν-ίστημι: to make stand up, raise up, 4
ἀρημένος, -η, -ον:: overcome, distressed, 1
ἄρουρα, ἡ: tilled land, field, earth, soil, 2
ἄρχω: to begin; rule, be leader of, 7
βίη, ἡ: strength, force, power, might, 2
γλαυκ-ῶπις, -ιδος: bright-, gleaming-eyed, 9
δαμάζω: to subdue, tame, overpower, 1
δατέομαι: to divide, distribute, 1
δέμνια, τά: bedstead, bed, 6
δέμω: to build, construct, form, 2
δῆμος, ὁ: district, country, land; people, 12
δύο: two, 7
εἶδος, -εος, τό: appearance, form, beauty, 7
ἑκάς: far, afar, far off, far from (+ gen.), 1
ἑκάτ-ερθε: on either side, on either side of, 3
ἐλαύνω: to drive; drive off; set in motion, 6
ἔνθεν : whence, on the one side, 2
ἐπί-κειμαι: to be shut, set to, 1
ἐπι-σεύομαι: to hasten to; act. put in motion, 1
εὐρύ-χορος, -ον: with broad dancing-places, 1
ἤδη: already, now, at this time, 8
θάλαμος, ὁ: room, chamber, sleeping room, 5
θεά, ἡ: a goddess, 12
θεο-ειδής, -ές: godlike, divine in form, 2
θυγάτηρ, ἡ: a daughter, 11
θύρα, ἡ: door, 3
ἵζω: to make sit, place, 11

κάλλος, -εος, τό: beauty, 3
κάματος, ὁ: weariness, fatigue, toil, labor 2
καθεύδω: to lie down to sleep, sleep, 3
κήρ, -ος, ἡ: death, destined fate; Death, 2
κοιμάω: to put to sleep; mid. to go asleep, 3
Κύκλωψ, -οπος, ὁ: Cyclops, 2
μεγαλ-ήτωρ, -ορος: great-hearted, heroic, 10
μήδεα, τά: counsels, plans, devices; genitals, 2
μητιάω: to meditate, deliberate; devise, plan 2
ναίω: to live, dwell, abide, 3
Ναυσίθοος, ὁ : Nausithoos, 5
Ναυσικάα, ἡ: Nausikaa, 11
νηός, ὁ: a temple, 5
νόστος, ὁ: return home, return homeward, 4
ὁμοῖος, -α, -ον: like, similar, resembling, 3
οἶκος, ὁ: a house, abode, dwelling, 7
πνοιή, ἡ: blowing, blast, breeze, blowing, 1
ποιέω: to do, make, create, compose, 5
πολυ-δαίδαλος, -ον: richly wrought, 1
πολύ-τλας, -αντος: much-enduring, stout, 10
πρίν: until, before, 6
σίνομαι: to hurt, harm, do mischief to, 1
σταθμός, ὁ: door-post, column, 3
Σχερίη, ἡ: Scheria, land of Phaeacians, 2
τεῖχος, -εος, τό: a wall, 2
Ὑπερείη, ἡ: High-land, 1
ὑπερ-ηνορέων, -ον: overweening, -bearing, 1
ὕπνος, ὁ: sleep, slumber, 5
φαεινός, -ή, -όν: shining, beaming, radiant, 8
φέρτερος, -η, -ον: stronger, more powerful, 1
φυή, ἡ: stature, growth, 5
Χάρις, -ιτος, ἡ: Grace, Charm, Loveliness, 1

---

1  ὡς: thus, so; elsewhere temporal 'when'
   ὁ μὲν: he, Odysseus…; article is frequently
   used as pronoun; Ὀδυσσεὺς in apposition
   καθεῦδε: 3rd sg. impf. καθεύδω
2  ὕπνωι, καμάτωι: with..; dat. means/ cause
3  βῆ: set out; ἔβη, 3rd sg. aor. βαίνω
   ῥ ': then; ἄρα elides with nearby vowels
   τε…τε: both…and; alternative to τε…καὶ
4  οἵ: who; nom. pl. relative pronoun
6  σινέσκοντο: used to harm; iterative impf.
   βίηφι: in strength; -φι is instrumental force
7  ἀναστήσας: causing to migrate; "raising
   up," nom. sg. aor. pple ἀν-ίστημι
   ἆγε: led; ἦγε; 3rd sg. impf. ἄγω
8  εἶσεν: settled; 3rd sg. aor. ἵζω
9  ἀμφὶ…ἔλασσε: drove (acc) around (dat);

10  ἐδάσσατο: he distributed; aor. δατέομαι
11  δαμείς: having been overcome; nom. sg.
    aor. pass. pple, δαμάζω with dat. means
    Ἀϊδόσδε: to Hades' (house)
    βεβήκει: ἐβεβήκει, 3rd sg. plpf. βαίνω
12  θεῶν ἄπο: ἄπο θεῶν
    εἰδώς: knowing; nom. sg. pf. pple οἶδα
13  τοῦ: of this one; modifies δῶμα
14  μητιόωσα: μητιῶσα; nom. sg. f. pple
15  βῆ…ἴμεν: set out to go; inf. ἔρχομαι
    ᾧ ἔνι: in which; ἐν ᾧ, relative pronoun
16  φυὴν καὶ εἶδος: in (respect to); acc. respect
18  πὰρ: (were) at hand; παρά, add impf. εἰμί
19  σταθμοῖιν: of the two doorposts; dual gen.
20  ἀνέμου ὡς πνοιή: just as a gust of wind
    ἐπέσσυτο: hasten to; impf. mid. ἐπισεύω

στῆ δ' ἄρ' ὑπὲρ κεφαλῆς, καί μιν πρὸς μῦθον ἔειπεν,　　21

εἰδομένη κούρῃ ναυσικλειτοῖο Δύμαντος,　　22

ἥ οἱ ὁμηλικίη μὲν ἔην, κεχάριστο δὲ θυμῷ.　　23

τῇ μιν ἐεισαμένη προσέφη γλαυκῶπις Ἀθήνη·　　24

"Ναυσικάα, τί νύ σ' ὧδε μεθήμονα γείνατο μήτηρ;　　25

εἵματα μέν τοι κεῖται ἀκηδέα σιγαλόεντα,　　26

σοὶ δὲ γάμος σχεδόν ἐστιν, ἵνα χρὴ καλὰ μὲν αὐτὴν　　27

ἕννυσθαι, τὰ δὲ τοῖσι παρασχεῖν, οἵ κέ σ' ἄγωνται.　　28

ἐκ γάρ τοι τούτων φάτις ἀνθρώπους ἀναβαίνει　　29

ἐσθλή, χαίρουσιν δὲ πατὴρ καὶ πότνια μήτηρ.　　30

ἀλλ' ἴομεν πλυνέουσαι ἅμ' ἠοῖ φαινομένηφι·　　31

καί τοι ἐγὼ συνέριθος ἅμ' ἕψομαι, ὄφρα τάχιστα　　32

ἐντύνεαι, ἐπεὶ οὔ τοι ἔτι δὴν παρθένος ἔσσεαι·　　33

ἤδη γάρ σε μνῶνται ἀριστῆες κατὰ δῆμον　　34

πάντων Φαιήκων, ὅθι τοι γένος ἐστὶ καὶ αὐτῇ.　　35

ἀλλ' ἄγ' ἐπότρυνον πατέρα κλυτὸν ἠῶθι πρὸ　　36

ἡμιόνους καὶ ἄμαξαν ἐφοπλίσαι, ἥ κεν ἄγῃσι　　37

ζῶστρά τε καὶ πέπλους καὶ ῥήγεα σιγαλόεντα.　　38

καὶ δὲ σοὶ ὧδ' αὐτῇ πολὺ κάλλιον ἠὲ πόδεσσιν　　39

ἔρχεσθαι· πολλὸν γὰρ ἀπὸ πλυνοί εἰσι πόληος."　　40

4

Ἀθήνη, ἡ: Athena, 11
ἀ-κηδής, -ές: uncared for, neglected, 1
ἀνα-βαίνω: to go up, climb, mount, spread, 1
ἀριστεύς, -ῆος: noble, best, pre-eminent, 1
ἅμα: at the same time; along with (+ dat.), 13
ἅμαξα, ἡ: wagon, 3
γάμος, ὁ: a wedding, wedding-feast, 3
γένος, -εος, τό: race, family, 2
γείνομαι: γίγνομαι, give birth to, beget, 4
γλαυκ-ῶπις, -ιδος: bright-, gleaming-eyed, 9
δῆμος, ὁ: district, country, land; people, 12
δήν: long, for a long time, for long, long, 2
Δύμας, -αντος, ὁ: Dymas, 1
ἐν-τύνω: to make ready; mid. ready oneself, 1
ἕννυμι: to put clothes on, clothe, put on, 4
ἕπομαι: to follow, accompany, escort, 12
ἐπ-οτρύνω: to rouse, stir up, excite, incite, 5
ἐσθλός, -ή, -όν: good, well-born, noble, 12
ἔτι: still, besides, further, 9
ἐφ-οπλίζω: to get ready, prepare, equip, 3
ζῶστρον, τό: a belt, girdle, warrior's belt, 1
ἠέ: or, either…or, 7
ἤδη: already, now, at this time, 8
ἡμί-ονος, ἡ, ὁ: mule, 12
ἠώς, ἡ: daybreak, dawn, 6
ἵνα: in order that (+ subj.); where (+ ind.), 13
κέ: ἄν, 9
κεῖμαι: to lie down, be laid, 7
κεφαλή, ἡ: the head, 7
κλυτός, -ή, -όν: famous, renowned, heard of, 6

μεθήμων, -ονος: careless, remiss, 1
μήτηρ, ἡ: a mother, 11
μνάομαι: to woo, court; remind, 2
μῦθος, ὁ: story, word, speech, 13
Ναυσικάα, ἡ: Nausikaa, 11
ναυσι-κλειτός, -ή, -όν: famed for ships, 1
ὅ-θι: where, 7
ὁμ-ηλικίη, ἡ: the same age, peer group, 1
παρ-έχω: to provide, furnish, supply, 2
παρθένος, ἡ: maiden, virgin, unmarried girl, 3
πέπλος, ὁ: robe, dress, clothing, 2
πλυνός, ὁ: a washing-trough, washing-tank, 2
πλύνω: to wash, clean, 3
πότνια, ἡ: mistress, queen, 3
πούς, ποδός, ὁ: a foot, 12
πρό: before, in front; in place of (+ gen.), 2
πρόσ-φημι: to speak to, address, 12
ῥῆγος, τό: rug, blanket, cloth, 2
σιγαλόεις, -εντος: shining, glittering, 3
συν-έριθος, ἡ: fellow-laborer, co-worker, 1
σχεδόν: near, nearly, almost, just about, 2
τάχιστα: very quickly, very speedily, 4
ὑπέρ: above (+ gen.); beyond (+ acc.), 5
φαίνω: to show, point out; mid. appear, 10
φάτις, ἡ: talk, report, rumor, 2
χαίρω: to rejoice, be glad; fare well, 10
χαρίζομαι: to show favor, gratify, please, 4
χρή: it is necessary, it is fitting; must, ought, 3
ὧδε: in this way, so, thus, 5

---

21 στῆ: she stood; ἔστη, 3rd sg. aor. ἵστημι
   πρὸς…ἔειπεν: addressed (acc.) to (acc.)
   μιν: her; see pronouns in the introduction
22 εἰδομένη: appearing like (dat); "being
   seen (like)" nom. sg. pres. mid. pple εἶδον
23 οἱ: to her; see pronouns in the introduction
   ἔην: was; 3rd sg. impf. εἰμί
   κεχάριστο: had pleased (dat); 3rd sg. plpf.
24 ἐεισαμένη: having appeared like (dat); aor.
25 τί νύ: why now…?
   σ': you; acc. sg. σέ
27 ἵνα: where…; ἵνα + indicative is "where"
   αὐτὴν: that (you) yourself; subject of inf.
28 τοῖσι…οἵ..ἄγωνται: to those…who will
   escort you; pres. subj. with future sense
31 ἴομεν: let us go; ἴωμεν; hortatory subj.
   ἔρχομαι (i.e. εἶμι with stem -ι)
   πλυνέουσαι: fut. pple expressing purpose
   ἅμ' ἠοῖ φαινομένηφι: at the same time as

dawn appearing; φι indicates dat sg. pple
32 ἔψομαι: 1st sg. fut. ἕπομαι
   ὄφρα…ἐντύνεαι: so that you may get ready
   Att. ἐντύνῃ, 2nd sg. pres. subj., purpose
33 τοι: you know; elsewhere equivalent to σοι
   ἐπεὶ οὔ..ἔτι δήν: since not still for long…
   ἔσσε(σ)αι: you will be; 2nd sg. fut. dep. εἰμί
35 τοι…αὐτῆι: you yourself have…; "is to
   you" dat. possession, αὐτῇ is intensive
36 ἄγ ': come on; ἄγε; introduces an imper.
   ἠῶθι: at dawn; suffix -θι is place where
37 ἐφοπλίσαι: aor. inf. of purpose governed
   by ἐπότρυνον
   ἥ κεν ἄγῃσι: which may lead…; ἄγῃσι, 3rd
   sg. pres. subj., relative clause, purpose
39 πολὺ: far, by far; acc. of extent or adverb
   κάλλιον ἠέ: (it is) better than; supply ἐστί
   πόδεσσιν: dat. of means, pl. πούς
40 πολλὸν…ἄπο…πόληος: far from the city

ἡ μὲν ἄρ ' ὣς εἰποῦσ' ἀπέβη γλαυκῶπις Ἀθήνη 41

Οὔλυμπονδ', ὅθι φασὶ θεῶν ἕδος ἀσφαλὲς αἰεὶ 42

ἔμμεναι. οὔτ' ἀνέμοισι τινάσσεται οὔτε ποτ' ὄμβρῳ 43

δεύεται οὔτε χιὼν ἐπιπίλναται, ἀλλὰ μάλ' αἴθρη 44

πέπταται ἀνέφελος, λευκὴ δ' ἐπιδέδρομεν αἴγλη· 45

τῷ ἔνι τέρπονται μάκαρες θεοὶ ἤματα πάντα. 46

ἔνθ' ἀπέβη γλαυκῶπις, ἐπεὶ διεπέφραδε κούρῃ. 47

Αὐτίκα δ' Ἠὼς ἦλθεν ἐύθρονος, ἥ μιν ἔγειρε 48

Ναυσικάαν ἐύπεπλον· ἄφαρ δ' ἀπεθαύμασ' ὄνειρον, 49

βῆ δ' ἴμεναι διὰ δώμαθ', ἵν' ἀγγείλειε τοκεῦσι, 50

πατρὶ φίλῳ καὶ μητρί· κιχήσατο δ' ἔνδον ἐόντας· 51

ἡ μὲν ἐπ' ἐσχάρῃ ἧστο σὺν ἀμφιπόλοισι γυναιξὶν 52

ἠλάκατα στρωφῶσ' ἁλιπόρφυρα· τῷ δὲ θύραζε 53

ἐρχομένῳ ξύμβλητο μετὰ κλειτοὺς βασιλῆας 54

ἐς βουλήν, ἵνα μιν κάλεον Φαίηκες ἀγαυοί. 55

ἡ δὲ μάλ' ἄγχι στᾶσα φίλον πατέρα προσέειπε· 56

"Πάππα φίλ', οὐκ ἂν δή μοι ἐφοπλίσσειας ἀπήνην 57

ὑψηλὴν ἐύκυκλον, ἵνα κλυτὰ εἵματ' ἄγωμαι 58

ἐς ποταμὸν πλυνέουσα, τά μοι ῥερυπωμένα κεῖται; 59

καὶ δὲ σοὶ αὐτῷ ἔοικε μετὰ πρώτοισιν ἐόντα. 60

ἀγαυός, -ή, -όν: illustrious, noble, 2
ἀγγέλλω: to announce, proclaim, report, 1
ἄγχι: near, nigh, close by, 6
Ἀθήνη, ἡ: Athena, 11
αἴγλη, ἡ: radiance, light of the sun, 2
αἴθρη, ἡ: clear sky, fair weather, 1
ἁλι-πόρφυρος, -ον: of sea-purple, 2
ἄνεμος, ου, ὁ: wind, 6
ἀ-νέφελος, -ον: cloudless, 1
ἀπήνη, ἡ: a four-wheeled wagon, 9
ἀπο-βαίνω: to go away, depart, disembark, 3
ἀπο-θαυμάζω: marvel much at, wonder at, 1
ἀ-σφαλής, -ές: secure, safe, not apt to fall, 2
αὐτίκα: straightway, at once; presently, 6
ἄφαρ: straightway, at once, quickly, soon, 3
βασιλεύς, ὁ: a king, chief, 10
βουλή, ἡ: council, counsel, plan, resolve, 4
γλαυκ-ῶπις, -ιδος: bright-, gleaming-eyed, 9
δεύω: to wet, moisten, 4
διά: through (+ gen.) on account of (+ acc.), 5
δια-φράζω: to say, tell, speak distinctly, 1
ἐγείρω: to awaken, wake up, rouse, 4
ἕδος, τό: seat, abode, 1
ἔνδον: within, at home, 2
ἔοικα: to be like, seem likely, 11
ἐπι-πίλναμαι: to come near, approach, 1
ἐπι-τρέχω: to run towards; pass over, shed, 1
ἐσχάρη, ἡ: the hearth, fire-place, 5
εὔ-θρονος, -ον: fair-seated, 1
εὔ-κυκλος, -ον: well-wheeled, well-rounded, 2
εὔ-πεπλος, -ον: beautifully robed, 1
ἐφ-οπλίζω: to get ready, prepare, equip, 3
ἠλάκατα, τά: thread, yarn of wool, 2

ἧμαι: to sit, sit down, be seated, 12
ἦμαρ, -ατος, τό: day, 13
Ἠώς, ἡ: Dawn, 2
θύρα-ζε: through the door, out the door, 1
ἵνα: in order that (+ subj.); where (+ ind.), 13
καλέω: to call, summon, invite, 8
κεῖμαι: to lie down, be laid, 7
κιχάνω: to come to, come upon, reach, 3
κλειτός, -ή, -όν: famed, famous, renowned, 1
κλυτός, -ή, -όν: famous, renowned, heard of, 6
λευκός, -ή, -όν: white, light, bright, brilliant, 2
μάκαρ, -αρος: blessed, happy, 7
μήτηρ, ἡ: a mother, 11
Ναυσικάα, ἡ: Nausikaa, 11
ξυμ-βάλλω: to meet, join with (+ dat.), 1
Ὄλυμπος, ὁ: Olympus, 3
ὅ-θι: where, 7
ὄμβρος, ὁ: rain, rainstorm, thunderstorm, 1
ὄνειρος, ὁ: dream, vision at sleep, 1
πάππα: papa, daddy, (voc.), 1
πετάννυμι: to spread out, spread wide, open, 3
πλύνω: to wash, clean, 3
ποταμός, ὁ: river, stream, 13
προσ-εῖπον: spoke to, address, 7
πρῶτος, -η, -ον: first, earliest; foremost, 13
ῥυπάω: to be dirty, filthy, foul, 2
στρωφάω: to twist into threads, yarn, spin, 3
σύν: along with, with, together (+ gen.), 7
τέρπω: to delight; mid. enjoy, feel joy, 12
τινάσσω: to shake, blow to and fro, 1
τοκεύς, ὁ, ἡ: parent, 4
ὑψ-ηλός, -ή, -όν: high, lofty, tall, 7
χιών, -ονός, ἡ: snow, 1

---

41 ὡς εἰποῦσ ': having spoken thus; εἰποῦσα
  ἀπέβη 3rd sg. aor., ἀπο-βαίνω
43 ἔμμεναι: to be; pres. inf. εἰμί
45 πέπταται: is spread; pf. pass. πετάννυμι
46 ἐπιδέδρομεν: 3rd sg. pf. ἐπι-τρέχω
  τῷ ἔνι: in this; ἐν τῷ
  ἤματα πάντα: throughout...; acc. duration
47 διεπέφραδε: plpf. δια-φράζω
49 μιν: her; Ναυσικάαν is in apposition
50 ἴμεναι: to go; inf. ἔρχομαι (Attic ἰέναι)
  ἵν ' ἀγγείλειε: so that she might; ἵνα + aor.
  opt. of purpose in secondary sequence
51 ἐόντας: (them) being; pres. pple. εἰμί
52 ἧστο: she sat; 3rd sg. impf. ἧμαι

53 στρωφῶσα: spinning; aor. pple
  τῶι: that one; τῷ, dat. obj. of ξύμβλητο
54 ξύμβλητο: she met; aor. mid. ξυμ-βάλλω
55 ἵνα: where; κάλεον is 3rd pl. impf. καλέω
56 στᾶσα: nom. sg. aor. pple ἵστημι
57 οὐκ ἄν...: would you not prepare; potential
  optative (ἄν + aor. opt.) in a polite request
58 ἵνα..ἄγωμαι: so that I may bring; purpose
59 πλυνέουσα: (intending) to wash; fut. pple
  τά μοι: these (clothes) of mine; dat. poss.
  ῥερυπωμένα: neut. pl. pf. pass. ῥυπάω
60 ἔοικε: it seems; impersonal 3rd sg.
  σοι αὐτῷ...ἐόντα: to you yourself being...;
  pple modifies dat. σοι but drawn into acc.

βουλὰς βουλεύειν καθαρὰ χροΐ εἵματ᾽ ἔχοντα. 61

πέντε δέ τοι φίλοι υἷες ἐνὶ μεγάροις γεγάασιν, 62

οἱ δύ᾽ ὀπυίοντες, τρεῖς δ᾽ ἠίθεοι θαλέθοντες· 63

οἱ δ᾽ αἰεὶ ἐθέλουσι νεόπλυτα εἵματ᾽ ἔχοντες 64

ἐς χορὸν ἔρχεσθαι· τὰ δ᾽ ἐμῇ φρενὶ πάντα μέμηλεν." 65

ὣς ἔφατ᾽· αἴδετο γὰρ θαλερὸν γάμον ἐξονομῆναι 66

πατρὶ φίλῳ. ὁ δὲ πάντα νόει καὶ ἀμείβετο μύθῳ· 67

"οὔτε τοι ἡμιόνων φθονέω, τέκος, οὔτε τευ ἄλλου. 68

ἔρχευ· ἀτάρ τοι δμῶες ἐφοπλίσσουσιν ἀπήνην 69

ὑψηλὴν ἐύκυκλον, ὑπερτερίῃ ἀραρυῖαν." 70

ὣς εἰπὼν δμώεσσιν ἐκέκλετο, τοὶ δ᾽ ἐπίθοντο. 71

οἱ μὲν ἄρ᾽ ἐκτὸς ἄμαξαν ἐύτροχον ἡμιονείην 72

ὥπλεον, ἡμιόνους θ᾽ ὕπαγον ζεῦξάν θ᾽ ὑπ᾽ ἀπήνῃ· 73

κούρη δ᾽ ἐκ θαλάμοιο φέρεν ἐσθῆτα φαεινήν. 74

καὶ τὴν μὲν κατέθηκεν ἐϋξέστῳ ἐπ᾽ ἀπήνῃ, 75

μήτηρ δ᾽ ἐν κίστῃ ἐτίθει μενοεικέ᾽ ἐδωδὴν 76

παντοίην, ἐν δ᾽ ὄψα τίθει, ἐν δ᾽ οἶνον ἔχευεν 77

ἀσκῷ ἐν αἰγείῳ· κούρη δ᾽ ἐπεβήσετ᾽ ἀπήνης. 78

δῶκεν δὲ χρυσέῃ ἐν ληκύθῳ ὑγρὸν ἔλαιον, 79

ἧος χυτλώσαιτο σὺν ἀμφιπόλοισι γυναιξίν. 80

8

αἴγειος, -η, -ον: of a goat, 1
αἰδέομαι: to be ashamed, feel shame, 4
ἄμαξα, ἡ: wagon, 3
ἀμείβομαι: to reply, respond, 5
ἀπήνη, ἡ: a four-wheeled wagon, 9
ἀραρίσκω: to fit together, join; be fitted, 3
ἀσκός, ὁ: a leathern-bag, a wine-skin, 1
βουλεύω: to deliberate, take counsel, plan, 1
βουλή, ἡ: council, counsel, plan, resolve, 4
γάμος, ὁ: a wedding, wedding-feast, 3
δμώς, -ωός, ὁ: a male servant, 3
δύο: two, 7
ἐδωδή, ἡ: food, meat, victuals, 1
ἐθέλω: to be willing, wish, desire, 11
ἐκτός: outside; out of, far from (+ gen.), 1
ἔλαιον, τό: olive-oil, 7
ἐξ-ονομαίνω: to speak of by name, speak of, 1
ἐπι-βαίνω: to proceed to, climb; embark, 4
ἐσθής, -ῆτος, ἡ: clothing, clothes, 5
εὔ-ξεστος, -η, -ον: well-planed, -polished, 1
εὔ-κυκλος, -ον: well-wheeled, well-rounded, 2
εὔ-τροχος, -ον: well-wheeled, 1
ἐφ-οπλίζω: to get ready, prepare, equip, 3
ἕως, ἧος: until, as long as, while, 2
ζεύγνυμι: to yoke, 3
ἠίθεος, ὁ: unmarried youth, 1
ἡμι-όνειος, -η, -ον: of, belonging to a mule, 1
ἡμί-ονος, ἡ, ὁ: mule, 12
θάλαμος, ὁ: room, chamber, sleeping room, 5
θαλέθω: as pple, flourishing, in their prime, 1
θαλερός, -ή, -όν: blooming, in their prime, 2
καθαρός, -ά, -όν: clean, pure, spotless, 1
κατα-τίθημι: to set down, lay, put, place, 1

κέλομαι: to command, bid, exhort, 4
κίστη, ἡ: a box, chest, 1
λήκυθος, ἡ: oil-flask, oil-bottle, 2
μέλω: imper. there is a care for (dat, gen), 3
μενο-εικής, -ές: satisfying, in abundance, 1
μήτηρ, ἡ: a mother, 11
μῦθος, ὁ: story, word, speech, 13
νεό-πλυτος, -η, -ον: newly washed, 1
νοέω: to think, mean, indicate, suppose, 10
οἶνος, ὁ: wine, 6
ὁπλέω: to make ready, get ready, 1
ὁπυίω: to marry, be married, take to wife, 1
ὄψον, τό: piece of cooked meat, meat, 1
παντοῖος, -α, -ον: of every sort or kind, 3
πείθω: to persuade, win over; mid. obey, 8
σύν: along with, with, together (+ gen.), 7
τε: and, both, 225
τέκος, τό: offspring, a child, 5
τρεῖς, τρία: three, 2
ὑγρός, -ά, -όν: liquid, moist, wet, watery, 3
υἱός, -οῦ, ὁ: a son, 9
ὑπ-άγω: to lead away, lead under the yoke, 1
ὑπερ-τερίη, ἡ: upper part, 1
ὑπό: because of, from (gen.), under (dat.), 14
ὑψ-ηλός, -ή, -όν: high, lofty, tall, 7
φαεινός, -ή, -όν: shining, beaming, radiant, 8
φθονέω: to begrudge, be reluctant, 1
χέω: to pour, 6
χορός, ὁ: a dance, chorus, 5
χρώς, -ωτός, ὁ: skin, body (χροΐ dat. sg.) 4
χρύσεος, -η, -ον: golden, of gold, 11
χυτλόω: to wash, anoint oneself, 1

---

61 ἔχοντα: wearing; modifies acc. subject of
　　βουλεύειν, i.e. Alcinous
62 γεγάασιν: 3ʳᵈ pl. pf. γίγνομαι
63 ὁπυίοντες: being married; pres. pple
65 τὰ δ'...μέμηλεν: these things are are a
　　care; impersonal pf. μέλω
66 Ὥς ἔφατ': thus she spoke
　　ἐξονομῆναι: to speak by name; aor. inf.
67 νόει: ἐνόεε, imperf. νοέω
　　μύθωι: with a speech; dat. of means
68 τευ ἄλλου: anything else; τινός ἄλλου
69 ἔρχευ: go!; ἔρχου, pres. imper. ἔρχομαι
70 ἀραρυῖαν: fitted; pf. pple, ἀραρίσκω
71 ἐκέκλετο: ordered; duplicated aor. κέλομαι

ἐπίθοντο: obeyed; aor. mid. πείθω
73 ὥπλεον: 3ʳᵈ pl. impf. ὁπλεω
74 ὕπαγον: 3ʳᵈ pl. impf. ὑπάγω
　　ζεῦξαν: yoked; 3ʳᵈ pl. aor., no ἐ-augment
75 τὴν μὲν: it; i.e. the clothing ἐσθῆτα
　　κατέθηκεν: set down; aor., κατα-τίθημι
76 ἐτίθει: ἐτίθεε, 3ʳᵈ sg. impf. τίθημι
77 ἐν δ'...ἐν δ': therein...therein
78 ἐπεβήσετ': 3ʳᵈ sg. mixed aor. ἐπι-βαίνω
79 δῶκεν: gave; 3ʳᵈ sg. aor., δίδωμι
80 ἧος χυτλώσαιτο: so that she might anoint
　　herself...; purpose, opt. secondary
　　sequence

ἡ δ᾽ ἔλαβεν μάστιγα καὶ ἡνία σιγαλόεντα,                    81

μάστιξεν δ᾽ ἐλάαν· καναχὴ δ᾽ ἦν ἡμιόνοιϊν.                  82

αἱ δ᾽ ἄμοτον τανύοντο, φέρον δ᾽ ἐσθῆτα καὶ αὐτήν,           83

οὐκ οἴην, ἅμα τῇ γε καὶ ἀμφίπολοι κίον ἄλλαι.               84

αἱ δ᾽ ὅτε δὴ ποταμοῖο ῥόον περικαλλέ᾽ ἵκοντο,               85

ἔνθ᾽ ἦ τοι πλυνοὶ ἦσαν ἐπηετανοί, πολὺ δ᾽ ὕδωρ            86

καλὸν ὑπεκπρόρεεν μάλα περ ῥυπόωντα καθῆραι,                87

ἔνθ᾽ αἵ γ᾽ ἡμιόνους μὲν ὑπεκπροέλυσαν ἀπήνης.               88

καὶ τὰς μὲν σεῦαν ποταμὸν πάρα δινήεντα                     89

τρώγειν ἄγρωστιν μελιηδέα· ταὶ δ᾽ ἀπ᾽ ἀπήνης               90

εἵματα χερσὶν ἕλοντο καὶ ἐσφόρεον μέλαν ὕδωρ,               91

στεῖβον δ᾽ ἐν βόθροισι θοῶς ἔριδα προφέρουσαι.              92

αὐτὰρ ἐπεὶ πλῦνάν τε κάθηράν τε ῥύπα πάντα,                 93

ἑξείης πέτασαν παρὰ θῖν᾽ ἁλός, ἧχι μάλιστα                  94

λάιγγας ποτὶ χέρσον ἀποπλύνεσκε θάλασσα.                    95

αἱ δὲ λοεσσάμεναι καὶ χρισάμεναι λίπ᾽ ἐλαίῳ                 96

δεῖπνον ἔπειθ᾽ εἵλοντο παρ᾽ ὄχθῃσιν ποταμοῖο,              97

εἵματα δ᾽ ἠελίοιο μένον τερσήμεναι αὐγῇ.                    98

αὐτὰρ ἐπεὶ σίτου τάρφθεν δμῳαί τε καὶ αὐτή,                 99

σφαίρῃ ταὶ δ᾽ ἄρα παῖζον, ἀπὸ κρήδεμνα βαλοῦσαι·           100

10

ἄγρωστις, ἡ: grass, a type of grass, 1
ἅλς, -ος, ὁ: salt, sea, 8
ἄμοτον: *adv.* insatiably, continually, 1
ἀπήνη, ἡ: a four-wheeled wagon, 9
ἀπο-πλύνω: to wash away, wash up, 1
αὐγή, ἡ: sunlight, sun rays, glare, 2
βάλλω: to throw, shoot, hit, strike, 10
βόθρος, ὁ: hole, pit, hollow, trench, 1
δεῖπνον, τό: the principal meal, dinner, 1
δινήεις, -εντος: whirling, eddying, 1
δμῳή, ἡ: a female servant, 5
ἔλαιον, τό: olive-oil, 7
ἐλαύνω: to drive; drive off; set in motion, 6
ἐξ-είης: in a row, in order, in sequence, 1
ἐπ-ηετανός, -όν: ever-flowing, unfailing, 4
ἔρις, -ιδος, ἡ: strife, quarrel, contention, 2
ἐσθής, -ῆτος, ἡ: clothing, clothes, 5
ἐσ-φορέω: to carry into, 1
ἦ: in truth, truly (begins open question), 11
ἠέλιος, ὁ: sun, 7
ἡμί-ονος, ἡ, ὁ: mule, 12
ἡνία, τά: reins, 1
ἧχι: where, 1
θάλασσα, ἡ: the sea, 6
θίς, θινός, ὁ: beach, shore, 4
θοός, -ή, -όν: swift, quick, nimble, 7
καθαίρω: to cleanse, clean, make pure, 2
καναχή, ἡ: rattling, clang, 1
κίω: to go, 6
κρήδεμνον, τό: head-covering, veil, 1
λᾶιγξ, -γγος, ἡ: pebble, small stone, 1
λαμβάνω: to take, receive, catch, grasp, 5
λίπα: richly, unctuously, 2
λούω: to wash, bathe, 10

μάλιστα: most of all; certainly, especially, 5
μαστίζω: to whip, flog, 1
μέλας, μέλαινα, μέλαν: black, dark, 7
μελι-ηδής, -ές: honey-sweet, 1
μένω: to stay, remain, 9
οἷος, -η, -ον: alone, lone, lonely, 9
ὄχθη, ἡ: bank, dyke, a rising ground, 1
παίζω: to play, to sport, 4
πείθω: to persuade, win over; *mid.* obey, 8
περι-καλλής, -ές: beautiful, fair, lovely, 5
πετάννυμι: to spread out, spread wide, open, 3
πλύνω: to wash, clean, 3
πλυνός, ὁ: a washing-trough, washing-tank, 2
ποταμός, ὁ: river, stream, 13
ποτί: πρός, 2
προ-φέρω: to offer, present, display 2
ῥόος, ὁ: a stream, flow, current, 1
ῥύπα, τά: dirt, impurities, stains, 1
ῥυπάω: to be dirty, filthy, foul, 2
σεύω: to set into motion, drive, hasten, 1
σφαῖρα, ἡ: ball, playing-ball, 4
σῖτος, ὁ: grain, food, 5
σιγαλόεις, -εντος: shining, glittering, 3
στείβω: to tread or tramp in washing, 1
τανύω: to stretch; *mid.* run at full stride, 2
τέρπομαι: to enjoy, feel joy, 12
τέρσομαι: to be dry, become dry, 2
τρώγω: to munch, gnaw, nibble, crop, 1
ὕδωρ, ὕδατος, τό: water, 6
ὑπεκπρολύω: to loose out from under, 1
ὑπεκπρορέω: to flow out forth under, 1
χέρσος, ἡ: dry land, land, 2
χρίω: to anoint, rub, 4

---

81 ἔλαβεν: 3ʳᵈ sg. aor. λαμβάνω
82 μάστιξεν: 3ʳᵈ sg. aor. μαστίζω
   ἐλάαν: *to drive (them)*; inf. ἐλαύνω
   expressing purpose
   ἦν ἡμιόνοϊν: *there was a rattling of the
   mule-wagon*; "of the two mules" dual gen.
84 οὐκ οἴην: *not alone*
   κίον: ἐκίον, 3ʳᵈ pl. impf. κίω
85 ἵκοντο: *they came*; aor. mid., ἱκνέομαι
86 ἦ τοι: *truly to be sure*; τοι strengthens ἦ
   ἦσαν: 3ʳᵈ pl. impf. εἰμί
87 ῥυπόωντα: *(clothes) being dirty*; acc. pl.
   καθῆραι: *(so as) to clean*; aor. inf. of result
90 τρώγειν: *(in order) to munch*; inf. purpose

91 χερσὶν: dat. pl. χείρ
   ἕλοντο: *they took*; εἵλοντο, aor. αἱρέω
92 ἔριδα προφέρουσαι: *offering a challenge
   (to one another);* i.e. vying with each other
93 πλῦναν, κάθηράν: asigmatic 3ʳᵈ pl. aorist
94 πέτασαν: *spread*; 3ʳᵈ pl. aor. πετάννυμι
95 ἀποπλύνεσκε: *was accustomed to wash*
96 λοεσσάμεναι: *washing*; aor. pple λούω
   εἵλοντο: *they took*; cf. 91
98 μένον: *they waited for*;3ʳᵈ pl. impf. μένω
   τερσήμεναι: *to be dried*; aor. pass. inf.
99 σίτου: *food*; partitive gen. object τάρπεν
   τάρφθεν: *enjoyed*; pl. aor. dep. τέρπομαι
100 βαλοῦσαι: *throwing off*; aor. pple βάλλω

τῇσι δὲ Ναυσικάα λευκώλενος ἦρχετο μολπῆς.  101

οἵη δ' Ἄρτεμις εἶσι κατ' οὔρεα ἰοχέαιρα,  102

ἢ κατὰ Τηΰγετον περιμήκετον ἢ Ἐρύμανθον,  103

τερπομένη κάπροισι καὶ ὠκείῃς ἐλάφοισι·  104

τῇ δέ θ' ἅμα νύμφαι, κοῦραι Διὸς αἰγιόχοιο,  105

ἀγρονόμοι παίζουσι, γέγηθε δέ τε φρένα Λητώ·  106

πασάων δ' ὑπὲρ ἥ γε κάρη ἔχει ἠδὲ μέτωπα,  107

ῥεῖά τ' ἀριγνώτη πέλεται, καλαὶ δέ τε πᾶσαι·  108

ὣς ἥ γ' ἀμφιπόλοισι μετέπρεπε παρθένος ἀδμής.  109

ἀλλ' ὅτε δὴ ἄρ' ἔμελλε πάλιν οἰκόνδε νέεσθαι  110

ζεύξασ' ἡμιόνους πτύξασά τε εἵματα καλά,  111

ἔνθ' αὖτ' ἄλλ' ἐνόησε θεά, γλαυκῶπις Ἀθήνη,  112

ὡς Ὀδυσεὺς ἔγροιτο, ἴδοι τ' εὐώπιδα κούρην,  113

ἥ οἱ Φαιήκων ἀνδρῶν πόλιν ἡγήσαιτο.  114

σφαῖραν ἔπειτ' ἔρριψε μετ' ἀμφίπολον βασίλεια·  115

ἀμφιπόλου μὲν ἅμαρτε, βαθείῃ δ' ἔμβαλε δίνῃ·  116

αἱ δ' ἐπὶ μακρὸν ἄϋσαν· ὁ δ' ἔγρετο δῖος Ὀδυσσεύς,  117

ἑζόμενος δ' ὅρμαινε κατὰ φρένα καὶ κατὰ θυμόν·  118

"ὤ μοι ἐγώ, τέων αὖτε βροτῶν ἐς γαῖαν ἱκάνω;  119

ἦ ῥ' οἵ γ' ὑβρισταί τε καὶ ἄγριοι οὐδὲ δίκαιοι,  120

12

ἄγριος, -α, -ον: wild, fierce, 4
ἀγρο-νόμος, -ον: living in the fields,, wild, 1
ἀ-δμής, -ές: unmarried, untamed, 2
Ἀθήνη, ἡ: Athena, 11
αἰγί-οχος, -ον: Aegis-bearing, 2
ἅμα: at the same time; along with (+ dat.), 13
ἁμαρτάνω: to miss, miss the mark, fail, 2
ἀρί-γνωτος, -η, -ον: easily recognized, 2
Ἄρτεμις, ἡ: Artemis, 2
ἄρχω: to begin; rule, be leader of, 7
αὖτε: again, this time, in turn, 12
αὔω: to shout, cry, call, 1
βαθύς, -εῖα, -ύ: deep, thick, 1
βασίλεια, ἡ: a queen, princess, 2
βροτός, ὁ, ἡ: a mortal, human, 10
γηθέω: to rejoice, 5
γλαυκ-ῶπις, -ιδος: bright-, gleaming-eyed, 9
δίκαιος, -α, -ον: well-ordered, civilized, 2
δίνη, ἡ: a whirlpool, eddy, 1
ἐγείρω: to awaken, wake up, rouse, 4
ἕζομαι: to sit; sit someone down, set, 12
ἔλαφος, ὁ, ἡ: deer, 2
ἐμ-βάλλω: to throw in, put in, 3
Ἐρύμανθος, ὁ: Erymanthus, 1
εὐ-ῶπις, -ιδος: fair to look on, beautiful, 2
ζεύγνυμι: to yoke, 3
ἡγέομαι: to lead, guide; consider, think, 3
ἡμί-ονος, ἡ, ὁ: mule, 12
θεά, ἡ: a goddess, 12
ἰο-χέαιρα, ἡ: shooter of arrows, 1
ἱκάνω: to approach, come, arrive, reach, 10
κάπρος, ὁ: wild boar, boar, 1

κάρη, τό: head, 2
λευκ-ώλενος, -ον: white-armed, 7
Λητώ, ἡ: Leto, mother of Apollo, Artemis 1
μακρός, ά, όν: long, far, distant, large, 6
μέλλω: to be about to, to intend to, 6
μέν: on the one hand, 85
μέτ-ωπον, τό: forehead, brow, 1
μετα-πρέπω: to eminent, stand out among, 1
μολπή, ἡ: singing, song; play, 1
Ναυσικάα, ἡ: Nausikaa, 11
νέομαι: to go or come back, return, 2
νοέω: to think, mean, indicate, suppose, 10
νύμφη, ἡ: young wife, bride, married woman 2
οἶκος, ὁ: a house, abode, dwelling, 10
οἷος, -α, -ον: of what sort, such, as, 8
ὁρμαίνω: to ponder, deliberate, 2
ὄρος, -εος, τό: a mountain, hill, 4
πάλιν: again, once more; back, backwards, 3
παίζω: to play, to sport, 4
παρθένος, ἡ: maiden, virgin, girl, 3
πέλομαι: to come upon, come to be, to be, 9
περι-μήκετος, -ον: very tall, very high, 1
πτύσσω: to fold, 2
ῥεῖα: easily, readily, lightly, 2
ῥίπτω: to throw, cast, hurl, 2
σφαῖρα, ἡ: ball, playing-ball, 4
τέρπομαι: to enjoy, feel joy, 12
Τηΰγετον, τό: Mount Taygetus, 1
ὑβριστής, -οῦ, ἡ: an outrageous person, 1
ὑπέρ: above (+ gen.); beyond (+ acc.), 5
ὠκύς, -εῖα, -ύ: quick, swift, fleet, 5

---

101 τῇσι: them; ταῖς, obj. of ἤρχετο
       ἤρχετο: was leading (dat) in (gen); impf.
102 οἵη: like, just as; "such" introduces simile
       εἶσι: goes; 3ʳᵈ sg. pres. ἔρχομαι (-ει, -ι)
       οὔρεα: mountains; ὄρεα neuter acc. pl.
103 ἤ...ἤ: either...or
105 τῇ...ἅμα: and along with this one...(go)
       Διὸς: of Zeus; regular gen. of Zeus
106 γέγηθε: reduplicated aor. γηθέω
       φρένα: in her heart; acc. of respect
107 πασάων...ὑπὲρ: above all the women;
       πασῶν; fem. gen. pl., πᾶς, πᾶσα
       ἥ γε...ἔχει: she holds; κάρη is acc. sg.
       μέτωπα : translate as acc. singular
109 ὡς ἥ γ ': so she; Nausikaa; end of simile
111 ζεύξασ ': ζεύξασα, aor. pple, ζεύγνυμι

112 ἀλλ ': something else; ἄλλο
113 ὡς...ἔγροιτο, ἴδοι: so that...; aor. opt.
       ἐγείρω, εἶδον , purpose, secondary seq.
114 οἱ: him; dat. sg., see introductory remarks
       ἡγήσαιτο: would lead (dat.) to (acc.);
       aor. opt. , relative clause of purpose
115 ἔρριψε: 3ʳᵈ sg. aor. ῥίπτω
117 ἐπὶ: at (this); i.e. the ball in the water
       μακρὸν: loudly; "greatly" adverbial acc.
       ἔγρετο: woke up; aor. mid. ἐγείρω
118 κατὰ...κατὰ: in....and in
119 Ὤ μοι: Alas; "Oh (for) me"
       τέων...βροτῶν: which mortals; τίνων
120 ἦ ῥ ': Truly are they...; ἦ ἄρα, introduces
       a yes/no question

ἠὲ φιλόξεινοι καί σφιν νόος ἐστὶ θεουδής;                    121

ὥς τέ με κουράων ἀμφήλυθε θῆλυς ἀϋτή·                      122

νυμφάων, αἳ ἔχουσ’ ὀρέων αἰπεινὰ κάρηνα                   123

καὶ πηγὰς ποταμῶν καὶ πίσεα ποιήεντα.                     124

ἦ νύ που ἀνθρώπων εἰμὶ σχεδὸν αὐδηέντων;                125

ἀλλ’ ἄγ’, ἐγὼν αὐτὸς πειρήσομαι ἠδὲ ἴδωμαι.”             126

   ὣς εἰπὼν θάμνων ὑπεδύσετο δῖος Ὀδυσσεύς,             127

ἐκ πυκινῆς δ’ ὕλης πτόρθον κλάσε χειρὶ παχείη             128

φύλλων, ὡς ῥύσαιτο περὶ χροῒ μήδεα φωτός.               129

βῆ δ’ ἴμεν ὥς τε λέων ὀρεσίτροφος ἀλκὶ πεποιθώς,         130

ὅς τ’ εἶσ’ ὑόμενος καὶ ἀήμενος, ἐν δέ οἱ ὄσσε             131

δαίεται· αὐτὰρ ὁ βουσὶ μετέρχεται ἢ οἴεσσιν               132

ἠὲ μετ’ ἀγροτέρας ἐλάφους· κέλεται δέ ἑ γαστὴρ           133

μήλων πειρήσοντα καὶ ἐς πυκινὸν δόμον ἐλθεῖν·            134

ὣς Ὀδυσεὺς κούρησιν ἐϋπλοκάμοισιν ἔμελλε               135

μίξεσθαι, γυμνός περ ἐών· χρειὼ γὰρ ἵκανε.               136

σμερδαλέος δ’ αὐτῆσι φάνη κεκακωμένος ἅλμῃ,            137

τρέσσαν δ’ ἄλλυδις ἄλλη ἐπ’ ἠϊόνας προὐχούσας·          138

οἴη δ’ Ἀλκινόου θυγάτηρ μένε· τῇ γὰρ Ἀθήνη              139

θάρσος ἐνὶ φρεσὶ θῆκε καὶ ἐκ δέος εἵλετο γυίων.          140

ἀγρότερος, -η, -ον: wild, untamed, 1
ἄημι: to blow; breathe hard, 1
Ἀθήνη, ἡ: Athena, 11
αἰπεινός, -ή, -όν: high, lofty, sheer, 1
ἀλκή, ἡ: might, strength (ἀλκί – dat.), 1
ἅλμη, ἡ: sea-water, brine, 3
ἄλλυδις: to different places or directions, 1
ἀμφ-έρχομαι: to come round, surround, 1
αὐδήεις, -εσσα: speaking with human voice, 1
ἀϋτή, ἡ: a cry, shout, battle-cry, 1
βοῦς, ὁ, ἡ: bull, ox, cow, 2
γαστήρ, -έρος, ἡ: belly, stomach, 2
γυῖα, τά: joint, limbs, 1
γυμνός, -ή, -όν: naked, unclad, unarmed, 1
δαίω: kindle; mid. burn, blaze, 5
δέος, δείους, τό: fear, alarm, dread, awe, 2
εἷς, μία, ἕν: one, single, alone, 3
ἔλαφος, ὁ, ἡ: deer, 2
εὐ-πλόκαμος, -ον: with fair locks, 7
ἦ: in truth, truly (begins open question), 11
ἠέ: or, either…or, 7
ἠϊών, -ονος, ἡ: shore, beach, 1
θάμνος, σό: a bush, shrub, 2
θάρσος, τό: courage, boldness, spirit, 2
θεου-δής, -ές: god-fearing, 2
θῆλυς, -εια, -υ: female, feminine, 2
θυγάτηρ, ἡ: a daughter, 11
ἱκάνω: to approach, come, arrive, reach, 10
κακόω: to mistreat, afflict; mar, disfigure, 1
κάρηνον, τό: peak, top, head, 1
κέλομαι: to command, bid, exhort, 4
κλάω: to break, break off, 1
λέων, -ονος, ὁ: a lion, 1
μέλλω: to be about to, to intend to, 6
μένω: to stay, remain, 9

μετ-έρχομαι: to go after; pursue, 2
μήδεα, τά: counsels, plans, devices; genitals, 2
μῆλον, τό: flock, herd; apple, 4
μίγνυμι: to mix, mingle, have intercourse, 6
νοῦς, ὁ: mind, thought, reason, attention, 7
νύμφη, ἡ: young wife, bride, married woman 2
οἷος, -α, -ον: of what sort, such, as, 8
ὄϊς, ὄϊος, ὁ, ἡ: sheep, ram, 1
ὀρεσι-τρόφος, -ον: mountain-bred, 1
ὄρος, -εος, τό: a mountain, hill, 4
ὄσσε, οἱ: eyes, two eyes, 1
παχύς, -εῖα, -ύ: thick, stout, strong, 1
πείθω: to persuade, win over; mid. obey, 8
πειράω: to try, attempt, endeavor, 13
πηγή, ἡ: source, spring, 1
ποιήεις, -εντος: grassy, rich in grass, 1
πῖσος, τό: meadows, 1
ποταμός, ὁ: river, stream, 13
προ-έχω: to project, jut out, hold before, 1
πτόρθος, ὁ : sapling, shoot, 1
πυκινός, -ή, -όν: well fitted, close fitted, 5
ῥύομαι: to cover, guard, protect, 2
σμερδαλέος, -η, -ον: terrible, fearful, dread, 2
σφεῖς: they, 20
σχεδόν: near, nearly, almost, just about, 2
τρέω: to flee from fear, retreat, shrink away, 3
ὕλη, ἡ: wood, forest, 1
ὕω: to send rain, to rain, 1
ὑπο-δύομαι: to come out from under, 1
φαίνω: to show, point out; mid. appear, 10
φιλό-ξεινος, -ον: hospitable, 2
φύλλον, τό: leaf, 4
φώς, φωτός, ὁ: a person, man, 7
χρειώ, ἡ: need, desire, longing; necessity, 1
χρώς, -ωτός, ὁ: skin, body (χροΐ dat. sg.) 4

---

121 σφιν…ἐστὶ: they have; dat. of possession
122 ὥς τε…: (it is) as if a female cry….
     θηλῦς: here, 2-ending adj. modifies ἀϋτή
     ἀμφήλυθε: 3ʳᵈ sg. aor. ἀμφ-έρχομαι
125 ἀνθρώπων…αὐδηέντων: obj. of σχεδόν
126 ἄγ: come on; to wash; ἄγε, sg. imper.
     πειρήσομαι, ἴδωμαι: I should…; 1ˢᵗ sg.
     aor. jussive subj. πειράω, εἶδον
127 ὥς εἰπὼν: speaking thus; aor. pple
129 ὥς ῥύσαιτο: so that he might…; aor. opt.
     a purpose clause in secondary sequence
     περὶ χροΐ: around the body; dat. χρώς
     μήδεα: genitals; elsewhere "counsels"

130 βῆ…ἴμεν: set out to go; inf. ἔρχομαι
     ὥς τε: just as; introducing a simile
     πεποιθώς: being confident in; pf. pple
131 εἶσ ᾽: goes; εἶσιν 3ʳᵈ sg. pres. εἶμι
     ἐν δὲ οἱ: and in him; dat. sg. pronoun
134 δόμον: fold (i.e. shelter for animals)
135 ὥς Ὀδυσεὺς: so Odysseus; end of simile
136 μίξεσθαι: to have intercourse; fut. inf.
     περ ἐών: although being; concessive
137 φάνη: he appeared; 3ʳᵈ sg. aor. pass. dep.
139 οἴη: alone
140 θῆκε: placed; 3ʳᵈ sg. aor. τίθημι
     ἐκ…εἵλετο: taken…from; aor. mid. αἱρέω

στῆ δ' ἄντα σχομένη· ὁ δὲ μερμήριξεν Ὀδυσσεύς, 141

ἢ γούνων λίσσοιτο λαβὼν ἐυώπιδα κούρην, 142

ἦ αὔτως ἐπέεσσιν ἀποσταδὰ μειλιχίοισι 143

λίσσοιτ', εἰ δείξειε πόλιν καὶ εἵματα δοίη. 144

ὣς ἄρα οἱ φρονέοντι δοάσσατο κέρδιον εἶναι, 145

λίσσεσθαι ἐπέεσσιν ἀποσταδὰ μειλιχίοισι, 146

μή οἱ γοῦνα λαβόντι χολώσαιτο φρένα κούρη. 147

αὐτίκα μειλίχιον καὶ κερδαλέον φάτο μῦθον· 148

"γουνοῦμαί σε, ἄνασσα· θεός νύ τις, ἦ βροτός ἐσσι; 149

εἰ μέν τις θεός ἐσσι, τοὶ οὐρανὸν εὐρὺν ἔχουσιν, 150

Ἀρτέμιδί σε ἐγώ γε, Διὸς κούρῃ μεγάλοιο, 151

εἶδός τε μέγεθός τε φυήν τ' ἄγχιστα ἐΐσκω· 152

εἰ δέ τίς ἐσσι βροτῶν, τοὶ ἐπὶ χθονὶ ναιετάουσι, 153

τρισμάκαρες μὲν σοί γε πατὴρ καὶ πότνια μήτηρ, 154

τρισμάκαρες δὲ κασίγνητοι· μάλα πού σφισι θυμὸς 155

αἰὲν ἐυφροσύνῃσιν ἰαίνεται εἵνεκα σεῖο, 156

λευσσόντων τοιόνδε θάλος χορὸν εἰσοιχνεῦσαν. 157

κεῖνος δ' αὖ περὶ κῆρι μακάρτατος ἔξοχον ἄλλων, 158

ὅς κέ σ' ἐέδνοισι βρίσας οἰκόνδ' ἀγάγηται. 159

οὐ γάρ πω τοιοῦτον ἐγὼ ἴδον ὀφθαλμοῖσιν, 160

16

ἄγχιστος, -ον: nearest, closest, 1
ἄνασσα, ἡ: a queen, lady, mistress, 2
ἄντα: face to face, facing, before, 1
ἀποσταδόν: standing aloof, standing afar, 2
Ἄρτεμις, ἡ: Artemis, 2
αὖ: again, in turn; further, moreover, 5
αὐτίκα: straightway, at once; presently, 6
αὕτως: in the same manner, just, as it is, 2
βρίθω: to win, prevail, 1
βροτός, ὁ, ἡ: a mortal, human, 10
γόνυ, γουνός, τό: the knee, 6
γουνόομαι: grasp knees, implore, entreat, 1
δείκνυμι: to point out, display, show, 6
δοάσσατο: it seemed, it appeared, 1
ἔδνα, τά: bride-price, dowry, 2
εἶδος, -εος, τό: appearance, form, beauty, 7
εἵνεκα: for the sake of, for (+ preceding gen.) 4
ἐίσκω: to make like, liken to; think, suppose, 2
εἰσ-οιχνέω: to go to; approach, enter, 1
ἐκεῖνος, -η, -ον: that, those, 6
ἔξοχον: adv. especially, beyond, 2
ἐϋ-φροσύνη, ἡ: gladness, happiness, joy, 1
εὐ-ῶπις, -ιδος: fair to look on, beautiful, 2
εὐρύς, -εῖα, -ύ: wide, broad, spacious, 5
ἦ: in truth, truly (begins open question), 11
θάλος, τό: young shoot, young person, 1
ἰαίνω: to warm, heat; gladden, cheer, 2
κασί-γνητος, ὁ: a brother, 4

κερδίων, -ιον: more profitable, better, best, 1
κερδαλέος, -η, -ον: clever, crafty, cunning, 1
κῆρ, τό : heart; soul, mind, 4
λαμβάνω: to take, receive, catch, grasp, 5
λεύσσω: to look upon, see, behold, discern, 3
λίσσομαι: to beg, pray, entreat, supplicate, 6
μάκαρ, -αρος: blessed, happy, 7
μέγεθος, τό: height, stature, magnitude, size, 1
μειλίχιος, -η, -ον: winning, soothing, mild, 4
μερμηρίζω: to deliberate, ponder, consider, 1
μή: not, lest, 11
μήτηρ, ἡ: a mother, 11
μῦθος, ὁ: story, word, speech, 13
ναιετάω: to live, dwell, abide, 3
οἶκος, ὁ: a house, abode, dwelling, 10
οὐρανός, ὁ: sky, heavens, 5
ὀφθαλμός, ὁ: the eye, 2
πότνια, ἡ: mistress, queen, 3
πω: yet, up to this time, 4
τοιόσδε, -άδε, -όνδε: such, 2
τοιοῦτος, -αύτη, -οῦτο: such, 5
τρίς: thrice, three times, 3
φρονέω: to think, to be wise, prudent, 6
φυή, ἡ: stature, growth, 5
χθών, -ονός, ἡ: the earth, ground, 6
χολόω: to become angry; mid. become angry5
χορός, ὁ: a dance, chorus, 5

---

141 στῆ: she stood; 3rd sg. aor. ἵστημι
    σχομένη: holding (steadfast); aor. pple
    ἔχω
142 ἦ..λίσσοιτο...ἦ..λίσσοιτο: whether he
    should entreat...or should entreat; pres.
    opt. in an indirect alternative question
143 γούνων: by the knees; partitive gen.
    λαβὼν: nom. sg. aor. pple λαμβάνω
144 εἰ δείξειε...δοίη: in the hope that she
    might...; aor. opt. δείκνυμι and δίδωμι
    expressing the motive for the action
145 οἱ...δοάσσατο: it seemed to him; dat. sg.
146 μή...χολώσαιτο: lest she become angry
    at (dat); fearing clause with an ingressive
    aor. opt. in secondary sequence
    φρένα: in her heart; acc. of respect
148 φάτο: he began to speak; impf. φημί

149 ἐσσι: are you?; Att. εἶ, 2nd sg. εἰμί
150 τοὶ: who...; introduces a relative clause
152 εἶδος...φυήν: in..in..in; acc. of respect
154 τρισμάκαρες thrice-blessed (are); τρὶς
    μάκαρες; supply a verb
155 σφισι θυμὸς their heart; nom. subj.
156 αἰὲν: always; αἰεί
    σεῖο: you; gen. σύ, obj. of εἵνεκα
158 κεῖνος: that one (is); (ἐ)κεῖνος; add verb
    περὶ κῆρι...ἄλλων: beyond others...in the
    heart; dat. respect
159 ὅς κέ σ᾽..ἀγάγηται: whoever leads you
    (in marriage); aor. subj. ἄγω
    ἐένδοισι βρίσας: having prevailed with
    bridal-gifts
160 ἴδον: I did see; εἶδον, without augment

οὔτ' ἄνδρ' οὔτε γυναῖκα· σέβας μ' ἔχει εἰσορόωντα. 161

Δήλῳ δή ποτε τοῖον Ἀπόλλωνος παρὰ βωμῷ 162

φοίνικος νέον ἔρνος ἀνερχόμενον ἐνόησα· 163

ἦλθον γὰρ καὶ κεῖσε, πολὺς δέ μοι ἕσπετο λαός, 164

τὴν ὁδὸν ᾗ δὴ μέλλεν ἐμοὶ κακὰ κήδε' ἔσεσθαι. 165

ὣς δ' αὔτως καὶ κεῖνο ἰδὼν ἐτεθήπεα θυμῷ 166

δήν, ἐπεὶ οὔ πω τοῖον ἀνήλυθεν ἐκ δόρυ γαίης, 167

ὡς σέ, γύναι, ἄγαμαί τε τέθηπά τε, δείδιά τ' αἰνῶς 168

γούνων ἅψασθαι· χαλεπὸν δέ με πένθος ἱκάνει. 169

χθιζὸς ἐεικοστῷ φύγον ἤματι οἴνοπα πόντον· 170

τόφρα δέ μ' αἰεὶ κῦμ' ἐφόρει κραιπναί τε θύελλαι 171

νήσου ἀπ' Ὠγυγίης. νῦν δ' ἐνθάδε κάββαλε δαίμων, 172

ὄφρ' ἔτι που καὶ τῇδε πάθω κακόν· οὐ γὰρ ὀΐω 173

παύσεσθ', ἀλλ' ἔτι πολλὰ θεοὶ τελέουσι πάροιθεν. 174

ἀλλά, ἄνασσ', ἐλέαιρε· σὲ γὰρ κακὰ πολλὰ μογήσας 175

ἐς πρώτην ἱκόμην, τῶν δ' ἄλλων οὔ τινα οἶδα 176

ἀνθρώπων, οἳ τήνδε πόλιν καὶ γαῖαν ἔχουσιν. 177

ἄστυ δέ μοι δεῖξον, δὸς δὲ ῥάκος ἀμφιβαλέσθαι, 178

εἴ τί που εἴλυμα σπείρων ἔχες ἐνθάδ' ἰοῦσα. 179

σοὶ δὲ θεοὶ τόσα δοῖεν ὅσα φρεσὶ σῇσι μενοινᾷς, 180

ἄγαμαι: to wonder at, admire, 2
αἰνός, -ή, -όν: terrible, dire, dread, grim, 2
ἀμφι-βάλλω: to throw or put round, put on, 1
ἄνασσα, ἡ: a queen, lady, mistress, 2
ἀν-έρχομαι: to go up, approach, 2
Ἀπόλλων, ὁ: Apollo, 9
ἅπτομαι: to touch, grasp, 2
ἄστυ, τό: a city, town, 10
αὔτως: in the same manner, just, as it is, 2
βωμός, ὁ: a platform; altar, 3
γόνυ, γουνός, τό: the knee, 6
δαίμων, -ονος, ὁ: divine being, god, 2
δείδω: to fear, dread, shrink from, feel awe, 3
δείκνυμι: to point out, display, show, 6
δήν: long, for a long time, for long, long, 2
Δῆλος, ὁ: Delos, 2
δόρυ, δουρός, τό: a stem, tree; spear, 4
εἰκοστός, -ή, -όν: the twentieth, 1
εἴλυμα, -ατος, τό: a wrap, covering, 1
εἰσ-οράω: to look upon, view, behold, 6
ἐκεῖνος, -η, -ον: that, those, 6
ἐκεῖ-σε: thither, to that place, 1
ἐλεαίρω: to pity, take pity on, take pity, 1
ἐνθάδε: here, hither, there, thither, 8
ἕπομαι: to follow, accompany, escort, 12
ἔρνος, τό: young sprout, shoot, scion, 1
ἔτι: still, besides, further, 9
ἦμαρ, -ατος, τό: day, 13
θύελλα, ἡ: violent wind, storm, squal, 2
ἱκάνω: to approach, come, arrive, reach, 10
κατα-βάλλω: to throw down, cast, 1
κήδεος, -ον: care, concern, 4
κραιπνός, -ή, -όν: swift, rapid, rushing, 2

κῦμα, -ατος, τό: wave, swell, surge, 5
λαός, ὁ: the people, 10
μέλλω: to be about to, to intend to, 6
μενοινάω: to wish, desire, to be bent on, 1
μογέω: to toil, suffer hardship, 5
νέος, -η, -ον: young; new, novel, strange, 8
νῆσος, ἡ: an island, 3
νοέω: to think, mean, indicate, suppose, 10
ὁδός, ἡ: road, way, path, journey, 7
οἴομαι: to suppose, think, imagine, 3
οἶνοψ, -οπος: wine-dark, wine-colored, 2
πάροι-θε: before, in front; in time past, 2
πάσχω: to suffer, experience, 10
παύω: to stop, make cease, 2
πένθος, τό: grief, sadness, sorrow, 3
πόντος, ὁ: sea, 8
πρῶτος, -η, -ον: first, earliest; foremost, 13
πω: yet, up to this time, 4
ῥάκος, τό: rag, worn garment, ragged cloth, 1
σέβας, τό: reverential awe, astonishment, 2
σπεῖρον, τό: cloth, clothing, attire; sail, 2
τέθηπα: to be amazed, marvel (pf. in form), 2
τελέω: to complete, fulfill, accomplish, 4
τῇδε: here; in this way, thus, 1
τόφρα: during that time, meanwhile, 4
τοῖος, -α, -ον: of such kind, such sort, such, 5
τόσος, -η, -ον: so much, so many, so great, 4
φεύγω: to flee, escape; defend in court, 3
φοῖνιξ, -ικος: palm-tree, purple-red dye, 1
φορέω: to carry, wear, 1
χαλεπός, -ή, -όν: difficult, hard, harmful, 2
χθιζός, -ή, -όν: of yesterday, 1
Ὠγυγία, ἡ: Ogygia, 3

---

162 Δήλῳ: at Delos; Dat. place where
164 κεῖσε: to there, to that place; ἐκεῖσε
    ἕσπετο: 3ʳᵈ sg. aor. mid. ἕπομαι + dat.
165 τὴν ὁδόν ᾗ: on the journey on which...
    μέλλεν...ἔσεσθαι: were going to exist;
    impf. main verb and fut. dep. inf. εἰμι,
    the subject is neuter plural
166 ὡς δ᾽ αὔτως...ὡς (168): in the same
    way...so
    κεῖνο ἰδών: seeing that (sprout); ἐκεῖνο
    ἐτεθήπεα: I was amazed; plpf. τέθηπα
167 ἀνήλυθεν: 3ʳᵈ sg. aor. dep., ἀν-έρχομαι
168 γύναι: O woman; vocative direct address
169 ἅψασθαι: to grasp; aor. ἅπτομαι +

partitive genitive
170 ἐεικοστῷ...ἤματι: on...; dat. time when
    φύγον, κάββαλε: aorists, κατα-βάλλω
173 ὄφρα...πάθω: so that I may suffer; 1ˢᵗ sg.
    aor subj. πάσχω in a purpose clause
    ὀίω: I think; 1ˢᵗ sg. active οἴομαι
174 παύσεσθ᾽: (it) will stop; fut. παύσεσθαι
175 ἄνασσ᾽: O mistress; voc. direct address
176 ἐς πρώτην: to (you) first
178 δεῖξον, δός: aor. imper. δείκνυμι, δίδωμι
179 ἰοῦσα: coming; nom. sg. pple ἔρχομαι
180 δοῖεν...ὀπάσειαν: may...give...grant; opt.
    of wish

ἄνδρα τε καὶ οἶκον, καὶ ὁμοφροσύνην ὀπάσειαν 181

ἐσθλήν· οὐ μὲν γὰρ τοῦ γε κρεῖσσον καὶ ἄρειον, 182

ἢ ὅθ' ὁμοφρονέοντε νοήμασιν οἶκον ἔχητον 183

ἀνὴρ ἠδὲ γυνή· πόλλ' ἄλγεα δυσμενέεσσι, 184

χάρματα δ' εὐμενέτῃσι, μάλιστα δέ τ' ἔκλυον αὐτοί.'' 185

τὸν δ' αὖ Ναυσικάα λευκώλενος ἀντίον ηὔδα· 186

"ξεῖν', ἐπεὶ οὔτε κακῷ οὔτ' ἄφρονι φωτὶ ἔοικας· 187

Ζεὺς δ' αὐτὸς νέμει ὄλβον Ὀλύμπιος ἀνθρώποισιν, 188

ἐσθλοῖς ἠδὲ κακοῖσιν, ὅπως ἐθέλῃσιν, ἑκάστῳ· 189

καί που σοὶ τάδ' ἔδωκε, σὲ δὲ χρὴ τετλάμεν ἔμπης. 190

νῦν δ', ἐπεὶ ἡμετέρην τε πόλιν καὶ γαῖαν ἱκάνεις, 191

οὔτ' οὖν ἐσθῆτος δευήσεαι οὔτε τευ ἄλλου, 192

ὧν ἐπέοιχ' ἱκέτην ταλαπείριον ἀντιάσαντα, 193

ἄστυ δέ τοι δείξω, ἐρέω δέ τοι οὔνομα λαῶν. 194

Φαίηκες μὲν τήνδε πόλιν καὶ γαῖαν ἔχουσιν, 195

εἰμὶ δ' ἐγὼ θυγάτηρ μεγαλήτορος Ἀλκινόοιο, 196

τοῦ δ' ἐκ Φαιήκων ἔχεται κάρτος τε βίη τε.'' 197

ἦ ῥα, καὶ ἀμφιπόλοισιν ἐϋπλοκάμοισι κέλευσε· 198

"στῆτέ μοι, ἀμφίπολοι· πόσε φεύγετε φῶτα ἰδοῦσαι; 199

ἦ μή πού τινα δυσμενέων φάσθ' ἔμμεναι ἀνδρῶν; 200

20

ἄλγος, τό: pain, distress, grief, 3
ἀντιάω: to meet, encounter, 2
ἀντίος, -η, -ον: opposite; ἀντίον in reply, 1
ἀρείων, -ον: better, stronger, more warlike, 1
ἄστυ, τό: a city, town, 10
αὖ: again, in turn; further, moreover, 5
αὐδάω: to say, speak, utter, 2
ἄ-φρων, -ον: senseless, foolish, silly, 2
βίη, ἡ: strength, force, power, might, 2
δείκνυμι: to point out, display, show, 6
δεύομαι: to lack, be without, want (+ gen.), 5
δυσ-μενέων: bearing ill-will, being, hostile, 2
ἐθέλω: to be willing, wish, desire, 11
ἕκαστος, -η, -ον: each, every one, 10
ἔμπης: nevertheless, notwithstanding, 1
ἔοικα: to be like, seem likely, 11
ἐπ-έοικε: to be fitting, suitable, right, seemly, 1
ἐρέω: I will say or speak, 5
ἐσθής, -ῆτος, ἡ: clothing, clothes, 5
ἐσθλός, -ή, -όν: good, well-born, noble, 12
εὐ-μενέτης, -ου, ὁ: a well-wisher, 1
εὐ-πλόκαμος, -ον: with fair locks, 7
ἦ: in truth, truly (begins open question), 11
ἡμέτερος, -α, -ον: our, 8
ἠμί: I say, 4
θυγάτηρ, ἡ: a daughter, 11
ἱκάνω: to approach, come, arrive, reach, 10
ἱκέτης, ὁ:, suppliant, one seeking protection, 4

κάρτος, τό: strength, might, power, 1
κλύω: to hear, 8
κρείσσων, -ον: better, stronger, superior, 1
λαός, ὁ: the people, 10
λευκ-ώλενος, -ον: white-armed, 7
μάλιστα: most of all; certainly, especially, 5
μεγαλ-ήτωρ, -ορος: great-hearted, heroic, 10
μή: not, lest, 11
Ναυσικάα, ἡ: Nausikaa, 11
νέμω: to distribute; mid. hold possess, 3
νόημα, τά : thought, notion, idea, 5
ὅ-θι: where, 7
οἶκος, ὁ: a house, abode, dwelling, 10
ὄλβος, ὁ: happiness, bliss, good fortune, 1
Ὀλύμπιος, -ον: Olympian, of Olympus, 1
ὁμο-φρονέω: to be of like mind, 1
ὁμο-φροσύνη, ἡ : likeness of mind, concord, 1
ὄνομα, -ατος, τό: name, 3
ὀπάζω: to grant, 3
ὅπως: how, in what way; in order that, that, 3
οὖν: and so, then; at all events, 4
πό-σε: whither?, to where?, 1
ταλα-πείριος, -ον: much-suffering, -tried, 2
τλάω: to bear, endure, suffer, undergo, 2
φεύγω: to flee, escape; defend in court, 3
φῶς, φωτός, ὁ: a person, man, 7
χάρμα, -ατος, τό: joy, delight, pleasure, 1
χρή: it is necessary, it is fitting; must, ought, 3

181 ὀπάσειαν: *may the gods grant*; opt. wish
182 τοῦ γε...ἤ ὅθ: *than this... (namely) than when...*; gen. of comparison
   κρεῖσσον καὶ ἄρειον: supply "it is" ἐστίν
183 ὁμοφρονέοντε: dual nominative pple
   ἔχητον: *have*; dual form
184 δυσμενέεσσι... εὐμενέτῃσι: *(there are)... for those wishing them ill...(there are)..for those wishing them well*
185 ἔκλυον αὐτοί: *they have a good reputation*; lit. "are (well) heard of," passive sense of κλύω
187 ἔοικας: *you seem like*; + dative
189 ὅπως: *however...*; + subj., general clause
190 ἔδωκε: *Zeus gave*; 3rd sg. aor. δίδωμι
   τετλάμεν: *to endure*; reduplicated aor. inf. τλάω
192 δευήσεαι: *you will lack*; 2nd sg. fut. mid., δεύομαι, governs a gen. of separation
   τευ ἄλλου: *from anything else*; τινος

ἄλλου
193 ὧν ἐπέοιχ ': *which it is fitting that a suppliant ...(not lack)* add μὴ δεύεσθαι
   ἀντιάσαντα: aor. pple, supply obj. "us"
194 δείξω: 1st sg. fut. δείκνυμι
   τοι: σοι
   οὔνομα: ὄνομα
197 τοῦ δ ' ἐκ...ἔχεται: *depends on him*; lit. "holds (firm) because of him"
198 ἦ ῥα: *so she spoke*; 3rd sg. impf. ἠμί
199 στῆτε μοι: *stop please*; lit. "stop for me" ethical dative expressing the speaker's interest
   ἰδοῦσαι: nom. pl., aor. pple εἶδον
200 ἦ μή πού...φάσθ ': *surely you do not think*; μή introduces a question expecting a negative answer; φάσθε, 2nd sg. mid. φημί
   ἔμμεναι: *(that he) is*; pres. inf. of εἰμί

οὐκ ἔσθ' οὗτος ἀνὴρ διερὸς βροτὸς οὐδὲ γένηται, 201

ὅς κεν Φαιήκων ἀνδρῶν ἐς γαῖαν ἵκηται 202

δηϊοτῆτα φέρων· μάλα γὰρ φίλοι ἀθανάτοισιν. 203

οἰκέομεν δ' ἀπάνευθε πολυκλύστῳ ἐνὶ πόντῳ, 204

ἔσχατοι, οὐδέ τις ἄμμι βροτῶν ἐπιμίσγεται ἄλλος. 205

ἀλλ' ὅδε τις δύστηνος ἀλώμενος ἐνθάδ' ἱκάνει, 206

τὸν νῦν χρὴ κομέειν· πρὸς γὰρ Διός εἰσιν ἅπαντες 207

ξεῖνοί τε πτωχοί τε, δόσις δ' ὀλίγη τε φίλη τε. 208

ἀλλὰ δότ', ἀμφίπολοι, ξείνῳ βρῶσίν τε πόσιν τε, 209

λούσατέ τ' ἐν ποταμῷ, ὅθ' ἐπὶ σκέπας ἔστ' ἀνέμοιο." 210

ὣς ἔφαθ', αἱ δ' ἔσταν τε καὶ ἀλλήλῃσι κέλευσαν, 211

κὰδ δ' ἄρ' Ὀδυσσῆ' εἷσαν ἐπὶ σκέπας, ὡς ἐκέλευσεν 212

Ναυσικάα θυγάτηρ μεγαλήτορος Ἀλκινόοιο· 213

πὰρ δ' ἄρα οἱ φᾶρός τε χιτῶνά τε εἵματ' ἔθηκαν, 214

δῶκαν δὲ χρυσέῃ ἐν ληκύθῳ ὑγρὸν ἔλαιον, 215

ἤνωγον δ' ἄρα μιν λοῦσθαι ποταμοῖο ῥοῇσιν. 216

δή ῥα τότ' ἀμφιπόλοισι μετηύδα δῖος Ὀδυσσεύς· 217

"ἀμφίπολοι, στῆθ' οὕτω ἀπόπροθεν, ὄφρ' ἐγὼ αὐτὸς 218

ἅλμην ὤμοιϊν ἀπολούσομαι, ἀμφὶ δ' ἐλαίῳ 219

χρίσομαι· ἦ γὰρ δηρὸν ἀπὸ χροός ἐστιν ἀλοιφή. 220

ἀ-θάνατος, -ον: undying, immortal, 14
ἀλάομαι: to wander, stray, roam, 4
ἀλλήλων, -λοις, -λους: one another, 4
ἅλμη, ἡ: sea-water, brine, 3
ἀλοιφή, ἡ: unguent, oil, hog's grease, 2
ἄνεμος, ου, ὁ: wind, 6
ἀνώγω: to command, order, bid, 4
ἀπ-άνευθε: far away, far off, from a distance 3
ἅπας, ἅπασα, ἅπαν: every, quite all, 6
ἀπο-λούω: to wash off, wash clean, 1
ἀπό-προθεν: far away, from afar, 2
βροτός, ὁ, ἡ: a mortal, human, 10
βρῶσις, -εως, ἡ: meat, food, 3
δηϊοτής, -ῆτος, ἡ: battle, strife, warfare, 1
δηρόν: for a long time, for long, long, 4
διερός, -ά, -όν: living, vigorous, nimble, 1
δόσις, -εως, ἡ: gift, 1
δύσ-τηνος, -ον: wretched, unhappy, 3
ἔλαιον, τό: olive-oil, 7
ἐνθάδε: here, hither, there, thither, 8
ἐπι-μίσγομαι: mingle, have intercourse with, 2
ἔσχατος, -η, -ον: furthest, last, extreme, 1
ἦ: in truth, truly (begins open question), 11
θυγάτηρ, ἡ: a daughter, 11
ἵζω: to make sit, place, 11
ἱκάνω: to approach, come, arrive, reach, 10

κομέω: to take care of, attend to, minister to, 1
λήκυθος, ἡ: oil-flask, oil-bottle, 2
λούω: to wash, bathe, 10
μεγαλ-ήτωρ, -ορος: great-hearted, heroic, 10
μετ-αυδάω: to address, speak among, 5
Ναυσικάα, ἡ: Nausikaa, 11
ὅ-θι: where, 7
οἰκέω: to inhabit, dwell, live, 1
ὀλίγος, -η, -ον: few, little, small, 3
οὕτως: in this way, thus, so, 5
πολύ-κλυστος, -ον: much-surging, -dashing, 1
πόντος, ὁ: sea, 8
πόσις, -εως, ἡ: drink, 8
ποταμός, ὁ: river, stream, 13
πτωχός, ὁ: a beggar, 1
ῥοή, ἡ: river, stream, 1
σκέπας, τό: shelter, protection, cover, 3
ὑγρός, -ά, -όν: liquid, moist, wet, watery, 3
φᾶρος, τό: mantle, cloak, 8
χιτών, -ῶνος, ἡ: tunic, 6
χρή: it is necessary, it is fitting; must, ought, 3
χρίω: to anoint, rub, 4
χρύσεος, -η, -ον: golden, of gold, 11
χρώς, -ωτός, ὁ: skin, complexion, body, 4
ὦμος, ὁ: shoulder, 6

---

201 ἔσθ ': ἔστιν before an aspirated diphthong
  γένηται: will be born; aor. subj. with a
  future sense
202 ἵκηται: will arrive; κεν (αν) + aor. subj.
  ἱκνέομαι with a future sense
203 μάλα γὰρ φίλοι: supply ἐσμέν, "we are"
205 ἄμμι: with us; ἡμῖν, dat. pl. 1ˢᵗ pers.
  pronoun governed by compound verb
206 ἀλώμενος: wandering; pple ἀλάομαι
207 τόν: whom…; relative pronoun not
  demonstrative is this instance
  πρὸς...Διός: from Zeus
209 δότ ': give; δότε, aor. imper., δίδωμι
210 ὅθ ': ὅθι
  ἐπὶ σκέπας: under shelter
211 ὡς ἔφαθ ': thus she spoke; ὡς ἔφατο
  ἔσταν: they stopped; 3ʳᵈ pl. aor., ἵστημι
212 κὰδ...εἷσαν: made...sit down, κατὰ; 3ʳᵈ

pl. aor. ἵζω
  ἐπὶ σκέπας: under shelter
214 πάρ...οἱ: beside him; οἱ is dat. 3ʳᵈ sg.
  εἵματ ': as clothes; in apposition to
  φᾶρος, χιτῶνα
  ἔθηκαν: 3ʳᵈ pl. aor. τίθημι
215 δῶκαν: 3ʳᵈ pl. aor δίδωμι
216 ἤνωγον: they bid; 3ʳᵈ pl. impf. ἄνωγω
218 στῆθ: stop!; στῆτε; aor. imper. ἵστημι
  before an aspirated diphthong
  ὄφρ'... ἀπολούσομαι... χρίσομαι: so that
  I may wash...and anoint...; ὄφρα + two
  aorist subjunctives in a purpose clause,
  ἀπολούσωμαι, χρίσωμαι
219 ὤμοιιν: from...; dual gen. of separation
  ἀμφί: all around; adverbial
220 ἄπο χροός: absent from the body

ἄντην δ' οὐκ ἂν ἐγώ γε λοέσσομαι· αἰδέομαι γὰρ 221

γυμνοῦσθαι κούρῃσιν ἐϋπλοκάμοισι μετελθών." 222

ὣς ἔφαθ', αἱ δ' ἀπάνευθεν ἴσαν, εἶπον δ' ἄρα κούρῃ. 223

αὐτὰρ ὁ ἐκ ποταμοῦ χρόα νίζετο δῖος Ὀδυσσεὺς 224

ἅλμην, ἥ οἱ νῶτα καὶ εὐρέας ἄμπεχεν ὤμους, 225

ἐκ κεφαλῆς δ' ἔσμηχεν ἁλὸς χνόον ἀτρυγέτοιο. 226

αὐτὰρ ἐπεὶ δὴ πάντα λοέσσατο καὶ λίπ' ἄλειψεν, 227

ἀμφὶ δὲ εἵματα ἕσσαθ' ἅ οἱ πόρε παρθένος ἀδμής, 228

τὸν μὲν Ἀθηναίη θῆκεν Διὸς ἐκγεγαυῖα 229

μείζονά τ' εἰσιδέειν καὶ πάσσονα, κὰδ δὲ κάρητος 230

οὔλας ἧκε κόμας, ὑακινθίνῳ ἄνθει ὁμοίας. 231

ὡς δ' ὅτε τις χρυσὸν περιχεύεται ἀργύρῳ ἀνὴρ 232

ἴδρις, ὃν Ἥφαιστος δέδαεν καὶ Παλλὰς Ἀθήνη 233

τέχνην παντοίην, χαρίεντα δὲ ἔργα τελείει, 234

ὣς ἄρα τῷ κατέχευε χάριν κεφαλῇ τε καὶ ὤμοις. 235

ἕζετ' ἔπειτ' ἀπάνευθε κιὼν ἐπὶ θῖνα θαλάσσης, 236

κάλλεϊ καὶ χάρισι στίλβων· θηεῖτο δὲ κούρη. 237

δή ῥα τότ' ἀμφιπόλοισιν ἐϋπλοκάμοισι μετηύδα· 238

"κλῦτέ μευ, ἀμφίπολοι λευκώλενοι, ὄφρα τι εἴπω. 239

οὐ πάντων ἀέκητι θεῶν, οἳ Ὄλυμπον ἔχουσιν, 240

ἀ-δμής, -ές: unmarried, untamed, 2
ἀ-έκητι: against the will of (+ gen.), 2
Ἀθηναίη, ἡ: Athena, 3
Ἀθήνη, ἡ: Athena, 11
αἰδέομαι: to be ashamed, feel shame, 4
ἀλείφω: to anoint with oil, oil, 1
ἅλμη, ἡ: sea-water, brine, 3
ἅλς, -ος, ὁ: salt, sea, 8
ἀμπέχω, -ον: to cover; surround, 1
ἄνθος, -εως, τό: a blossom, flower, bloom, 2
ἄντην: face to face, facing, 3
ἀπ-άνευθε: far away, far off, from a distance 3
ἄργυρος, -η, -ον: silver, 1
ἀ-τρύγετος, -ον: unfruitful, barren, 3
γυμνόω: to strip naked, be naked, 1
δάω: to learn, get to know; teach, 4
ἐκ-γίγνομαι: to be born of or from, 1
εἰσ-οράω: to look upon, view, behold, 6
ἕννυμι: to put clothes on, clothe, put on, 4
ἔργον, τό: work, labor, deed, act, 8
εὐ-πλόκαμος, -ον: with fair locks, 7
εὐρύς, -εῖα, -ύ: wide, broad, spacious, 5
ἥκω: to have come, be present, 2
Ἥφαιστος, ὁ: Hephaestus, 14
θάλασσα, ἡ: the sea, 6
θεάομαι: to see, watch, look at; consider, 8
θίς, θινός, ὁ: beach, shore, 4
ἴδρις, -εως: experienced, knowing, skilful, 2
κάλλος, -εος, τό: beauty, 3
κάρη, τό: head, 2
κατα-χέω: to pour upon, pour, shed, 1
κεφαλή, ἡ: the head, 7

κίω: to go, 6
κλυτός, -ή, -όν: famous, renowned, heard of, 6
κόμη, ἡ: hair, locks, 1
λευκ-ώλενος, -ον: white-armed, 7
λίπα: richly, unctuously, 2
λοέσσομαι: to wash, bathe, 2
μείζων, μεῖζον: greater, taller, larger, 3
μετ-αυδάω: to address, speak among, 5
μετ-έρχομαι: to go among; pursue, 2
νίζω: to wash, cleanse, 2
νῶτον, τό: the back, 2
Ὄλυμπος, ὁ: Olympus, 3
ὁμοῖος, -α, -ον: like, similar, resembling, 3
οὖλος, -η, -ον: curly, wholly, thick, 2
Παλλάς, ἡ: Pallas Athena, 4
παντοῖος, -α, -ον: of every sort or kind, 3
παρθένος, ἡ: maiden, virgin, girl, 3
πάσσων, -ον: thicker, stouter (comp παχύς) 2
περι-χέω: to pour round or over, 2
πόρω: to give, furnish, offer, supply, 2
ποταμός, ὁ: river, stream, 13
σμήχω: to wipe off, 1
στίλβω: to glisten, shine, be resplendent, 1
τελέω: to complete, fulfill, accomplish, 4
τέχνη, ἡ: art, skill, craft, 2
ὑακίνθινος, -η, -ον: of a hyacinth, 1
χάρις, -ιτος, ἡ: grace, loveliness, charm, 3
χαρίεις, -εντος: graceful, beautiful, lovely, 2
χνόος, ὁ: sea-salt, 1
χρώς, -ωτός, ὁ: skin, body (χροΐ dat. sg.) 4
χρυσός, ὁ: gold, 3
ὦμος, ὁ: shoulder, 6

---

221 ἄν...λοέσσομαι: aor. subj., future sense
222 μετελθών: nom. sg. aor. pple μετέρχομαι
223 ὣς ἔφαθ ': *thus he spoke*; ὣς ἔφατο
  ἴσαν: *went*; 3rd pl. impf. ἔρχομαι (-ι)
224 χρόα: *body*; acc. sg. χρώς
228 ἔσσαθ ': *put on*; ἔσσατο aor. mid. ἕννυμι
  οἱ: *to him*; dat. sg. indirect object
229 τὸν μὲν...θῆκεν: *made him...*; 3rd sg. aor.
  τίθημι with a double acc.: "made x...y"
  ἐκγεγαυῖα: *born from*; nom. sg. pf. pple
  ἐκ-γίγνομαι ; modifies Ἀθηναίη
230 μείζονά εἰσιδέειν: *larger to look upon*;
  epexegetical (explanatory) inf. modifying
  an adjective; εἰσ-οράω
  κάδ...ἧκε: *she let fall down from...*; κάτα
  with gen. place from which; aor. ἵημι
231 ὡς δ' ὅτε: *as when*; introducing a simile

232 ἀργύρῳ: *(around) silver*; dat. with
  compound verb περιχέω
233 ὅν...δέδαεν...τέχνην: *whom...taught the
  skill...*; double accusative
235 ὣς ἄρα: *so then*; ending the simile
  beginning in 231
  τῷ: *down on this one*; dat. w/ compound
  verb, κεφαλῆι...ὤμοις are in apposition
236 ἕζετ ': *he sat*; 3rd sg. impf., ἕζομαι
237 κάλλεϊ, χάρισι: *with...*; datives
  θηεῖτο: impf., θηέομαι (Att. θεάομαι)
238 δήρα τοτ': *that at that very moment*
238 δή ρα τότ': *hear me*; gen. of source
239 Κλῦτέ μευ: *hear me*; gen. of source
  ὄφρα...εἴπω : *so that I may say
  something (important)*; aor. subj. purpose

Φαιήκεσσ' ὅδ' ἀνὴρ ἐπιμίσγεται ἀντιθέοισι·       241

πρόσθεν μὲν γὰρ δή μοι ἀεικέλιος δέατ' εἶναι,       242

νῦν δὲ θεοῖσιν ἔοικε, τοὶ οὐρανὸν εὐρὺν ἔχουσιν.       243

αἲ γὰρ ἐμοὶ τοιόσδε πόσις κεκλημένος εἴη       244

ἐνθάδε ναιετάων, καὶ οἱ ἅδοι αὐτόθι μίμνειν.       245

ἀλλὰ δότ', ἀμφίπολοι, ξείνῳ βρῶσίν τε πόσιν τε."       246

   ὣς ἔφαθ', αἱ δ' ἄρα τῆς μάλα μὲν κλύον ἠδ' ἐπίθοντο,       247

πὰρ δ' ἄρ' Ὀδυσσῆι ἔθεσαν βρῶσίν τε πόσιν τε.       248

ἦ τοι ὁ πῖνε καὶ ἦσθε πολύτλας δῖος Ὀδυσσεὺς       249

ἁρπαλέως· δηρὸν γὰρ ἐδητύος ἦεν ἄπαστος.       250

   αὐτὰρ Ναυσικάα λευκώλενος ἀλλ' ἐνόησεν·       251

εἵματ' ἄρα πτύξασα τίθει καλῆς ἐπ' ἀπήνης,       252

ζεῦξεν δ' ἡμιόνους κρατερώνυχας, ἂν δ' ἔβη αὐτή,       253

ὄτρυνεν δ' Ὀδυσῆα, ἔπος τ' ἔφατ' ἔκ τ' ὀνόμαζεν·       254

   "ὄρσεο δὴ νῦν, ξεῖνε, πόλινδ' ἴμεν, ὄφρα σε πέμψω       255

πατρὸς ἐμοῦ πρὸς δῶμα δαΐφρονος, ἔνθα σέ φημι       256

πάντων Φαιήκων εἰδησέμεν ὅσσοι ἄριστοι.       257

ἀλλὰ μάλ' ὧδ' ἔρδειν, δοκέεις δέ μοι οὐκ ἀπινύσσειν·       258

ὄφρ' ἂν μέν κ' ἀγροὺς ἴομεν καὶ ἔργ' ἀνθρώπων,       259

τόφρα σὺν ἀμφιπόλοισι μεθ' ἡμιόνους καὶ ἄμαξαν       260

ἀγρός, ὁ: fields, lands, 2
ἀ-εικέλιος, -η, -ον: unseemly, shabby, 2
ἄμαξα, ἡ: wagon, 3
ἀνδάνω: to please, delight, gratify, 2
ἀντί-θεος, -η, -ον: godlike, equal to the gods 5
ἄ-παστος, -ον: not partaking of, fasting, 1
ἀπήνη, ἡ: a four-wheeled wagon, 9
ἀ-πινύσσω: to lack sense, be foolish 1
ἁρπαλέος, -η, -ον: greedy, grasping, 2
αὐτό-θι: on the very spot, here, there, 1
βρῶσις, -εως, ἡ: meat, food, 3
δαΐ-φρων, -ονος: skilled in war, in peace, 7
δέατο: he seemed, appeared, 1
δηρόν: for a long time, for long, long, 4
δοκέω: to seem, seem good, think, imagine, 2
ἐδητύς, -ύος, ἡ: meat, food, 3
ἐνθάδε: here, hither, there, thither, 8
ἔοικα: to be like, seem likely, 11
ἐπι-μίσγομαι: mingle, have intercourse with, 2
ἔργον, τό: work, labor, deed, act, 8
ἔρδω: to do, make, 4
ἔσθω: to eat, devour, poetic for ἐσθίω, 4
εὐρύς, -εῖα, -ύ: wide, broad, spacious, 5
ζεύγνυμι: to yoke, 3
ἦ: in truth, truly (begins open question), 11

ἡμί-ονος, ἡ, ὁ: mule, 12
καλέω: to call, summon, invite, 8
κλύω: to hear, 8
κρατερῶνυξ, -υχος: strong-hoofed, 1
λευκ-ώλενος, -ον: white-armed, 7
μίμνω: to stay, remain, abide; await, 1
ναιετάω: to live, dwell, abide, 3
Ναυσικάα, ἡ: Nausikaa, 11
νοέω: to think, mean, indicate, suppose, 10
ὀνομάζω: to name, call by name, 4
ὄρνυμι: to stir, set in motion, rouse, 11
ὀτρύνω: to stir up, rouse, encourage, 7
οὐρανός, ὁ: sky, heavens, 5
πείθω: to persuade, win over; mid. obey, 8
πέμπω: to send, conduct, convey, dispatch, 4
πίνω: to drink, 8
πολύ-τλας, -αντος: much-enduring, stout, 10
πόσις, -εως, ὁ: husband, 3
πόσις, -εως, ἡ: drink, 8
πρόσθεν: before, 3
πτύσσω: to fold, 2
σύν: along with, with, together (+ gen.), 7
τόφρα: during that time, meanwhile, 4
τοιόσδε, -άδε, -όνδε: such, 2
ὧδε: in this way, so, thus, 5

243 τοί: who; relative pronoun, nom. pl.
244 αἲ γὰρ κεκλημένος εἴη...ἅδοι: if only he
     might be called...and it be pleasing; αἲ
     γὰρ introduces opt. of wish; εἰμί,
     ἀνδάνω and pf. pple καλέω
245 οἱ: to him; dat. with ἅδοι, see above
246 δότ ': δότε , aor. pl. imperative δίδωμι
247 ὡς ἔφαθ ': thus she spoke; ὡς ἔφατο
     ἐπίθοντο: 3ʳᵈ pl. aor. mid., πείθω
248 πὰρ: beside; παρὰ + dat. or this is tmesis
     and the main verb is παρατίθημι + dat.
     ἔθεσαν: 3ʳᵈ pl. aor. τίθημι
249 ἦσθε: 3ʳᵈ sg. impf. ἔσθω
250 ἦεν: 3ʳᵈ sg. impf. εἰμί (Att. ἦν)
252 πτύξασα: nom. sg. f. aor. pple. πτύσσω
     τίθει: 3ʳᵈ sg. impf. τίθημι, ἐτίθεε
253 ἄν: ἀνὰ
     ἔβη: 3ʳᵈ sg. athematic aor. βαίνω
254 ἔκ τ ' ὀνόμαζεν: called out

255 Ὄρσεο: rouse yourself; aor. mid. imp,
     ὄρνυμι
     ἴμεν: pres. inf. ἔρχομαι
     ὄφρα: so that...; purpose with 1ˢᵗ sg. aor.
     subjunctive
256 ἔνθα: where; relative adverb
257 εἰδησέμεν: will come to know; fut. inf.
     οἶδα, σέ is the accusative subject
     ὅσσοι: how many...(there are)
258 ἔρδειν: infinitive functions as an
     imperative
259 ὄφρα...ἴομεν...τόφρα: as long as we
     go...during that time...; ὄφρα and τόφρα
     are correlatives; ὄφρα may introduce a
     purpose clause or, as here, a temporal
     clause; ἄν + 1ˢᵗ pl. pres. subj. ἔρχομαι
     (Att. ἴωμεν) in a general temporal clause
260 μεθ ': μετά before an aspirated vowel

καρπαλίμως ἔρχεσθαι· ἐγὼ δ' ὁδὸν ἡγεμονεύσω.          261

αὐτὰρ ἐπὴν πόλιος ἐπιβήομεν ἣν πέρι πύργος          262

ὑψηλός, καλὸς δὲ λιμὴν ἑκάτερθε πόληος,          263

λεπτὴ δ' εἰσίθμη· νῆες δ' ὁδὸν ἀμφιέλισσαι          264

εἰρύαται· πᾶσιν γὰρ ἐπίστιόν ἐστιν ἑκάστῳ.          265

ἔνθα δέ τέ σφ' ἀγορὴ καλὸν Ποσιδήϊον ἀμφίς,          266

ῥυτοῖσιν λάεσσι κατωρυχέεσσ' ἀραρυῖα.          267

ἔνθα δὲ νηῶν ὅπλα μελαινάων ἀλέγουσι,          268

πείσματα καὶ σπεῖρα, καὶ ἀποξύνουσιν ἐρετμά.          269

οὐ γὰρ Φαιήκεσσι μέλει βιὸς οὐδὲ φαρέτρη,          270

ἀλλ' ἱστοὶ καὶ ἐρετμὰ νεῶν καὶ νῆες ἐῖσαι,          271

ᾗσιν ἀγαλλόμενοι πολιὴν περόωσι θάλασσαν.          272

τῶν ἀλεείνω φῆμιν ἀδευκέα, μή τις ὀπίσσω          273

μωμεύῃ· μάλα δ' εἰσὶν ὑπερφίαλοι κατὰ δῆμον·          274

καί νύ τις ὧδ' εἴπῃσι κακώτερος ἀντιβολήσας·          275

    'τίς δ' ὅδε Ναυσικάᾳ ἕπεται καλός τε μέγας τε          276

ξεῖνος; ποῦ δέ μιν εὗρε; πόσις νύ οἱ ἔσσεται αὐτῇ.          277

ἦ τινά που πλαγχθέντα κομίσσατο ἧς ἀπὸ νηὸς          278

ἀνδρῶν τηλεδαπῶν, ἐπεὶ οὔ τινες ἐγγύθεν εἰσίν·          279

ἤ τίς οἱ εὐξαμένῃ πολυάρητος θεὸς ἦλθεν          280

ἀγάλλομαι: to exult in, delight in (+ dat.) 1
ἀγορή, ἡ: an assembly; marketplace, 5
ἀ-δευκής, -ές: not sweet, not pleasant, bitter, 1
ἀλέγω: to attend to, care, be concerned, 1
ἀλεείνω: to avoid, shun, evade, 1
ἀμφι-έλισσα: rowed on both sides, handy, 3
ἀμφίς: on both sides, round, about, 4
ἀντι-βολέω: to meet, encounter, 3
ἀπ-οξύνω: to sharpen, bring to a point, 1
ἀραρίσκω: to fit together, join; be fitted, 3
βιός, ὁ: bow, 1
δῆμος, ὁ: district, country, land; people, 12
ἐγγύ-θεν: from near, from close at hand, 5
εἰσ-ίθμη, ἡ: an entrance, 1
ἕκαστος, -η, -ον: each, every one, 10
ἑκάτ-ερθε: on either side, on either side of, 3
ἐπήν: ἐπεὶ ἄν, when after that, 4
ἐπι-βαίνω: to proceed to, climb; embark, 4
ἐπί-στιον, τό: shed, a slip to haul up a ship, 1
ἕπομαι: to follow, accompany, escort (dat.) 12
ἐρετμόν, τό: an oar, 4
ἐρύω: to drag, haul, pull, draw, 6
εὑρίσκω: to find, discover, devise, invent, 3
εὔχομαι: boast, vaunt, exult; pray, 3
ἦ: in truth, truly (begins open question), 11
ἡγεμονεύω: to lead, rule, command, 4
θάλασσα, ἡ: the sea, 6
ἴσος, -η, -ον: equal, like; balanced, 6
ἱστός, ὁ: ship's mast, loom for weaving, 4
καρπαλίμως: swiftly, quickly, nimbly, 7

κατ-ωρυχής, -ές: dug-down, embedded, 1
κομίζω: to take care of, provide for, attend, 2
λᾶας, -ος, ὁ: stone, 2
λεπτός, -ή, -όν: peeled; narrow, thin, 3
λιμήν, -ένος, ὁ: harbor, haven, 2
μέλας, μέλαινα, μέλαν: black, dark, 7
μέλω: imper. there is a care for (dat, gen), 3
μή: not, lest, 11
μωμεύω: to blame, censure, reproach, 1
Ναυσικάα, ἡ: Nausikaa, 11
ὁδός, ἡ: road, way, path, journey, 7
ὅπλον, τό: a tool, implement; arms, 1
ὀπίσσω: backwards; in the future, later, 2
πεῖσμα, -ατος, τό: a ship's cable, 1
περάω: to cross, traverse, make one's way, 1
πλάζω: beat upon, turn from one's course 1
πολυ-άρητος, -ον: object of many prayers, 1
Ποσιδήιον, τό: sanctuary of Poseidon, 1
πόσις, -εως, ὁ: husband, 3
ποῦ: where? 1
πύργος, ὁ: wall, rampart, tower, 1
ῥυτός, -ή, -όν: dug, quarried; dragged along, 1
σπεῖρον, τό: cloth, clothing, attire; sail, 2
τηλε-δαπός, -ή, -όν: from a far country, 1
ὑπερ-φίαλος, -ον: overbearing, reckless, 1
ὑψ-ηλός, -ή, -όν: high, lofty, tall, 7
φαρέτρη, ἡ: a quiver, 1
φῆμις, ἡ: speech, talk, 1
ὧδε: in this way, so, thus, 5

---

261 ἔρχεσθαι: go!; infinitive as imperative
262 ἐπιβήομεν: 1ˢᵗ pl. aor. subj. ἐπι-βαίνω
263 ἥν πέρι: around which (there is)
264 καλὸς δὲ λιμήν: supply ἐστί "there is"
    πόληος: gen. sg. πόλις
265 ὁδόν...εἰρύαται: are drawn up (along)
    the road; Att. εἰρύνται, 3ʳᵈ pl. pf. ἐρύω
    πᾶσιν...ἑκάστῳ: for each and every; dat.
    possession
266 σφ ': they have; "(there was) for them,"
    σφί, dat. of possession
267 ἀραρυῖα: fitted with, built with; fem. sg.
    pf. pple. ἀραρίσκω modifying ἀγορή
270 βιός: bow; note accent on βίος "life"
271 εἴσοι: well-balanced; ἴσοι
272 ᾗσιν: at which; αἷς, obj. ἀγαλλόμενοι
    περόωσι: they traverse; περάουσι, pres.

273 τῶν...φῆμιν: their speech; Phaeacians'
    μή...μωμεύῃ: so that...may not...; μή +
    3ʳᵈ sg. subj. in a negative purpose clause
274 εἰσιν: they are; 3ʳᵈ sg. pres. εἰμί
275 εἴπῃσι: will say; 3ʳᵈ sg. aor. subj. εἶπον,
    with future sense
277 εὗρε: 3ʳᵈ sg. aor. εὑρίσκω
    πόσις...ἔσσεται: will she have him as a
    husband?; "he will be to her herself," 3ʳᵈ
    sg. fut. εἰμί, with dat. of possession
278 πλαγχθέντα: acc. aor. pass. pple.
    πλάζω
279 εἰσίν: there are; 3ʳᵈ pl. pres. εἰμί
280 ἤ τίς...θεός: or some god; accent on τις
    is from οἱ
    οἱ εὐξαμένῃ: to her praying; dat. obj. of
    ἦλθεν, 3ʳᵈ sg. aor. ἔρχομαι

οὐρανόθεν καταβάς, ἕξει δέ μιν ἤματα πάντα.    281

βέλτερον, εἰ καὐτή περ ἐποιχομένη πόσιν εὗρεν    282

ἄλλοθεν· ἦ γὰρ τούσδε γ᾽ ἀτιμάζει κατὰ δῆμον    283

Φαίηκας, τοί μιν μνῶνται πολέες τε καὶ ἐσθλοί.'    284

ὡς ἐρέουσιν, ἐμοὶ δέ κ᾽ ὀνείδεα ταῦτα γένοιτο.    285

καὶ δ᾽ ἄλλῃ νεμεσῶ, ἥ τις τοιαῦτά γε ῥέζοι,    286

ἥ τ᾽ ἀέκητι φίλων πατρὸς καὶ μητρὸς ἐόντων,    287

ἀνδράσι μίσγηται, πρίν γ᾽ ἀμφάδιον γάμον ἐλθεῖν.    288

ξεῖνε, σὺ δ᾽ ὦκ᾽ ἐμέθεν ξυνίει ἔπος, ὄφρα τάχιστα    289

πομπῆς καὶ νόστοιο τύχῃς παρὰ πατρὸς ἐμοῖο.    290

δήεις ἀγλαὸν ἄλσος Ἀθήνης ἄγχι κελεύθου    291

αἰγείρων· ἐν δὲ κρήνη νάει, ἀμφὶ δὲ λειμών·    292

ἔνθα δὲ πατρὸς ἐμοῦ τέμενος τεθαλυῖά τ᾽ ἀλωή,    293

τόσσον ἀπὸ πτόλιος ὅσσον τε γέγωνε βοήσας.    294

ἔνθα καθεζόμενος μεῖναι χρόνον, εἰς ὅ κεν ἡμεῖς    295

ἄστυδε ἔλθωμεν καὶ ἱκώμεθα δώματα πατρός.    296

αὐτὰρ ἐπὴν ἡμέας ἔλπῃ ποτὶ δώματ᾽ ἀφῖχθαι,    297

καὶ τότε Φαιήκων ἴμεν ἐς πόλιν ἠδ᾽ ἐρέεσθαι    298

δώματα πατρὸς ἐμοῦ μεγαλήτορος Ἀλκινόοιο.    299

ῥεῖα δ᾽ ἀρίγνωτ᾽ ἐστί, καὶ ἂν πάϊς ἡγήσαιτο    300

ἀγλαός, -ή, -όν: splendid, shining, bright, 2
ἄγχι: near, nigh, close by, 6
ἀ-έκητι: against the will of (+ gen.), 2
Ἀθήνη, ἡ: Athena, 11
αἴγειρος, -ου, ἡ: the poplar, 2
ἄλλη: in another place; in another way, 2
ἄλλο-θεν: from another place, elsewhere, 3
ἄλσος, τό: grove, sacred grove, 2
ἀλωή, ἡ: garden, orchard; threshing-floor, 2
ἀμφάδιος, -α, -ον: public, open, 1
ἀρί-γνωτος, -η, -ον: easily recognized, 2
ἄστυ-δε: to the city, into the city, 1
ἀ-τιμάζω: to dishonor, insult, slight, 2
ἀφ-ικνέομαι: to come, arrive, 2
βέλτερος, -α, -ον: better, 1
βοάω: to cry aloud, shout, 2
γάμος, ὁ: a wedding, wedding-feast, 3
γέγωνα: to make one's voice heard, shout, 1
δήω: to find, meet with, come upon, 2
δῆμος, ὁ: district, country, land; people, 12
ἔλπομαι: to hope, expect, 3
ἐπήν: ἐπεὶ ἄν, when after that, 4
ἐπ-οίχομαι: to go, approach, go to and fro, 1
ἐρέομαι: to ask (for), inquire, 2
ἐσθλός, -ή, -όν: good, well-born, noble, 12
εὑρίσκω: to find, discover, devise, invent, 3
ἦ: in truth, truly (begins open question), 11
ἡγέομαι: to lead, guide; consider, think, 3
ἦμαρ, -ατος, τό: day, 13
θάλλω: to bloom, abound, be luxuriant, 1

καθ-ίζω: to sit down, make sit down, 2
κατα-βαίνω: to go or come down, descend, 1
κέλευθος, ἡ: road, way, path; voyage, course, 2
κρήνη, ἡ: spring, fountain, 2
λειμών, -ῶνος, ὁ: meadow, lowland, 1
μένω: to stay, remain, 9
μεγαλ-ήτωρ, -ορος: great-hearted, heroic, 10
μήτηρ, ἡ: a mother, 11
μίγνυμι: to mix, mingle, have intercourse, 6
μνάομαι: to woo, court; remind, 2
νάω: to flow, 4
νεμεσάω: to feel resentment, be indignant, 1
νόστος, ὁ: return home, return homeward, 4
ὄνειδος, τό: reproach, censure, rebuke, 1
οὐρανό-θεν: from the sky, heavens, 1
παῖς, παιδός, ὁ, ἡ: a child, boy, girl; slave, 13
πομπή, ἡ: conduct, escort, departure, 10
πόσις, -εως, ὁ: husband, 3
ποτί: πρός, 2
πρίν: until, before, 6
ῥέζω: to do accomplish, make, perform, 3
ῥεῖα: easily, readily, lightly, 2
συν-ίημι: to understand; put together, 2
τάχιστα: very quickly, very speedily, 4
τέμενος, τό: a marked off piece of land, 2
τοιοῦτος, -αύτη, -οῦτο: such, 5
τόσος, -η, -ον: so much, so many, so great, 4
τυγχάνω: chance upon, get; meet; happen, 2
χρόνος, ὁ: time, 1
ὦκα: quickly, swiftly, straightaway, 3

---

281 **καταβάς**: *coming down*; nom. sg., aor.
   pple, κατα-βαίνω
   **ἕξει δὲ μιν**: *he will have her (as his wife)*;
   fut. ἔχω (note the usually aspirated ε)
282 **βέλτερον**: *(it is) better*
   **καὐτή**: *she herself*; καὶ αὐτή
   **εὗρεν**: 3rd sg. aor. εὑρίσκω
284 **τοί**: *who...*; οἵ, relative pronoun
   **πολέες**: *many*; nom. pl. modifying τοί
285 **ὡς ἐρέουσιν**: *so they will say*
   **κ'...γένοιτο**: *would be*; potential aor. opt.
286 **ἄλλη...ἤ τις...ῥέζοι**: *toward another girl
   who does...*; ἄλλη dat. obj. of νεμεσῶ;
   opt. relative clause of characteristic
287 **φίλων**: *dear*; applies to both gen. sg.
   πατρὸς and gen. sg. μητρός
   **ἐόντων**: *(while) living*; pres. pple, εἰμὶ
288 **πρίν...ἐλθεῖν**: *before* (+ inf.); aor. inf.
   ἔρχομαι

289 **ἐμέθεν**: *my*; ἐμου modifies ἔπος
   **ξυνίει**: *understand (and heed)!*; "put
   together," sg. imperative συνίημι (-ιε)
290 **ὄφρα...τύχης**: *so that you may gain* (+
   gen.); purpose, aor. subj. τυγχάνω
291 **δήεις**: present with future sense here
292 **ἐν δὲ...ἀμφὶ δὲ**: *therein...and around (it)*
293 **τεθαλυῖα**: *being in bloom*; pf. θάλλω
294 **τόσσον...ὅσσον**: *as far away...as*
295 **μεῖναι χρόνον**: *wait for some time*; aor.
   inf. as imperative
   **εἰς ὅ**: *until*; lit. "up to which (time)"
296 **ἔλθωμεν καὶ ἱκώμεθα**: aor. subjunctives
297 **ἔλπῃ**: *you expect*; 2nd sg. subjunctive
   **ἀφῖχθαι**: *to have arrived*; pf. infinitive
298 **ἴμεν, ἐρέεσθαι**: inf as imper εἶμι, ἐρέομαι
300 **ἂν ἡγήσαιτο**: *could lead*; potential opt.

νήπιος· οὐ μὲν γάρ τι ἐοικότα τοῖσι τέτυκται                301

δώματα Φαιήκων, οἷος δόμος Ἀλκινόοιο                        302

ἥρως. ἀλλ᾽ ὁπότ᾽ ἄν σε δόμοι κεκύθωσι καὶ αὐλή,            303

ὦκα μάλα μεγάροιο διελθέμεν, ὄφρ᾽ ἂν ἵκηαι                 304

μητέρ᾽ ἐμήν· ἡ δ᾽ ἧσται ἐπ᾽ ἐσχάρῃ ἐν πυρὸς αὐγῇ,        305

ἠλάκατα στρωφῶσ᾽ ἁλιπόρφυρα, θαῦμα ἰδέσθαι,               306

κίονι κεκλιμένη· δμωαὶ δέ οἱ εἵατ᾽ ὄπισθεν.                307

ἔνθα δὲ πατρὸς ἐμοῖο θρόνος ποτικέκλιται αὐτῇ,            308

τῷ     ὅ γε οἰνοποτάζει ἐφήμενος ἀθάνατος ὥς.             309

τὸν παραμειψάμενος μητρὸς περὶ γούνασι χεῖρας            310

βάλλειν ἡμετέρης, ἵνα νόστιμον ἦμαρ ἴδηαι                 311

χαίρων καρπαλίμως, εἰ καὶ μάλα τηλόθεν ἐσσί.              312

εἴ κέν τοι κείνη γε φίλα φρονέῃσ᾽ ἐνὶ θυμῷ,               313

ἐλπωρή τοι ἔπειτα φίλους ἰδέειν καὶ ἱκέσθαι               314

οἶκον ἐϋκτίμενον καὶ σὴν ἐς πατρίδα γαῖαν.”              315

ὣς ἄρα φωνήσας᾽ ἵμασεν μάστιγι φαεινῇ                     316

ἡμιόνους· αἱ δ᾽ ὦκα λίπον ποταμοῖο ῥέεθρα.               317

αἱ δ᾽ εὖ μὲν τρώχων, εὖ δὲ πλίσσοντο πόδεσσιν·           318

ἡ δὲ μάλ᾽ ἡνιόχευεν, ὅπως ἅμ᾽ ἑποίατο πεζοὶ              319

ἀμφίπολοί τ᾽ Ὀδυσεύς τε, νόῳ δ᾽ ἐπέβαλλεν ἱμάσθλην.      320

32

ἀ-θάνατος, -ον: undying, immortal, 14
ἁλι-πόρφυρος, -ον: of sea-purple, 2
ἅμα: at the same time; along with (+ dat.), 13
αὐγή, ἡ: sunlight, sun rays, glare, 2
αὐλή, ἡ: pen, enclosure, the court-yard, 3
βάλλω: to throw, shoot, hit, strike, 10
γόνυ, γουνός, τό: the knee, 6
δι-έρχομαι: to go through, pass, 1
δμῳή, ἡ: a female servant, 5
ἐκεῖνος, -η, -ον: that, those, 6
ἐλπωρή, ἡ: hope, 2
ἔοικα: to be like, seem likely, 11
ἐπι-βάλλω: to throw upon, cast upon, lay on 2
ἕπομαι: to follow, accompany, escort, 12
ἐσχάρη, ἡ: the hearth, fire-place, 5
εὖ: well, 11
ἐυ-κτίμενος, -η, -ον: well-built, -constructed, 2
ἔφ-ημαι: to sit upon, sit by, 1
ἠλάκατα, τά: thread, yarn of wool, 2
ἧμαι: to sit, sit down, be seated, 12
ἦμαρ, -ατος, τό: day, 13
ἡμέτερος, -α, -ον: our, 8
ἡμί-ονος, ἡ, ὁ: mule, 12
ἡνιο-χεύω: to act as charioteer, driver, 1
ἥρως, ὁ: hero, warrior, 6
θαῦμα, -ατος, τό: wonder, amazement, 3
θρόνος, ὁ: a seat, chair, 7
ἱμάσθλη, ἡ: whip, thong, 1
ἱμάσσω: to whip, flog, 1
ἵνα: in order that (+ subj.); where (+ ind.), 13
καρπαλίμως: swiftly, quickly, nimbly, 7

κεύθω: to cover up, enclose; hide, conceal, 2
κλίνω: to recline, lie down, lean on, 1
κίων, -ονος, ὁ, ἡ: a pillar, 3
λείπω: to leave, forsake, abandon, 9
μάστιξ, -ιγος, ἡ: a whip, lash, 2
μήτηρ, ἡ: a mother, 11
νήπιος, -α, -ον: young; childish, foolish, 1
νόστιμος, -ον: of or concerning a return, 1
νοῦς, ὁ: mind, thought, reason, attention, 7
οἶκος, ὁ: a house, abode, dwelling, 10
οἰνο-ποτάζω: to drink wine, 1
οἷος, -α, -ον: of what sort, as, 8
ὄπισθεν: behind; in the future, later, 1
ὁπότε: when, by what time, 2
ὅπως: how, in what way; in order that, that, 3
παρ-αμείβομαι: to go past, pass by, 1
πεζός, ἡ, όν: on foot, 1
πλίσσομαι: to prance along, 1
ποταμός, ὁ: river, stream, 13
προσ-κλίνω: to lean near, set against, 1
πούς, ποδός, ὁ: a foot, 12
πῦρ, πυρός, τό: fire, 9
ῥεῖθρον, τό: a river, stream, 1
στρωφάω: to twist into threads, yarn, spin, 3
τεύχω: to make, build, construct, prepare, 12
τρωχάω: to run, gallop, 1
φαεινός, -ή, -όν: shining, beaming, radiant, 8
φρονέω: to think, to be wise, prudent, 6
φωνέω: to utter, speak, 14
χαίρω: to rejoice, be glad; fare well, 10
ὦκα: quickly, swiftly, straightaway, 3

301 οὐ...τι: not at all
   ἐοικότα τοῖσι: similar to this; pf. pple
   τέτυκται: 3rd sg. pf. pass. τεύχω
303 ἂν κεύθωσι: whenever...have enclosed;.
   pf. subj. κεύθω, general temporal clause
304 διελθέμεν, ὄφρ᾽...ἵκηαι: go through until
   you reach; inf. as imperative; aor. subj.
   ἱκνέομαι
305 ἧσται: 3rd sg. pres. ἧμαι
306 στρωφῶσ᾽: spinning; στρωφῶσα ; aor.
   pple α-contract fem. nom. sg.
   ἰδέσθαι: to behold; epexegetical
   (explanatory) infinitive
307 κεκλιμένη: leaning on; pf. mid. pple
   ἧατ᾽: 3rd pl. pres. ἧμαι
308 ποτικέκλιται: leaning near; pf. mid.
309 τῷ...ἐφήμενος: sitting on which; relative

   ἀθάνατος ὥς: as if...
311 ἵνα...ἴδηαι: so that you may see; ἴδῃ, 2nd
   sg. aor. subj. of purpose, ὁράω
312 ἐσσί: 2nd sg. pres. εἰμί
313 κείνη: that one; ἐκείνη, Nausicaa' mother
   φίλα: kind things, kind (thoughts); neuter
   acc. pl.
314 ἐλπωρή: (there is) hope; supply ἐστίν
   ἰδεῖν, ἱκέσθαι: aor. inf. ὁράω, ἱκνέομαι
316 ἵμασεν: 3rd sg. aor. ἱμάσσω
317 λίπον: left; 3rd pl. aor., λείπω
318 τρώχων: were galloping; ἐτρώχων
319 ὅπως...ἐποίατο: so that...might follow;
   3rd pl. pres. opt. of purpose, ἕπομαι
320 νόῳ: purposefully; "in (right) mind"

δύσετό τ᾽ ἠέλιος καὶ τοὶ κλυτὸν ἄλσος ἵκοντο      321

ἱρὸν Ἀθηναίης, ἵν᾽ ἄρ᾽ ἕζετο δῖος Ὀδυσσεύς.      322

αὐτίκ᾽ ἔπειτ᾽ ἠρᾶτο Διὸς κούρῃ μεγάλοιο·      323

"κλῦθί μευ, αἰγιόχοιο Διὸς τέκος, Ἀτρυτώνη·      324

νῦν δή πέρ μευ ἄκουσον, ἐπεὶ πάρος οὔ ποτ᾽ ἄκουσας      325

ῥαιομένου, ὅτε μ᾽ ἔρραιε κλυτὸς ἐννοσίγαιος.      326

δός μ᾽ ἐς Φαίηκας φίλον ἐλθεῖν ἠδ᾽ ἐλεεινόν."      327

ὣς ἔφατ᾽ εὐχόμενος, τοῦ δ᾽ ἔκλυε Παλλὰς Ἀθήνη.      328

αὐτῷ δ᾽ οὔ πω φαίνετ᾽ ἐναντίη· αἴδετο γάρ ῥα      329

πατροκασίγνητον· ὁ δ᾽ ἐπιζαφελῶς μενέαινεν      330

ἀντιθέῳ Ὀδυσῆϊ πάρος ἦν γαῖαν ἱκέσθαι.      331

Ἀθηναίη, ἡ: Athena, 3
Ἀθήνη, ἡ: Athena, 11
αἰγί-οχος, -ον: Aegis-bearing, 2
αἰδέομαι: to be ashamed, feel shame, 4
ἀκούω: to hear, listen to, 14
ἄλσος, τό: grove, sacred grove, 2
ἀντίθεος, -η, -ον: godlike, equal to the gods, 5
ἀράομαι: to pray, invoke, vow, 3
Ἀτρυτώνη, ἡ: the unwearied one, 1
αὐτίκα: straightway, at once; presently, 6
δύω: to enter, go; set, 10
ἕζομαι: to sit; sit someone down, set, 12
ἐλεεινός, -η, -ον: pitiable, piteous, 3
ἐναντίος, -η, -ον: opposite, contrary, 1
Ἐννοσί-γαιος: the Earth-shaker, 1
ἐπι-ζάφελος, -η, -ον:: vehement, furious, 1

εὔχομαι: boast, vaunt, exult; pray, 3
ἥλιος, ὁ: sun, 7
ἱερός, -ή, -όν: holy, divine; n. temple, victim 7
ἵζω: to make sit, place, 11
ἵνα: in order that (+ subj.); where (+ ind.), 13
κλύω: to hear, 8
κλυτός, -ή, -όν: famous, renowned, heard of, 6
μενεαίνω: to be angry, rage; desire eagerly, 1
Παλλάς, ἡ: Pallas Athena, 4
πάρος: beforetime, formerly, in former time 6
πατρο-κασίγνητος, ὁ: a father's brother, 1
πω: yet, up to this time, 4
ῥαίω: to break, shatter, crush, shipwreck, 3
τέκος, τό: offspring, a child, 5
φαίνω: to show, point out; mid. appear, 10

---

321 τοί: they
    ἵκοντο: 3rd pl. aor. ἱκνέομαι
322 ἵν ': where; common translation of ἵνα
    with the indicative
323 ἡρᾶτο: began to pray; inchoative impf.
324 κλῦθί μευ: hear me; sg. imperative κλύω
324 ἄκουσον: aor. imper. ἀκούω + gen.
326 ῥαιομένου: (while) being shipwrecked;
    modifying μου, me, implicit genitive
    object of ἄκουσας

ἔρραιε: shipwrecked; 3rd sg. aor. ῥαίω
327 δός: allow, grant that; aor. imperative,
    δίδωμι
    ἐλθεῖν: aor. inf. ἔρχομαι
329 φαίνετ ': did she appear; mpf. ἐφαίνετο
    αὐτῷ..ἐναντίη: opposed to this; i.e.
    Odysseus' prayer
330 πατροκασίγνητον: (before) her uncle;
    "father's brother" i.e. Poseidon
331 ἥν: his; ἑήν 3rd sg. possessive adjective

ὣς ὁ μὲν ἔνθ' ἠρᾶτο πολύτλας δῖος Ὀδυσσεύς,     1

κούρην δὲ προτὶ ἄστυ φέρεν μένος ἡμιόνοιϊν.     2

ἡ δ' ὅτε δὴ οὗ πατρὸς ἀγακλυτὰ δώμαθ' ἵκανε,     3

στῆσεν ἄρ' ἐν προθύροισι, κασίγνητοι δέ μιν ἀμφὶς     4

ἵσταντ' ἀθανάτοις ἐναλίγκιοι, οἵ ῥ' ὑπ' ἀπήνης     5

ἡμιόνους ἔλυον ἐσθῆτά τε ἔσφερον εἴσω.     6

αὐτὴ δ' ἐς θάλαμον ἑὸν ἤϊε· δαῖε δέ οἱ πῦρ     7

γρηῢς Ἀπειραίη, θαλαμηπόλος Εὐρυμέδουσα,     8

τήν ποτ' Ἀπείρηθεν νέες ἤγαγον ἀμφιέλισσαι·     9

Ἀλκινόῳ δ' αὐτὴν γέρας ἔξελον, οὕνεκα πᾶσι     10

Φαιήκεσσιν ἄνασσε, θεοῦ δ' ὣς δῆμος ἄκουεν·     11

ἣ τρέφε Ναυσικάαν λευκώλενον ἐν μεγάροισιν.     12

ἥ οἱ πῦρ ἀνέκαιε καὶ εἴσω δόρπον ἐκόσμει.     13

   καὶ τότ' Ὀδυσσεὺς ὦρτο πόλινδ' ἴμεν· ἀμφὶ δ' Ἀθήνη     14

πολλὴν ἠέρα χεῦε φίλα φρονέουσ' Ὀδυσῆϊ,     15

μή τις Φαιήκων μεγαθύμων ἀντιβολήσας     16

κερτομέοι τ' ἐπέεσσι καὶ ἐξερέοιθ' ὅτις εἴη.     17

ἀλλ' ὅτε δὴ ἄρ' ἔμελλε πόλιν δύσεσθαι ἐραννήν,     18

ἔνθα οἱ ἀντεβόλησε θεά, γλαυκῶπις Ἀθήνη,     19

παρθενικῇ ἐϊκυῖα νεήνιδι, κάλπιν ἐχούσῃ.     20

ἀ-θάνατος, -ον: undying, immortal, 14
Ἀθήνη, ἡ: Athena, 11
ἀγα-κλυτός, -ή, -όν: glorious, very famous, 2
ἀήρ, ἠέρος, ἡ: mist, cloud, air, 4
ἀκούω: to hear, listen to, 14
ἀμφι-έλισσα: rowed on both sides, handy, 3
ἀμφίς: on both sides, round, about, 4
ἀνα-καίω: to light up, kindle, 1
ἀνάσσω: to be lord, master; to rule, 2
ἀντι-βολέω: to meet, encounter, 3
Ἀπειραίη, ἡ: from Apeira, 1
Ἀπείρη-θεν: from Apeira, 1
ἀπήνη, ἡ: a four-wheeled wagon, 9
ἀράομαι: to pray, invoke, vow, 3
ἄστυ, τό: a city, town, 10
γέρας, τό: a gift of honor, prize, 2
γλαυκ-ῶπις, -ιδος: bright-, gleaming-eyed, 9
γρηῦς, -ῦς, ἡ: old woman, 1
δαίω: kindle; *mid.* burn, blaze, 5
δόρπον, τό: dinner, the evening meal, 3
δύω: to enter, go; set, 10
εἰσ-φέρω: to carry into or to, 1
εἴσω: into, inwards, to within, into, in , 4
ἐν-αλίγκιος, -ον: like, resembling, 1
ἐξ-αιρέω: to take out, pick out, 1
ἐξ-ερέομαι: to ask, inquire, question, 1
ἐραννός, -ή, -όν: lovely, fair, pleasant, 1
ἐσθής, -ῆτος, ἡ: clothing, clothes, 5
ἔοικα: to be like, seem likely, 11
ἑός, -ή, -όν: his own, her own, its own, 6

Εὐρυμέδουσα, ἡ: Eurymedusa, 1
ἡμί-ονος, ἡ, ὁ: mule, 12
θάλαμος, ὁ: room, chamber, sleeping room, 5
θαλαμη-πόλος: chamber-maid, 1
θεά, ἡ: a goddess, 12
ἱκάνω: to approach, come, arrive, reach, 10
κάλπις, ἡ: pitcher, vessel, 1
κασί-γνητος, ὁ: a brother, 4
κερτομέω: to taunt, sneer at, mock, 2
κοσμέω: to prepare, set in order, arrange, 1
λευκ-ώλενος, -ον: white-armed, 7
λύω: to loosen, undo, unfasten, untie, 5
μέλλω: to be about to, to intend to, 6
μένος, τό: might, force, prowess, 11
μεγά-θυμος, -ον: great-hearted, 3
μή: not, lest, 11
Ναυσικάα, ἡ: Nausikaa, 11
νέος, -η, -ον: young; new, novel, strange, 8
ὄρνυμι: to stir, set in motion, rouse, 11
ὅστις, ἥτις, ὅ τι: whoever, whichever, 11
οὕνεκα: since, because, seeing that, in that, 8
παρθενική, ἡ: unmarried woman, maiden, 1
πόλιν-δε: to or into the city, 2
πολύ-τλας, -αντος: much-enduring, stout, 10
πρό-θυρον, τό: the gateway; doorway, 3
πῦρ, -ρός, τό: fire, 9
τρέφω: to raise (a child), rear, 2
ὑπό: because of, from (gen.), under (dat.), 14
φρονέω: to think, to be wise, prudent, 6
χέω: to pour, 6

---

2  προτὶ: πρός
   ἡμιόνοιϊν: dual genitive
3  ἡ δ ' ὅτε: *when she...*
   οὗ: *her*; genitive sg. 3ʳᵈ person pronoun
4  στῆσεν: *stopped*; 3ʳᵈ sg. aor. ἵστημι
5  ἵσταντ ': ἵσταντο, 3ʳᵈ sg. impf. ἵστημι
7  ἐὸν: *her*; possessive adjective
   ἤϊε: *went*; 3ʳᵈ sg. impf. ἔρχομαι (-ι)
   οἱ: *for her*
9  νέες: *ships*; nom. pl.
   ἤγαγον: 3ʳᵈ pl. aor. ἄγω
10 γέρας: *as a prize*
   ἔξελον: *picked out*; 3ʳᵈ pl. aor. ἐξ-αιρέω
11 θεοῦ δ ' ὥς: *just as a god*; gen. obj. ἀκούω
   ἄκουεν: *heeded (him)*; i.e. "obeyed him"
   impf. ἀκούω

14 ὦρτο: *set out*; 3ʳᵈ sg. aor. ὄρνυμι
   ἴμεν: *to go*; inf. ἔρχομαι
15 χεῦε: *poured*; 3ʳᵈ sg. aor. χέω; likely
   tmesis with ἀμφί, "poured around"
   φίλα: *kind (thoughts), kind things*; acc. pl.
16 μή...κερτομέοι... ἐξερέοιθ: *lest...*; negative
   purpose clause with optative in secondary
   sequence; ἐξερέοιτο
17 ἐπέεσσι: *with words*; dat. of means
   ὅτις εἴη: *who he was* ; indirect question,
   opt. of εἰμί in secondary sequence
18 δύσεσθαι: fut. inf. complement to μέλλω
20 εἴκυῖα: likened to (+ dat.); nom. sg. fem.
   pf. pple. ἔοικα with pres. sense
   νεήνιδι: *new*; dat. sg., νέος, -η, -ον

στῆ δὲ πρόσθ' αὐτοῦ, ὁ δ' ἀνείρετο δῖος Ὀδυσσεύς· 21
"ὦ τέκος, οὐκ ἄν μοι δόμον ἀνέρος ἡγήσαιο 22
Ἀλκινόου, ὃς τοῖσδε μετ' ἀνθρώποισι ἀνάσσει; 23
καὶ γὰρ ἐγὼ ξεῖνος ταλαπείριος ἐνθάδ' ἱκάνω 24
τηλόθεν ἐξ ἀπίης γαίης· τῷ οὔ τινα οἶδα 25
ἀνθρώπων, οἳ τήνδε πόλιν καὶ ἔργα νέμονται." 26
   τὸν δ' αὖτε προσέειπε θεά, γλαυκῶπις Ἀθήνη· 27
"τοιγὰρ ἐγώ τοι, ξεῖνε πάτερ, δόμον, ὅν με κελεύεις, 28
δείξω, ἐπεί μοι πατρὸς ἀμύμονος ἐγγύθι ναίει. 29
ἀλλ' ἴθι σιγῇ τοῖον, ἐγὼ δ' ὁδὸν ἡγεμονεύσω, 30
μηδέ τιν' ἀνθρώπων προτιόσσεο μηδ' ἐρέεινε. 31
οὐ γὰρ ξείνους οἵδε μάλ' ἀνθρώπους ἀνέχονται, 32
οὐδ' ἀγαπαζόμενοι φιλέουσ' ὅς κ' ἄλλοθεν ἔλθῃ. 33
νηυσὶ θοῇσιν τοί γε πεποιθότες ὠκείῃσι 34
λαῖτμα μέγ' ἐκπερόωσιν, ἐπεί σφισι δῶκ' ἐνοσίχθων· 35
τῶν νέες ὠκεῖαι ὡς εἰ πτερὸν ἠὲ νόημα." 36
   ὣς ἄρα φωνήσασ' ἡγήσατο Παλλὰς Ἀθήνη 37
καρπαλίμως· ὁ δ' ἔπειτα μετ' ἴχνια βαῖνε θεοῖο. 38
τὸν δ' ἄρα Φαίηκες ναυσικλυτοὶ οὐκ ἐνόησαν 39
ἐρχόμενον κατὰ ἄστυ διὰ σφέας· οὐ γὰρ Ἀθήνη 40

ἀγαπάζομαι: to welcome, greet, 1
Ἀθήνη, ἡ: Athena, 11
ἄλλο-θεν: from another place, elsewhere, 3
ἀμύμων, -ονος: blameless, noble, 8
ἀνάσσω: to be lord, master; to rule, 2
ἀν-είρομαι: to ask, inquire, question, 2
ἀν-έχω: to hold up; suffer, endure, tolerate, 1
ἄπιος, -η, -ον: distant, far off, 1
ἄστυ, τό: a city, town, 10
αὖτε: again, this time, in turn, 12
γλαυκ-ῶπις, -ιδος: bright-, gleaming-eyed, 9
δείκνυμι: to point out, display, show, 6
διά: through (+ gen.) on account of (+ acc.), 5
ἐγγύ-θι: near, at hand; near to (+ gen.), 1
ἐκ-περάω: to pass over, traverse, 1
Ἐνοσίχθων, -ονος: Earth-shaker, (Poseidon) 1
ἐνθάδε: here, hither, there, thither, 8
ἐρεείνω: to ask, inquire, question, 1
ἡγεμονεύω: to lead, rule, command, 4
ἡγέομαι: to lead, guide; consider, think, 3
ἠέ: or, either...or, 7
θεά, ἡ: a goddess, 12
θοός, -ή, -όν: swift, quick, nimble, 7
ἱκάνω: to approach, come, arrive, reach, 10
ἴχνιον, τό: footprint, footstep, track, 1

καρπαλίμως: swiftly, quickly, nimbly, 7
λαῖτμα, τό: gulf of the sea, depth of the sea, 3
μη-δέ: and not, but not, nor, 7
ναίω: to live, dwell, abide, 3
ναυσι-κλυτός, -όν: famed for ships, 3
νέμω: to distribute; mid. hold possess, 3
νοέω: to think, mean, indicate, suppose, 10
νόημα, τά : thought, notion, idea, 5
ὁδός, ἡ: road, way, path, journey, 7
Παλλάς, ἡ: Pallas Athena, 4
πείθω: to persuade, win over; mid. obey, 8
προσ-εῖπον: spoke to, address, 7
πρόσθεν: before (+ gen.), 3
προτι-όσσομαι: to look at, direct eyes to, 1
πτερόν, τό: feather, wing, 1
σιγή, ἡ: silence, 1
ταλα-πείριος, -ον: much-suffering, -tried, 2
τέκος, τό: offspring, a child, 5
τηλό-θεν: from afar, from a foreign land, 3
τοι-γάρ: so then, therefore, accordingly, 2
τοῖος, -α, -ον: of such kind, such sort, such, 5
τῷ: therefore, in this wise, accordingly, 1
φωνέω: to utter, speak, 14
ὠκύς, -εῖα, -ύ: quick, swift, fleet, 5

---

21  στῆ: 3rd sg. aor. ἵστημι
22  οὐκ ἄν...ἡγήσαιο: would you not lead?;
    potential opt. ἡγέομαι in a question
    suggesting a "yes" answer
    ἀνέρος: of the man; gen. sg. ἀνήρ
25  τῷ: therefore; "in this (way)"
28  τοι: to you; dat. indirect obj.
29  δείξω: 1st sg. fut. δείκνυμι
30  ἴθι σιγῇ τοῖον: go ever so silently!; "go
    in such silence" sg. imper. ἔρχομαι (-ι),
    and adverbial acc.
31  μηδέ...μηδ ': neither...nor; μή introduces
    a negative command
    προτιόσσεο: look; sg. mid. imperative,
    προτιόσσε(σ)ο

32  οἵδε: these here (Phaeacians); nom. pl
33  ὅς κ '...ἔλθη: (anyone) who comes; 3rd sg.
    aor. subj. in a general relative clause; the
    acc. antecedent is missing
34  τοι: they; nom. pl.
    πεποιθότες: being confident in (+ dat.);
    pf. pple πείθω
35  ἐπεί: since; causal
    δῶκ ': 3rd sg. aor. δίδωμι
36  τῶν νέες: their ships (are); supply εἰσί
    ὡς εἰ: as if...
38  βαῖνε: ἔβαινε 3rd sg. impf.
39  ἐνόησαν: did see; 3rd pl. aor. νοέω
    κατὰ ἄστυ: through the town

εἷα ἐϋπλόκαμος, δεινὴ θεός, ἥ ῥά οἱ ἀχλὺν 41
θεσπεσίην κατέχευε φίλα φρονέουσ᾽ ἐνὶ θυμῷ. 42
θαύμαζεν δ᾽ Ὀδυσεὺς λιμένας καὶ νῆας ἐΐσας, 43
αὐτῶν θ᾽ ἡρώων ἀγορὰς καὶ τείχεα μακρὰ 44
ὑψηλά, σκολόπεσσιν ἀρηρότα, θαῦμα ἰδέσθαι. 45
ἀλλ᾽ ὅτε δὴ βασιλῆος ἀγακλυτὰ δώμαθ᾽ ἵκοντο, 46
τοῖσι δὲ μύθων ἦρχε θεά, γλαυκῶπις Ἀθήνη· 47
"οὗτος δή τοι, ξεῖνε πάτερ, δόμος, ὅν με κελεύεις 48
πεφραδέμεν· δήεις δὲ διοτρεφέας βασιλῆας 49
δαίτην δαινυμένους· σὺ δ᾽ ἔσω κίε, μηδέ τι θυμῷ 50
τάρβει· θαρσαλέος γὰρ ἀνὴρ ἐν πᾶσιν ἀμείνων 51
ἔργοισιν τελέθει, εἰ καί ποθεν ἄλλοθεν ἔλθοι. 52
δέσποιναν μὲν πρῶτα κιχήσεαι ἐν μεγάροισιν· 53
Ἀρήτη δ᾽ ὄνομ᾽ ἐστὶν ἐπώνυμον, ἐκ δὲ τοκήων 54
τῶν αὐτῶν οἵ περ τέκον Ἀλκίνοον βασιλῆα. 55
Ναυσίθοον μὲν πρῶτα Ποσειδάων ἐνοσίχθων 56
γείνατο καὶ Περίβοια, γυναικῶν εἶδος ἀρίστη, 57
ὁπλοτάτη θυγάτηρ μεγαλήτορος Εὐρυμέδοντος, 58
ὅς ποθ᾽ ὑπερθύμοισι Γιγάντεσσιν βασίλευεν. 59
ἀλλ᾽ ὁ μὲν ὤλεσε λαὸν ἀτάσθαλον, ὤλετο δ᾽ αὐτός· 60

ἀγα-κλυτός, -ή, -όν: glorious, very famous, 2
ἀγορή, ἡ: an assembly; marketplace, 5
Ἀθήνη, ἡ: Athena, 11
ἄλλο-θεν: from another place, elsewhere, 3
ἀμείνων, -ον: better, 2
ἀραρίσκω: to fit together, join; be fitted, 3
ἄρχω: to begin; rule, be leader of, 7
ἀτάσθαλος, -ον: reckless, careless, 2
ἀχλύς, -ύος, ἡ: mist, fog, 1
βασιλεύς, ὁ: a king, chief, 10
βασιλεύω: to rule, reign, be king, 1
γείνομαι: γίγνομαι, give birth, 4
Γίγας, -αντος, ὁ: Giant, 2
γλαυκ-ῶπις, -ιδος: bright-, gleaming-eyed, 9
δαίνυμι: to give a meal; take a meal, 4
δαίτη, ἡ: meal, 2
δέσποινα, ἡ: mistress, lady of the house, 2
δεινός, -ή, -όν: fearful, terrible, dire, strange, 5
δήω: to find, meet with, come upon, 2
διο-τρεφής, -ές: cherished by Zeus, 1
ἐάω: to permit, allow, suffer, let be, leave, 10
εἶδος, -εος, τό: appearance, form, beauty, 7
ἔϊσος, -η, -ον: equal, like; balanced, 2
Ἐνοσίχθων, -ονος: Earth-shaker, 1
ἐπ-ώνυμος, -όν: givenname, nickname, 1
ἔργον, τό: work, labor, deed, act, 8
ἔσω: in, inside, 1
ἐϋ-πλόκαμος, -ον: with fair locks, 7
Εὐρυμέδων, -οντος, ὁ: Eurymedon, 1
ἥρως, ὁ: hero, warrior, 6
θαρσαλέος, -η, -ον: bold, courageous, stout, 1
θαῦμα, -ατος, τό: wonder, amazement, 3

θαυμάζω: to wonder, marvel, be astonished, 4
θεά, ἡ: a goddess, 12
θεσπέσιος, -η, -ον: divinely sweet, profuse, 2
θυγάτηρ, ἡ: a daughter, 11
κατα-χέω: to pour upon, pour, shed, 1
κίω: to go, 6
κιχάνω: to come to, come upon, reach, 3
λαός, ὁ: the people, 10
λιμήν, -ένος, ὁ: harbor, haven, 2
μακρός, ά, όν: long, far, distant, large, 6
μεγαλ-ήτωρ, -ορος: great-hearted, heroic, 10
μη-δέ: and not, but not, nor, 7
μῦθος, ὁ: story, word, speech, 13
Ναυσίθοος, ὁ : Nausithoos, 5
ὄλλυμι: to destroy, lose, consume, kill, 2
ὄνομα, -ατος, τό: name, 3
ὁπλότατος, -η, -ον: youngest, 1
Περίβοια, ἡ: Periboea, 1
πό-θεν: whence?, from where?, 1
Ποσειδεών, -εῶνος, ὁ: Poseidon, 7
πρῶτος, -η, -ον: first, earliest; foremost, 13
σκόλοψ, -οπος: palisade, stakes, 1
ταρβέω: to be frightened, alarmed, terrified, 1
τέκος, τό: offspring, a child, 5
τεῖχος, -εος, τό: a wall, 2
τελέθω: to turn out to be, prove to be, 2
τοκεύς, ὁ, ἡ: parent, 4
ὑπέρ-θυμος, -ον: high-spirited; arrogant, 1
ὑψ-ηλός, -ή, -όν: high, lofty, tall, 7
φράζω: to show, indicate, tell, think, 3
φρονέω: to think, to be wise, prudent, 6

---

41 εἴα: *did allow*; ἔεαε, 3rd sg. impf. ἐάω
   δεινὴ θεός: *clever goddess*; in apposition
   to Ἀθήνη
42 φίλα: *kind (thoughts)*; neuter obj. of
   φρονέουσα
45 ἀρηρότα: *fitted with*; neuter. pf. pple,
   ἀραρίσκω
   θαῦμα ἰδέσθαι: *a wonder to look upon*;
   epexegetical (explanatory) aor. inf. ὁράω
46 βασιλῆος: *of the king*; βασιλέως
   ἵκοντο: 3rd pl. aor. mid. ἱκνέομαι
47 τοῖσι: *with these (words)*
   μύθων ἦρχε: *began speaking*; "began
   words" impf. ἄρχω + gen. pl. μῦθος
48 οὗτος...δόμος: supply ἐστίν
49 πεφραδέμεν: pf. inf. φράζω
   βασιλῆας: *kings*; acc. pl.

δήεις: present with future sense
κίε...τάρβει: sg. imperatives, τάρβεε
52 εἰ καί: *even if*
   ἔλθοι: *should come*; opt. ἔρχομαι in a
   mixed condition
53 πρῶτα: *first*; adverbial accusative
   κιχήσεαι: 2nd sg. fut. mid. κιχήσεσαι
55 τοκήων τῶν αὐτῶν: *the same parents*
   τέκον: ἔτεκον, 3rd pl. aor. τίκτω
57 γυναικῶν: *among women*; partitive
   genitive
   εἶδος: *in (respect to)...*; acc. of respect
59 ποθ ': *at some time*; ποτέ
60 ὤλεσε: 3rd sg. aor. act. ὄλλυμι
   ὤλετο: 3rd sg. aor. mid. ὄλλυμι

τῇ δὲ Ποσειδάων ἐμίγη καὶ ἐγείνατο παῖδα 61

Ναυσίθοον μεγάθυμον, ὃς ἐν Φαίηξιν ἄνασσε· 62

Ναυσίθοος δ᾽ ἔτεκεν Ῥηξήνορά τ᾽ Ἀλκίνοόν τε. 63

τὸν μὲν ἄκουρον ἐόντα βάλ᾽ ἀργυρότοξος Ἀπόλλων 64

νυμφίον ἐν μεγάρῳ, μίαν οἴην παῖδα λιπόντα 65

Ἀρήτην· τὴν δ᾽ Ἀλκίνοος ποιήσατ᾽ ἄκοιτιν, 66

καί μιν ἔτισ᾽, ὡς οὔ τις ἐπὶ χθονὶ τίεται ἄλλη, 67

ὅσσαι νῦν γε γυναῖκες ὑπ᾽ ἀνδράσιν οἶκον ἔχουσιν. 68

ὣς κείνη περὶ κῆρι τετίμηταί τε καὶ ἔστιν 69

ἔκ τε φίλων παίδων ἔκ τ᾽ αὐτοῦ Ἀλκινόοιο 70

καὶ λαῶν, οἵ μίν ῥα θεὸν ὣς εἰσορόωντες 71

δειδέχαται μύθοισιν, ὅτε στείχῃσ᾽ ἀνὰ ἄστυ. 72

οὐ μὲν γάρ τι νόου γε καὶ αὐτὴ δεύεται ἐσθλοῦ· 73

οἷσι τ᾽ ἐὺ φρονέῃσι καὶ ἀνδράσι νείκεα λύει. 74

εἴ κέν τοι κείνη γε φίλα φρονέῃσ᾽ ἐνὶ θυμῷ, 75

ἐλπωρή τοι ἔπειτα φίλους τ᾽ ἰδέειν καὶ ἱκέσθαι 76

οἶκον ἐς ὑψόροφον καὶ σὴν ἐς πατρίδα γαῖαν." 77

ὣς ἄρα φωνήσασ᾽ ἀπέβη γλαυκῶπις Ἀθήνη 78

πόντον ἐπ᾽ ἀτρύγετον, λίπε δὲ Σχερίην ἐρατεινήν, 79

ἵκετο δ᾽ ἐς Μαραθῶνα καὶ εὐρυάγυιαν Ἀθήνην, 80

Ἀθήνη, ἡ: Athena, 11
ἄ-κοιτις, ἡ: wife, spouse, 1
ἄ-κουρος, -ον: without male heir, 1
ἀνάσσω: to be lord, master; to rule, 2
ἀπο-βαίνω: to go away, depart, disembark, 3
Ἀπόλλων, ὁ: Apollo, 9
ἀργυρό-τοξος, -ον: with silver bow, 1
Ἀρήτη, ἡ: Arete, wife of Alcinoos, 11
ἀ-τρύγετος, -ον: unfruitful, barren, 3
ἄστυ, τό: a city, town, 10
βάλλω: to throw, shoot, hit, strike, 10
δέχομαι: to accept, receive; wait for, expect, 3
δεύομαι: to lack, be without, want (+ gen.), 5
εἷς, μία, ἕν: one, single, alone, 3
εἰσ-οράω: to look upon, view, behold, 6
ἐκεῖνος, -η, -ον: that, those, 6
ἐλπωρή, ἡ: hope, 2
ἐρατεινός, -ή, -όν: fair, pleasant, lovely, 2
ἐσθλός, -ή, -όν: good, well-born, noble, 12
εὖ: well, 11
εὐρυ-άγυια: with wide streets, 1
γείνομαι: γίγνομαι, give birth, 4
γλαυκ-ῶπις, -ιδος: bright-, gleaming-eyed, 9
κῆρ, τό : heart; soul, mind, 4
λαός, ὁ: the people, 10
λείπω: to leave, forsake, abandon, 9
λύω: to loosen, undo, unfasten, untie, 5

Μαραθών, -ῶνος, ὁ: Marathon, 1
μεγά-θυμος, -ον: great-hearted, 3
μίγνυμι: to mix, mingle, have intercourse, 6
μῦθος, ὁ: story, word, speech, 13
Ναυσίθοος, ὁ : Nausithoos, 5
νεῖκος, τό: a quarrel, dispute, strife, 3
νοῦς, ὁ: mind, thought, reason, attention, 7
νυμφίος, -η: not long married, 1
οἶκος, ὁ: a house, abode, dwelling, 10
οἶος, -η, -ον: alone, lone, lonely, 9
παῖς, παιδός, ὁ, ἡ: a child, boy, girl; slave, 13
πατρίς, -ιδος, ἡ: of one's father, country, 11
πόντος, ὁ: sea, 8
ποιέω: to do, make, create, compose, 5
Ποσειδεών, -εῶνος, ὁ: Poseidon, 7
Ῥη-ξήνωρ, ὁ: Rhexenor, 2
στείχω: to come or go, walk, proceed, 1
Σχερίη, ἡ: Scheria, Phaeacians' home, 2
τίκτω: to beget, conceive, bear, bring forth, 4
τιμάω: to honor, pay honor, revere, esteem, 2
τίνω, τίω: to value, pay honor; pay a price, 3
ὑπό: because of, from (gen.), under (dat.), 14
ὑψόροφος, -ον: high-roofed, lofty, 1
φρονέω: to think, to be wise, prudent, 6
φωνέω: to utter, speak, 14
χθών, -ονός, ἡ: the earth, ground, 6

61 ἐμίγη: 3ʳᵈ sg. aor. pass. deponent, μίγνυμι
63 ἔτεκεν: 3ʳᵈ sg. aor. τίκτω
64 ἐόντα: acc. sg. pres. pple. εἰμί
   βάλ ': shot; ἔβαλε, 3ʳᵈ sg. aor. βάλλω
65 παῖδα: girl
   λιπόντα: aor. pple λείπω
66 ποιήσατ ': made (acc.) (acc.); double acc.
67 ἔτισ ': ἔτισε, 3ʳᵈ sg. aor. τίνω, τίω
   ὡς...τίεται: as...is honored; pass. τίω
68 ὅσσαι: as many...; ὅσαι
69 ὡς: so, thus, in this way
   περὶ: exceedingly
   κῆρι: in (their) heart(s)
   τετίμηται: pf. pass. τιμάω
   ἔστιν: is (honored)
70 ἔκ: by + gen. of agent

71 θεὸν ὥς: just as a god, like a god
72 δειδέχαται μύθοισιν: is received with
   words; "is welcomed," pf. pass. δέχομαι
73 οὐ...τι: not at all
   νόου ἐσθλοῦ: from...; gen. separation
74 οἷσίν...ἀνδράσι: for those to whom she
   thinks well, even men, she...
   φρονέῃσι: φρονῇ, 3ʳᵈ sg. subj. φρονέω
75 φίλα: kind (thoughts), kind (things); acc. pl
76 ἐλπωρή: there is hope; assume ἐστίν
   ἰδέειν, ἱκέσθαι: inf. ὁράω, ἱκνέομαι
78 ἀπέβη: departed; 3ʳᵈ sg. aor. ἀπο-βαίνω
79 λίπε: aor. λείπω
80 ἵκετο: aor. ἱκνέομαι

δῦνε δ' Ἐρεχθῆος πυκινὸν δόμον. αὐτὰρ Ὀδυσσεὺς 81

Ἀλκινόου πρὸς δώματ' ἴε κλυτά· πολλὰ δέ οἱ κῆρ 82

ὥρμαιν' ἱσταμένῳ, πρὶν χάλκεον οὐδὸν ἱκέσθαι. 83

ὥς τε γὰρ ἠελίου αἴγλη πέλεν ἠὲ σελήνης 84

δῶμα καθ' ὑψερεφὲς μεγαλήτορος Ἀλκινόοιο. 85

χάλκεοι μὲν γὰρ τοῖχοι ἐληλέδατ' ἔνθα καὶ ἔνθα, 86

ἐς μυχὸν ἐξ οὐδοῦ, περὶ δὲ θριγκὸς κυάνοιο· 87

χρύσειαι δὲ θύραι πυκινὸν δόμον ἐντὸς ἔεργον· 88

ἀργύρεοι σταθμοὶ δ' ἐν χαλκέῳ ἕστασαν οὐδῷ, 89

ἀργύρεον δ' ἐφ' ὑπερθύριον, χρυσέη δὲ κορώνη. 90

χρύσειοι δ' ἑκάτερθε καὶ ἀργύρεοι κύνες ἦσαν, 91

οὓς Ἥφαιστος τεῦξεν ἰδυίῃσι πραπίδεσσι 92

δῶμα φυλασσέμεναι μεγαλήτορος Ἀλκινόοιο, 93

ἀθανάτους ὄντας καὶ ἀγήρως ἤματα πάντα. 94

ἐν δὲ θρόνοι περὶ τοῖχον ἐρηρέδατ' ἔνθα καὶ ἔνθα, 95

ἐς μυχὸν ἐξ οὐδοῖο διαμπερές, ἔνθ' ἐνὶ πέπλοι 96

λεπτοὶ ἐΰννητοι βεβλήατο, ἔργα γυναικῶν. 97

ἔνθα δὲ Φαιήκων ἡγήτορες ἑδριόωντο 98

πίνοντες καὶ ἔδοντες· ἐπηετανὸν γὰρ ἔχεσκον. 99

χρύσειοι δ' ἄρα κοῦροι ἐϋδμήτων ἐπὶ βωμῶν 100

ἀ-γήραος, -ον: not aging, not decaying, 2
ἀ-θάνατος, -ον: undying, immortal, 14
ἀργύρεος, -η, -ον: of silver, silver, 5
αἴγλη, ἡ: radiance, light of the sun, 2
βάλλω: to throw, shoot, hit, strike, 10
βωμός, ὁ: a platform; altar, 3
δι-αμπερές: right through, continuously, 2
δύω: to enter, go; set, 10
ἑδριάομαι: to sit, sit down, 1
ἔδω: to eat, 2
ἑκάτ-ερθε: on either side, on either side of, 3
ἐλαύνω: to drive; drive off; set in motion, 6
ἐντός: within, inside, 1
ἐπ-ηετανός, -όν: ever-flowing, unfailing, 4
ἐρείδω: to lean, prop; press, 2
Ἐρεχθεύς, ὁ: Erechtheus, 1
ἔργω: to shut up, shut in; shut out, bar, 3
εὔ-δμητος, -ον: well-built, well-constructed, 1
ἐύν-νητος, -ον: well-spun, finely-spun, 1
ἠέλιος, ὁ: sun, 7
ἦμαρ, -ατος, τό: day, 13
ἠέ: or, either...or, 7
ἡγήτωρ, -ορος, ὁ: leader, commander, 8
Ἥφαιστος, ὁ: Hephaestus, 14
θριγκός, ὁ: topmost course of the inner wall, 1
θρόνος, ὁ: a seat, chair, 7
θύρα, ἡ: door, 3

κῆρ, τό : heart; soul, mind, 4
κλυτός, -ή, -όν: famous, renowned, heard of, 6
κορώνη, ἡ: sea-crow, door handle, 1
κοῦρος, ὁ: boy, young man, son, 7
κύανος, ὁ: cyan or dark-blue enamel, 1
κύων, κυνός ὁ: a dog, 1
λεπτός, -ή, -όν: peeled; narrow, thin, 3
μεγαλ-ήτωρ, -ορος: great-hearted, heroic, 10
μυχός, ὁ: innermost part, innermost nook, 3
ὁρμαίνω: to ponder, deliberate, 2
οὐδός, ὁ:, threshold, 13
πέλομαι: to come upon, come to be, to be, 9
πέπλος, ὁ: robe, dress, clothing, 2
πίνω: to drink, 8
πραπίδες, αἱ: midriff; faculty of devising, 2
πρίν: until, before, 6
πυκινός, -ή, -όν: well fitted, close fitted, 5
σελήνη, ἡ: the moon, 1
σταθμός, ὁ: door-post, column, 3
τεύχω: to make, build, construct, prepare, 12
τοῖχος, ὁ: the wall of a house or court, 2
ὑπερ-θύριον, τό: lintel above the door, 1
ὑψ-ερεφής, -ές: high-roofed, lofty, 2
φυλάσσω: to guard, keep watch, protect, 1
χάλκεος, -η, -ον: of copper or bronze, brazen4
χρύσεος, -η, -ον: golden, of gold, 11

---

81 δῦνε: 3ʳᵈ sg. impf. or aor. δύω
82 ἵε: 3ʳᵈ sg. impf. ἔρχομαι (stem -ι)
    πολλά: *many things*; neut. pl. substantive
83 ἱσταμένωι: *as he kept stopping*; pres. pple.
84 ὥς τε...πέλεν: *as if...comes*; impf. act.
85 καθ ': *through...*; κατά
86 ἐληλέδατο: *had been built*; "had been driven," pf. pass., ἐλαύνω
    ἔνθα καὶ ἔνθα: *here and there*
87 περὶ δὲ: *and around (it) (was)*; supply form of εἰμί
88 ἔεργον: *shut*; 3ʳᵈ pl. impf., ἔργω
89 ἔστασαν: *stood*; 3ʳᵈ pl. aor., ἵστημι
90 ἐφ ': *upon (them) there was*; ἐπί before aspirated vowel
91 ἦσαν: 3ʳᵈ pl. impf., εἰμί

92 τεῦξεν: *made*; 3ʳᵈ sg. aor., τεύχω
    ἰδυίηισι: *skilled, knowing*; εἰδυῖα dat. pl. fem. pple οἶδα
93 φυλασσέμεναι: *(in order) to guard*; inf. expressing purpose
94 ὄντας: *being*; pple εἰμί, modifies κύνες
95 ἐν δὲ: *therein*; "and in (it)"
    ἐρηρέδατ ': *had been propped*; plpf ἐρείδω
96 ἔνθ ' ἔνι: *there in*
97 βεβλήατο: *had been cast*; i.e. cloth covered the walls 3ʳᵈ pl. plpf. pass. βάλλω
    ἔργα: *the works of women*; in apposition to πέπλοι
100 ἔχεσκον: *they were accustomed to have*; iterative impf. ἔχω

ἔστασαν αἰθομένας δαΐδας μετὰ χερσὶν ἔχοντες,                101

φαίνοντες νύκτας κατὰ δώματα δαιτυμόνεσσι.                    102

πεντήκοντα δέ οἱ δμῳαὶ κατὰ δῶμα γυναῖκες                    103

αἱ μὲν ἀλετρεύουσι μύλῃς ἔπι μήλοπα καρπόν,                  104

αἱ δ᾽ ἱστοὺς ὑφόωσι καὶ ἠλάκατα στρωφῶσιν                    105

ἥμεναι, οἷά τε φύλλα μακεδνῆς αἰγείροιο·                     106

καιροσέων δ᾽ ὀθονέων ἀπολείβεται ὑγρὸν ἔλαιον.              107

ὅσσον Φαίηκες περὶ πάντων ἴδριες ἀνδρῶν                      108

νῆα θοὴν ἐνὶ πόντῳ ἐλαυνέμεν, ὣς δὲ γυναῖκες                 109

ἱστῶν τεχνῆσσαι· πέρι γάρ σφισι δῶκεν Ἀθήνη                  110

ἔργα τ᾽ ἐπίστασθαι περικαλλέα καὶ φρένας ἐσθλάς.            111

ἔκτοσθεν δ᾽ αὐλῆς μέγας ὄρχατος ἄγχι θυράων                 112

τετράγυος· περὶ δ᾽ ἕρκος ἐλήλαται ἀμφοτέρωθεν.             113

ἔνθα δὲ δένδρεα μακρὰ πεφύκασι τηλεθόωντα,                  114

ὄγχναι καὶ ῥοιαὶ καὶ μηλέαι ἀγλαόκαρποι                     115

συκέαι τε γλυκεραὶ καὶ ἐλαῖαι τηλεθόωσαι.                   116

τάων οὔ ποτε καρπὸς ἀπόλλυται οὐδ᾽ ἀπολείπει               117

χείματος οὐδὲ θέρευς, ἐπετήσιος· ἀλλὰ μάλ᾽ αἰεὶ            118

Ζεφυρίη πνείουσα τὰ μὲν φύει, ἄλλα δὲ πέσσει.              119

ὄγχνη ἐπ᾽ ὄγχνῃ γηράσκει, μῆλον δ᾽ ἐπὶ μήλῳ,               120

ἀγλαό-καρπος, -ον: bearing splendid fruit, 1
ἄγχι: near, nigh, close by (+ gen.) 6
Ἀθήνη, ἡ: Athena, 11
αἴγειρος, -ου, ἡ: poplar tree, 2
αἴθω: to light on fire, kindle, 4
ἀλετρεύω: to grind, 1
ἀμφοτέρ-ωθεν: from both sides, 2
ἀπο-λείβω: to run down from, to trickle off, 1
ἀπο-λείπω: to leave behind; fail, be lacking, 1
ἀπ-όλλυμι: to destroy, kill, slay, 3
αὐλή, ἡ: pen, enclosure, the court-yard, 3
γηράσκω: to grow old, become old, mature, 1
γλυκερός, -ή, -όν: sweet, pleasant, 1
δαΐς, δαΐδος, ἡ: firebrand, torch, 1
δαιτυμών, -ονος, ὁ: guest, 4
δένδρεον, τό: tree, 1
δμῳή, ἡ: a female servant, 5
ἔκτοσ-θεν: outside of, from outside (gen.)1
ἐλαίη, ἡ: olive tree, 2
ἔλαιον, τό: olive-oil, 7
ἐλαύνω: to drive; drive off; set in motion, 6
ἐπ-ετήσιος, -α, -ον: year to year, yearlong, 1
ἐπίσταμαι: to know, have skill in, 2
ἐσθλός, -ή, -όν: good, well-born, noble, 12
ἔργον, τό: work, labor, deed, act, 8
ἔρκος, τό: fence, wall, 2
Ζεφυρίη, ἡ: Zephyr, west wind, 1
ἠλάκατα, τά: thread, yarn of wool, 2
ἧμαι: to sit, sit down, be seated, 12
θέρος, τό: summer, summertime, 1
θοός, -ή, -όν: swift, quick, nimble, 7
θύρα, ἡ: door, 3

ἴδρις, -εως: experienced, knowing, skilful, 2
ἱστός, ὁ: ship's mast, loom for weaving, 4
καίριος, -η, -ον:: due proportion, right time, 1
καρπός, ὁ: fruit, produce, grain, 2
μακεδνός, -ή, -όν: tall, high, 1
μακρός, ά, όν: long, far, distant, large, 6
μηλέη, ἡ: apple-tree, 1
μῆλον, τό: flock, herd; apple, 4
μήλοψ, -οπος: looking like an apple, yellow, 1
μύλη, ἡ: handmill, nether millstone, 1
νύξ, -κτος, ἡ: night, 3
ὄγχνη, ἡ: a pear-tree, 3
ὀθόνη, ἡ: cloth, fine linen, 1
οἷος, -α, -ον: of what sort, such, as, 8
ὄρχατος, ὁ: row, orchard, 1
πεντήκοντα: fifty, 3
περι-καλλής, -ές: beautiful, fair, lovely, 5
πέσσω: to ripen, soften, 1
πνέω: to breathe, blow, 1
πόντος, ὁ: sea, 8
ῥοιή, ἡ: pomegranate tree, mulberry, 1
στρωφάω: to twist into threads, yarn, spin, 3
συκέη, ἡ: the fig-tree, 1
τετράγυος, -η, -ον: of four measures, 1
τεχνήεις, -εντος: skilled; cunningly wrought 2
τηλεθάω: flourishing, luxuriant, blooming, 2
ὑγρός, -ά, -όν: liquid, moist, wet, watery, 3
ὑφαίνω: to weave, 1
φαίνω: to show, point out; mid. appear, 10
φύλλον, τό: leaf, 4
φύω: to bring forth, produce, put forth, 4
χεῖμα, -ατος, τό: winter, bitter weather, 1

---

101 ἕστασαν: 3rd pl. aor. ἵστημι
102 αἰθομένας: kindled
　　χερσίν: dat. pl. χείρ
103 φαίνοντες: revealing; the torches reveal what is darkened during the night
　　δαιτυμόνεσσι: for the guests; dat. interest
104 αἱ μὲν...αἱ δ ': some...others;
　　μύλης ἔπι: on the mill
105 ἱστούς: looms
　　ὑφόωσι ὑφάουσι; ὑφάω = ὑφαίνω
106 ἥμεναι: fem. pl. nom. pres. pple. ἧμαι
　　οἷά τε: just as...
107 καιροσέων: of due proportion; "seasonal, timely," perhaps "finely woven" cloth
108 ὅσσον...περὶ...ὥς: so great beyond

(gen.)...as; adverbial acc. or acc. of extent; note wordplay: ἱστός means "ship's mast" or "loom"
109 ἐλαυνέμεν: to drive; explanatory inf.
110 περὶ γάρ: for in addition
　　δῶκεν: 3rd sg. aor. δίδωμι
113 ἐλήλαται: has been built around; pf. pass. ἐλαύνω; likely tmesis with περὶ
114 πεφύκασι: 3rd pl. pf. φύω
117 τάων: of these trees; τῶν, partitive
118 χείματος οὐδὲ θέρευς: neither during ...nor during... was; gen. of duration
119 τὰ μὲν...ἄλλα δὲ: some...others
120 ἐπ ': on top of...; one fruit on top of the other

αὐτὰρ ἐπὶ σταφυλῇ σταφυλή, σῦκον δ' ἐπὶ σύκῳ.　　121

ἔνθα δέ οἱ πολύκαρπος ἀλωὴ ἐρρίζωται,　　122

τῆς ἕτερον μὲν θειλόπεδον λευρῷ ἐνὶ χώρῳ　　123

τέρσεται ἠελίῳ, ἑτέρας δ' ἄρα τε τρυγόωσιν,　　124

ἄλλας δὲ τραπέουσι· πάροιθε δέ τ' ὄμφακές εἰσιν　　125

ἄνθος ἀφιεῖσαι, ἕτεραι δ' ὑποπερκάζουσιν.　　126

ἔνθα δὲ κοσμηταὶ πρασιαὶ παρὰ νείατον ὄρχον　　127

παντοῖαι πεφύασιν, ἐπηετανὸν γανόωσαι·　　128

ἐν δὲ δύω κρῆναι ἡ μέν τ' ἀνὰ κῆπον ἅπαντα　　129

σκίδναται, ἡ δ' ἑτέρωθεν ὑπ' αὐλῆς οὐδὸν ἵησι　　130

πρὸς δόμον ὑψηλόν, ὅθεν ὑδρεύοντο πολῖται.　　131

τοῖ' ἄρ' ἐν Ἀλκινόοιο θεῶν ἔσαν ἀγλαὰ δῶρα.　　132

ἔνθα στὰς θηεῖτο πολύτλας δῖος Ὀδυσσεύς.　　133

αὐτὰρ ἐπεὶ δὴ πάντα ἑῷ θηήσατο θυμῷ,　　134

καρπαλίμως ὑπὲρ οὐδὸν ἐβήσετο δώματος εἴσω.　　135

εὗρε δὲ Φαιήκων ἡγήτορας ἠδὲ μέδοντας　　136

σπένδοντας δεπάεσσιν ἐϋσκόπῳ ἀργειφόντῃ,　　137

ᾧ πυμάτῳ σπένδεσκον, ὅτε μνησαίατο κοίτου.　　138

αὐτὰρ ὁ βῆ διὰ δῶμα πολύτλας δῖος Ὀδυσσεὺς　　139

πολλὴν ἠέρ' ἔχων, ἥν οἱ περίχευεν Ἀθήνη,　　140

ἀγλαός, -ή, -όν: splendid, shining, bright, 2
Ἀθήνη, ἡ: Athena, 11
ἀήρ, ἠέρος, ἡ: mist, cloud, air, 4
ἀλωή, ἡ: garden, orchard; threshing-floor, 2
ἄνθος, -εως, τό: a blossom, flower, bloom, 2
Ἀργει-φόντης, ὁ: slayer of Argus, Hermes, 2
ἅπας, ἅπασα, ἅπαν: every, quite all, 6
αὐλή, ἡ: pen, enclosure, the court-yard, 3
ἀφ-ίημι: to send forth, throw; let go, shed, 2
γανάω: to shine, gleam, glitter, 1
δέπας, τό: drinking cup, cup, goblet, 4
διά: through (+ gen.) on account of (+ acc.), 5
δύω: to enter, go; set, 10
εἴσω: into, inwards, to within, into, in , 4
ἐπ-ηετανός, -όν: ever-flowing, unfailing, 4
ἕτερος, -η, -ον: one of two, one…the other, 4
ἑτέρω-θεν: from or on the other side, 1
εὑρίσκω: to find, discover, devise, invent, 3
ἐΰ-σκοπος, -ον: sharp-seeing, keen-sighted, 1
ἡγήτωρ, -ορος, ὁ: leader, commander, 8
ἥλιος, ὁ: sun, 7
θεάομαι: to see, watch, look at; consider, 8
θειλό-πεδον, τό: sunny spot (to dry grapes), 1
καρπαλίμως: swiftly, quickly, nimbly, 7
κῆπος, ὁ: garden, orchard, 1
κοῖτος, ὁ: rest, sleep; resting-place, 1
κοσμητός, -ή, -όν: well-ordered, trim, 1
κρήνη, ἡ: spring, fountain, 2
λευρός, -ή, -όν: smooth, level, even, 1
μέδων, -οντος, ὁ: ruler, lord , commander, 7

μιμνήσκω: to remind, recall, recollect, 6
νέατος, -ον: the last, outermost, extreme, 1
ὅ-θεν: from which place, whence, 1
ὄμφαξ, -ακος, ἡ: unripe grape, 1
ὄρχος, ὁ: a row of vines or fruit-trees, 1
οὐδός, ὁ:, threshold, 13
παντοῖος, -α, -ον: of every sort or kind, 3
πάροι-θε: before, in front; in time past, 2
περι-χέω: to pour round or over, 2
πολίτης, ὁ: dweller of a city, citizen, 1
πολύ-καρπος, -ον: bearing much fruit, 1
πολύ-τλας, -αντος: much-enduring, stout, 10
πρασιή, ἡ: a bed of leeks, bed of herbs, 1
πύματος, -η, -ον: last, hindmost, 1
ῥιζόω: to furnish with roots, 1
σκίδναμαι: to be dispersed, be scattered, 1
σπένδω: to pour a drink-offering, libation, 8
σταφυλή, ἡ: a cluster of grapes, 2
σῦκον, τό: a fig, 2
τέρσομαι: to be dry, become dry, 2
τοῖος, -α, -ον: of such kind, such sort, such, 5
τραπέω: to tread (grapes), 1
τρυγάω: to gather (grapes), 1
ὑδρεύω: to draw water, fetch water, 1
ὑπέρ: above (+ gen.); beyond (+ acc.), 5
ὑπο-περκάζω: to turn a darker color, 1
ὑψ-ηλός, -ή, -όν: high, lofty, tall, 7
φύω: to bring forth, produce, put forth, 4
χῶρος, ὁ: place, spot,  piece of ground, 3

---

121 ἐπί: on top of…; one fruit on top of the
     other
122 οἱ: his; i.e. Alcinous', dat. of possession
     ἐρρίζωται: 3rd pl. pf. pass. ῥιζόω
123 τῆς ἕτερον: one part of which
     θειλόπεδον: in apposition to ἕτερον
124 ἑτέρας…ἄλλας: some…others
125 πάροιθε δέ: in the front
     εἰσιν: are, there are; 3rd pl. εἰμί
126 ἀφιεῖσαι: sending up; fem. pl., pres. pple,
     ἀφ-ίημι modifies ὄμφακες
127 παρά: along side (+ acc.)
     πεφύασιν: 3rd pl. pf. φύω
128 ἐπηετανόν: unfailingly; adverbial acc.
     γανόωσαι: fem. pl. pres. pple. γανάω
129 ἐν δέ: therein, in (it)
     δύω: (there are) two; with κρῆναι
     ἡ μέν…ἡ δ ': one (spring)…the other

130 ἵησι: shoots forth,  flows; 3rd sg. ἵημι
132 τοῖ ' ἔσαν: such were….; τοῖα , neuter pl.
     subject and 3rd pl. pres. εἰμί
     ἐν Ἀλκινόοιο: in Alcinous' (house)
133 στάς: aor. pple, ἵστημι
     θηεῖτο, θηήσατο: impf. and aor. θεάομαι
134 ἑῷ: his; dat. sg. possessive adjective ἑός
135 ἐβήσετο: mixed aor. βαίνω
136 εὗρε: found; 3rd sg. aor. εὑρίσκω
137 δεπάεσσιν: with drinking cups; means
138 ᾧ: to whom
     σπένδεσκον: were accustomed to pour a
     libation; iterative (-σκ) impf.
     ὅτε μνησαίατο: whenever…; general
     temporal, opt. pl. aor. μιμνήσκω + gen.
140 ἠέρ ': ἠέρα; acc. sg. ἀήρ
     περίχευεν: poured (acc) around (dat);

ὄφρ' ἵκετ' Ἀρήτην τε καὶ Ἀλκίνοον βασιλῆα.                    141

ἀμφὶ δ' ἄρ' Ἀρήτης βάλε γούνασι χεῖρας Ὀδυσσεύς,              142

καὶ τότε δή ῥ' αὐτοῖο πάλιν χύτο θέσφατος ἀήρ.                143

οἱ δ' ἄνεῳ ἐγένοντο, δόμον κάτα φῶτα ἰδόντες·                 144

θαύμαζον δ' ὁρόωντες. ὁ δὲ λιτάνευεν Ὀδυσσεύς·                145

"Ἀρήτη, θύγατερ Ῥηξήνορος ἀντιθέοιο,                          146

σόν τε πόσιν σά τε γούναθ' ἱκάνω πολλὰ μογήσας                147

τούσδε τε δαιτυμόνας· τοῖσιν θεοὶ ὄλβια δοῖεν                 148

ζωέμεναι, καὶ παισὶν ἐπιτρέψειεν ἕκαστος                      149

κτήματ' ἐνὶ μεγάροισι γέρας θ' ὅ τι δῆμος ἔδωκεν·             150

αὐτὰρ ἐμοὶ πομπὴν ὀτρύνετε πατρίδ' ἱκέσθαι                    151

θᾶσσον, ἐπεὶ δὴ δηθὰ φίλων ἄπο πήματα πάσχω."                152

ὣς εἰπὼν κατ' ἄρ' ἕζετ' ἐπ' ἐσχάρῃ ἐν κονίῃσι                153

πὰρ πυρί· οἱ δ' ἄρα πάντες ἀκὴν ἐγένοντο σιωπῇ.              154

ὀψὲ δὲ δὴ μετέειπε γέρων ἥρως Ἐχένηος,                       155

ὃς δὴ Φαιήκων ἀνδρῶν προγενέστερος ἦεν                       156

καὶ μύθοισι κέκαστο, παλαιά τε πολλά τε εἰδώς·                157

ὅ σφιν ἐϋφρονέων ἀγορήσατο καὶ μετέειπεν·                    158

"Ἀλκίνο', οὐ μέν τοι τόδε κάλλιον, οὐδὲ ἔοικε,               159

ξεῖνον μὲν χαμαὶ ἧσθαι ἐπ' ἐσχάρῃ ἐν κονίῃσιν·               160

ἀγοράομαι: to speak in assembly, declare, 5
ἀήρ, ἠέρος, ἡ: mist, cloud, air, 4
ἀκήν: softly, silently; silent, 2
ἄνεῳ: in silence, without a sound, 1
ἀντί-θεος, -η, -ον: godlike, equal to the gods 5
Ἀρήτη, ἡ: Arete, wife of Alcinoos, 11
βάλλω: to throw, shoot, hit, strike, 10
βασιλεύς, ὁ: a king, chief, 10
γέρας, τό: a gift of honor, prize, 2
γέρων, -οντος, ὁ: elder, old man, 3
γόνυ, γουνός, τό: the knee, 6
δαιτυμών, -ονος, ὁ: guest, 4
δηθά: for a long time, for long, long, 2
ἕζομαι: to sit; sit someone down, set, 12
ἕκαστος, -η, -ον: each, every one, 10
ἔοικα: to be like, seem likely, 11
ἐπι-τρέπω: to turn over, commit, bequeath, 1
ἐσχάρη, ἡ: the hearth, fire-place, 5
Ἐχενεύς, ὁ: Echeneus, 1
εὖ: well, 11
ζάω: to live, 1
ἧμαι: to sit, sit down, be seated, 12
ἥρως, ὁ: hero, warrior, 6
θάσσων, -ον: quicker, swifter, 1
θαυμάζω: to wonder, marvel, be astonished, 4
θέσ-φατος, -ον: god-decreed, god-ordained, 1
θυγάτηρ, ἡ: a daughter, 11
ἱκάνω: to approach, come, arrive, reach, 10

καίνυμαι: to surpass, excel, be superior to, 1
κάλλιον: better, more fitting, more beautiful, 4
κονίη, ἡ: dust, a cloud of dust, 2
κτῆμα, -ατος, τό: possessions, land, goods, 2
λιτανεύω: to pray, entreat, supplicate, 1
μετ-εῖπον: to speak among, address, 4
μογέω: to toil, suffer hardship, 5
μῦθος, ὁ: story, word, speech, 13
ὄλβιος, -η, -ον: happy, blest, fortunate, 2
ὁράω: to see, 4
ὀτρύνω: to stir up, rouse, encourage, 7
ὀψέ: late, after a long time, 1
παῖς, παιδός, ὁ, ἡ: a child, boy, girl; slave, 13
παλαιός, -ή, -όν: old in years, old, aged, 2
πάλιν: again, once more; back, backwards, 3
πάσχω: to suffer, experience, 10
πατρίς, -ιδος, ἡ: of one's father, country, 11
πῆμα, -ατος, τό: suffering, misery, woe, 4
πομπή, ἡ: conduct, escort, departure, 10
πόσις, -εως, ὁ: husband, 3
προ-γενής, -ές: born before, 1
πῦρ, πυρός, τό: fire, 9
Ῥηξήνωρ, ὁ: Rhexenor, 2
σιωπή, ἡ: silence, 2
χαμαί: on the ground, on the earth, 1
φρονέω: to think, to be wise, prudent, 6
φῶς, φωτός, ὁ: a person, man, 7

---

141 ὄφρα ἵκετ ': *until he arrived*; ἵκετο, aor.
mid., ἱκνέομαι
142 γούνασι: dat. with ἀμφὶ
βάλε: *threw*; 3ʳᵈ sg. aor. βάλλω
143 αὐτοῖο πάλιν χύτο: *was poured back
from him*; aor. pass. χέω, gen. separation
ἰδόντες: *seeing*; aor. pple ὁράω
145 ὁρόωντες: *seeing*; ὁράοντες pple ὁράω
ὁ δὲ...Ὀδυσσεύς: *and he, Odysseus*; nom.
apposition
148 τοῖσιν...δοῖεν: *to whom may the gods
grant...*; independent aor. opt. of wish
149 ζωέμεναι: *to live*; inf. ζάω
ἐπιτρέψειεν: *may each entrust*; aor. opt.
of wish ὁράω
150 γέρας: *as a gift of honor*
ἔδωκεν: 3ʳᵈ sg. aor. δίδωμι

151 ἐμοὶ πομπὴν: *a (naval) escort for me*;
dat. interest
152 θᾶσσον: *rather quickly*; adverbial acc.
ἐπεὶ δὴ: *since...*
154 πὰρ πυρί: *beside the fire*
οἱ δ ': *and they*; i.e. the dinner guests
156 προγενέστερος: *born earlier (than)*;
comparative with gen. of comparison
ἦεν: *was*; 3ʳᵈ sg. impf. εἰμί
157 κέκαστο: *had excelled*; plpf. καίνυμαι
εἰδώς: *knowing*; nom. sg. pf. pple οἶδα
158 εὐφρονέων: *thinking kindly*; εὖ φρονέων
159 κάλλιον οὐδὲ ἔοικε: *(is) not better nor is
it seemly*; supply form of ἐστί
160 ξεῖνον: *that a stranger*; acc. subject
ἧσθαι: pres. infinitive ἧμαι

οἴδε δὲ σὸν μῦθον ποτιδέγμενοι ἰσχανόωνται.                161

ἀλλ᾽ ἄγε δὴ ξεῖνον μὲν ἐπὶ θρόνου ἀργυροήλου          162

εἷσον ἀναστήσας, σὺ δὲ κηρύκεσσι κέλευσον              163

οἶνον ἐπικρῆσαι, ἵνα καὶ Διὶ τερπικεραύνῳ              164

σπείσομεν, ὅς θ᾽ ἱκέτῃσιν ἅμ᾽ αἰδοίοισιν ὀπηδεῖ·        165

δόρπον δὲ ξείνῳ ταμίη δότω ἔνδον ἐόντων.”              166

αὐτὰρ ἐπεὶ τό γ᾽ ἄκουσ᾽ ἱερὸν μένος Ἀλκινόοιο,         167

χειρὸς ἑλὼν Ὀδυσῆα δαΐφρονα ποικιλομήτην              168

ὦρσεν ἀπ᾽ ἐσχαρόφιν καὶ ἐπὶ θρόνου εἷσε φαεινοῦ,       169

   υἱὸν ἀναστήσας ἀγαπήνορα Λαοδάμαντα,                170

ὅς οἱ πλησίον ἷζε, μάλιστα δέ μιν φιλέεσκεν.           171

χέρνιβα δ᾽ ἀμφίπολος προχόῳ ἐπέχευε φέρουσα            172

καλῇ χρυσείῃ ὑπὲρ ἀργυρέοιο λέβητος,                  173

νίψασθαι· παρὰ δὲ ξεστὴν ἐτάνυσσε τράπεζαν.           174

σῖτον δ᾽ αἰδοίη ταμίη παρέθηκε φέρουσα,               175

εἴδατα πόλλ᾽ ἐπιθεῖσα, χαριζομένη παρεόντων.           176

αὐτὰρ ὁ πῖνε καὶ ἦσθε πολύτλας δῖος Ὀδυσσεύς.         177

καὶ τότε κήρυκα προσέφη μένος Ἀλκινόοιο·              178

   “Ποντόνοε, κρητῆρα κερασσάμενος μέθυ νεῖμον        179

πᾶσιν ἀνὰ μέγαρον, ἵνα καὶ Διὶ τερπικεραύνῳ           180

ἀγαπήνωρ, -ορος: courteous, kind to men, 1
αἰδοῖος, -α, -ον: reverent, august, venerable, 6
ἀκούω: to hear, listen to, 14
ἅμα: at the same time; along with (+ dat.), 13
ἀν-ίστημι: to make stand up, raise up, 4
ἀργύρεος, -η, -ον: of silver, silver, 5
ἀργυρό-ηλος, -ον: silver-studded, 4
δάϊ-φρων, -ονος: skilled in war, in peace, 7
δόρπον, τό: dinner, the evening meal, 3
ἔδω: to eat, 2
εἶδαρ, -ατος, τό: food, meat, 1
ἔνδον: within, at home, 2
ἐπι-τίθημι: to put on, place upon, lay, 1
ἐπι-κεράννυμι: to mix with water, 1
ἐπι-χέω: to pour over, 1
ἐσχάρη, ἡ: the hearth, fire-place, 5
θρόνος, ὁ: a seat, chair, 7
ἱερός, -ή, -όν: holy, divine; n. temple, victim 7
ἵζω: to make sit, place, 11
ἱκέτης, ὁ:, suppliant, one seeking protection, 4
ἵνα: in order that (+ subj.); where (+ ind.), 13
ἰσχανάω: to hold back, check, 2
κεράννυμι: to mix, mingle, 1
κρητήρ, ὁ: mixing vessel, krater, 1
Λαοδάμας, -αντος, ὁ: Laodamas, 9
λέβης, -ητος, ὁ: kettle, caldron, 1
μάλιστα: most of all; certainly, especially, 5
μένος, τό: might, force, prowess, 11
μέθυ, τό: wine, 2
μῦθος, ὁ: story, word, speech, 13

νέμω: to distribute; mid. hold possess, 3
νίζω: to wash, cleanse, 2
ξεστός, -ή, -όν: smooth, smoothed, polished, 2
ὀπηδέω: to follow, accompany, attend, 3
οἶνος, ὁ: wine, 6
ὄρνυμι: to stir, set in motion, rouse, 11
πάρ-ειμι: to be near, be present, 3
παρα-τίθημι: to place beside, set beside, 1
πίνω: to drink, 8
πλησίος, -η, -ον: near, close, 3
ποικιλο-μήτης: of various devices, cunning, 1
πολύ-τλας, -αντος: much-enduring, stout, 10
Ποντόνοος, ὁ: Pontonous, 3
προσ-δέχομαι: to receive favorably, accept, 1
πρό-χοος, ἡ: vessel for water for the hands, 1
πρόσ-φημι: to speak to, address, 12
σῖτος, ὁ: grain, food, 5
σπένδω: to pour a drink-offering, libation, 8
ταμίη, ἡ: housekeeper, 3
τανύω: to stretch; mid. run at full stride, 2
τερπι-κέραυνος: hurler of the thunderbolt, 2
τράπεζα, ἡ: table, 2
υἱός, -οῦ, ὁ: a son, 9
ὑπέρ: above (+ gen.); beyond (+ acc.), 5
φαεινός, -ή, -όν: shining, beaming, radiant, 8
φιλέω: to love, befriend, 13
χαρίζομαι: to show favor, gratify, be dear, 4
χέρνιβον, τό: water vessel, water basin, 1
χρύσεος, -η, -ον: golden, of gold, 11

---

161 οἵδε...ποτιδέγμενοι: these here awaiting;
    pf. mid. προσδέχομαι
162 ἄγε δή: come now; introduces an imper.
163 εἷσον: sit, make... sit; aor. imperative ἵζω
    ἀναστήσας: standing (him) up; aor. pple
    κέλευσον: aor. imperative
164 ἐπικρῆσαι: to mix; aor. inf. ἐπικεράννυμι
    ἵνα...σπείσομεν: so that...; σπείσωμεν;
    aor. subjunctive of purpose; σπένδω
    Διὶ: to Zeus
166 δότω: let...give; 3rd sg. aor. imperative
167 ἱερὸν μένος Ἀλκινόοιο: subject
168 χειρός: by the hand; partitive gen.
    ἑλών: nom. sg. aor. pple. αἱρέω
169 ὧρσεν: roused; 3rd sg. aor. ὄρνυμι
    εἷσε: 3rd sg. aor. ἵζω
170 ἀναστήσας: making...stand up; aor. pple
    ἷζε: 3rd sg. impf. ἵζω

171 οἱ: to him; governed by πλησίον
    φιλέεσκε: liked; iterative (-σκ) impf.
174 νίψασθαι: to wash; aor. mid. inf. νίζω
    expressing purpose
    παρὰ δέ: along side
    ἐτάνυσσε: spread out, stretched out; 3rd
    sg. aor. τανύω
175 παρέθηκε: 3rd sg. aor. παρατίθημι
176 ἐπιθεῖσα: placing on (the table); nom. sg.
    feminine aor. pple ἐπιτίθημι (-θε)
    παρεόντων: of those being present; gen.
    pl. pres. pple. πάρειμι
177 ἦσθε: ate; 3rd sg. aor. ἔδω
179 νεῖμον: distribute; aor. imperative νέμω
180 πᾶσιν: to all; dat. pl. πᾶς
    ἵνα...σπείσομεν: so that...; σπείσωμεν;
    aor. subjunctive of purpose; σπένδω
    Διὶ: to Zeus

σπείσομεν, ὅς θ' ἱκέτῃσιν ἅμ' αἰδοίοισιν ὀπηδεῖ." 181

ὣς φάτο, Ποντόνοος δὲ μελίφρονα οἶνον ἐκίρνα, 182

νώμησεν δ' ἄρα πᾶσιν ἐπαρξάμενος δεπάεσσιν. 183

αὐτὰρ ἐπεὶ σπεῖσάν τ' ἔπιόν θ', ὅσον ἤθελε θυμός, 184

τοῖσιν δ' Ἀλκίνοος ἀγορήσατο καὶ μετέειπε· 185

"κέκλυτε, Φαιήκων ἡγήτορες ἠδὲ μέδοντες 186

ὄφρ' εἴπω τά με θυμὸς ἐνὶ στήθεσσι κελεύει. 187

νῦν μὲν δαισάμενοι κατακείετε οἴκαδ' ἰόντες· 188

ἠῶθεν δὲ γέροντας ἐπὶ πλέονας καλέσαντες 189

ξεῖνον ἐνὶ μεγάροις ξεινίσσομεν ἠδὲ θεοῖσιν 190

ῥέξομεν ἱερὰ καλά, ἔπειτα δὲ καὶ περὶ πομπῆς 191

μνησόμεθ', ὣς χ' ὁ ξεῖνος ἄνευθε πόνου καὶ ἀνίης 192

πομπῇ ὑφ' ἡμετέρῃ ἣν πατρίδα γαῖαν ἵκηται 193

χαίρων καρπαλίμως, εἰ καὶ μάλα τηλόθεν ἐστί, 194

μηδέ τι μεσσηγύς γε κακὸν καὶ πῆμα πάθῃσι, 195

πρίν γε τὸν ἧς γαίης ἐπιβήμεναι· ἔνθα δ' ἔπειτα 196

πείσεται, ἅσσα οἱ αἶσα κατὰ κλῶθές τε βαρεῖαι 197

γιγνομένῳ νήσαντο λίνῳ, ὅτε μιν τέκε μήτηρ. 198

εἰ δέ τις ἀθανάτων γε κατ' οὐρανοῦ εἰλήλουθεν, 199

ἄλλο τι δὴ τόδ' ἔπειτα θεοὶ περιμηχανόωνται. 200

ἀγοράομαι: to speak in assembly, declare, 5
ἀ-θάνατος, -ον: undying, immortal, 14
αἰδοῖος, -α, -ον: reverent, august, venerable, 6
αἶσα, ἡ: fate, lot, portion, destiny, 2
ἀνίη, ἡ: trouble, distress, sorrow, grief, 1
ἄνευ-θε: without, free from; far from, 1
ἅμα: at the same time; along with (+ dat.), 13
βαρύς, -εῖα, -ύ: heavy; grievous, grim, dire, 3
γέρων, -οντος, ὁ: elder, old man, 3
δαίνυμι: to give a meal; take a meal, 4
δέπας, τό: drinking cup, cup, goblet, 4
ἐπ-άρχω: to begin; be governor over, 1
ἐπι-βαίνω: to proceed to, climb; embark, 4
ἐθέλω: to be willing, wish, desire, 11
ἠῶ-θεν: from morn, at dawn, in the morning, 1
ἡγήτωρ, -ορος, ὁ: leader, commander, 8
ἡμέτερος, -α, -ον: our, 8
ἱερός, -ή, -όν: holy, divine; n. temple, victim 7
ἱκέτης, ὁ:, suppliant, one seeking protection, 4
καλέω: to call, summon, invite, 8
καρπαλίμως: swiftly, quickly, nimbly, 7
κατα-κείω: to lie down (with fut. sense), 2
κιρνάω: to mix, 1
κλύω: to hear, 8
Κλῶθες, αἱ: Spinners, Goddesses of Fate, 1
λίνον, τό: flax; cord, net, sheet, 1
μέδων, -οντος, ὁ: ruler, lord , commander, 7
μελί-φρων, -οντος: honey-hearted, 1
μεσηγύς: between, midway, in the middle, 1

μετ-εῖπον: to speak among, address, 4
μη-δέ: and not, but not, nor, 7
μήτηρ, ἡ: a mother, 11
μιμνήσκω: to remind, recall, recollect, 6
νέω: to spin, 1
νωμάω: to distribute, deal out; handle, 1
ξενίζω: to receive a guest, entertain a guest, 1
οἴκα-δε: to home, homeward, 5
οἶνος, ὁ: wine, 6
ὀπηδέω: to follow, accompany, attend, 3
οὐρανός, ὁ: sky, heavens, 5
πάσχω: to suffer, experience, 10
πατρίς, -ιδος, ἡ: of one's father, country, 11
πείθω: to persuade, win over; mid. obey, 8
περι-μηχανάομαι: to contrive, devise well, 1
πῆμα, -ατος, τό: suffering, misery, woe, 4
πίνω: to drink, 8
πλέων, -ονος: more, many, greater, larger, 3
πόνος, ὁ: work, labor, toil, 2
πομπή, ἡ: conduct, escort, departure, 10
Ποντόνοος, ὁ: Pontonous, 3
πρίν: until, before, 6
ῥέζω: to do accomplish, make, perform, 3
σπένδω: to pour a drink-offering, libation, 8
στῆθος, τό: chest, breast, 5
τηλό-θεν: from afar, from a foreign land, 3
τίκτω: to beget, conceive, bear, bring forth, 4
ὑπό: because of, from (gen.), under (dat.), 14
χαίρω: to rejoice, be glad; fare well, 10

---

181 ἵνα...σπείσομεν: so that...; σπείσωμεν;
    aor. subjunctive of purpose; σπένδω
    Διὶ: to Zeus
182 ὡς φάτο: thus he spoke; φημί
183 δεπάεσσιν: with the cups; dat. pl.
184 σπεῖσαν: 3rd pl. aor. σπένδω
    ἔπιον: 3rd pl. aor. πίνω
    ὅσον: as much (wine) as...; relative cl.
186 Κέκλυτε: reduplicated aor. imper. κλύω
187 εἴπω: so that I may say...; 1st sg. aor.
    subjunctive of purpose, εἴπον
    τά: what things; relative pronoun, n. pl.
188 δαισάμενοι: having dined; aor. δαίνυμι
    ἰόντες: going; pres. pple., ἔρχομαι
189 ἐπί...καλέσαντες: calling upon...; tmesis
190 ξεινίσσομεν...ῥέξομεν...μνησόμεθα: let
    us...and let us...and let us...; hortatory
    aor. subj., ξενίζω, ῥέζω, and μιμνήσκω

192 ὥς χ '...ἵκηται: so that...may arrive; ὡς
    κε + subj. introducing a purpose clause
193 ἥν: his; ἑήν, possessive adjective
195 μηδέ τι πάθῃσι: and that he may not at
    all suffer; aor. subj. of πάσχω in purpose
    clause beginning in line 192
196 πρὶν ἐπιβήμεναι: until...;πρίν + aor. inf.
    ἧς γαίης: his land...; ἑῆς, possessive adj
197 πείσεται: 3rd sg. fut. deponent, πάσχω
    ἅσσα: whatever; ἅτινα neut. pl. of ὅστις
    οἱ...γεινομένῳ: for him being born
197 κατά...νήσαντο: spun off; tmesis κατά +
    νέω
198 τέκε: 3rd sg. aor. τίκτω
199 εἰλήλουθεν: has come; pf. ἔρχομαι
200 ἄλλο τι δὴ τόδ ': something different
    here

αἰεὶ γὰρ τὸ πάρος γε θεοὶ φαίνονται ἐναργεῖς         201
ἡμῖν, εὖτ᾽ ἔρδωμεν ἀγακλειτὰς ἑκατόμβας,              202
δαίνυνταί τε παρ᾽ ἄμμι καθήμενοι ἔνθα περ ἡμεῖς.      203
εἰ δ᾽ ἄρα τις καὶ μοῦνος ἰὼν ξύμβληται ὁδίτης,        204
οὔ τι κατακρύπτουσιν, ἐπεί σφισιν ἐγγύθεν εἰμέν,      205
ὥς περ Κύκλωπές τε καὶ ἄγρια φῦλα Γιγάντων."          206
    τὸν δ᾽ ἀπαμειβόμενος προσέφη πολύμητις Ὀδυσσεύς·  207
"Ἀλκίνο᾽, ἄλλο τί τοι μελέτω φρεσίν· οὐ γὰρ ἐγώ γε    208
ἀθανάτοισιν ἔοικα, τοὶ οὐρανὸν εὐρὺν ἔχουσιν,         209
οὐ δέμας οὐδὲ φυήν, ἀλλὰ θνητοῖσι βροτοῖσιν.          210
οὕς τινας ὑμεῖς ἴστε μάλιστ᾽ ὀχέοντας ὀϊζὺν           211
ἀνθρώπων, τοῖσίν κεν ἐν ἄλγεσιν ἰσωσαίμην.            212
καὶ δ᾽ ἔτι κεν καὶ πλείον᾽ ἐγὼ κακὰ μυθησαίμην,       213
ὅσσα γε δὴ ξύμπαντα θεῶν ἰότητι μόγησα.               214
ἀλλ᾽ ἐμὲ μὲν δορπῆσαι ἐάσατε κηδόμενόν περ·           215
οὐ γάρ τι στυγερῇ ἐπὶ γαστέρι κύντερον ἄλλο           216
ἔπλετο, ἥ τ᾽ ἐκέλευσεν ἕο μνήσασθαι ἀνάγκῃ            217
καὶ μάλα τειρόμενον καὶ ἐνὶ φρεσὶ πένθος ἔχοντα,      218
ὡς καὶ ἐγὼ πένθος μὲν ἔχω φρεσίν, ἡ δὲ μάλ᾽ αἰεὶ      219
ἐσθέμεναι κέλεται καὶ πινέμεν, ἐκ δέ με πάντων        220

ἀγα-κλειτός, -ή, -όν: glorious, very famous, 1
ἄγριος, -α, -ον: wild, fierce, 4
ἀ-θάνατος, -ον: undying, immortal, 14
ἄλγος, τό: pain, distress, grief, 3
ἀνάγκη, ἡ: necessity, force, constraint, 1
ἀπ-αμείβομαι: to reply, answer, 11
βροτός, ὁ, ἡ: a mortal, human, 10
γαστήρ, -έρος, ἡ: belly, stomach, 2
Γίγας, -αντος, ὁ: Giant, 2
δαίνυμι: to give a meal; take a meal, 4
δέμας, τό: bodily frame, build, 4
δορπέω: to dine, take dinner, 2
ἐάω: to permit, allow, suffer, let be, leave, 10
ἐγγύ-θεν: near, from close at hand, 5
ἑκατόμβη, ἡ: hecatomb, offering of oxen, 1
ἐν-αργής, -ές: visible, palpable, clear, plain, 1
ἔοικα: to be like, seem likely, (+ dat.) 11
ἔρδω: to do, make; perform, 4
ἔσθω: to eat, devour, poetic for ἐσθίω, 4
ἔτι: still, besides, further, 9
εὐρύς, -εῖα, -ύ: wide, broad, spacious, 5
εὖτε: when, at the time when, 1
θνητός, -ή: mortal, liable to die, 2
ἰότης, -ητος, ἡ: will, determination; desire, 2
ἰσόω: to liken oneself to, make equal, 1
κάθ-ημαι: to sit, sit down, be seated, 3
κατα-κρύπτω: to cover over, conceal; hide, 1

κέλομαι: to command, bid, exhort, 4
κήδω: to trouble, distress, vex, 3
Κύκλωψ, -οπος, ὁ: Cyclops, 2
κύντερος, -η, -ον: more shameless, reckless, 1
μάλιστα: most of all; certainly, especially, 5
μᾶλλον: more, rather, much, 2
μέλω: imper. there is a care for (dat, gen), 3
μογέω: to toil, suffer hardship, 5
μοῦνος, -η, -ον: alone, only, by oneself, 1
μυθέομαι: to say, speak of, mention, declare, 4
ὀϊζύς, -ύος, ὁ: sorrow, grief, distress, woe, 2
ὁδίτης, ὁ: traveler, journeyer, 1
οὐρανός, ὁ: sky, heavens, 5
ὀχέω: to uphold, endure, sustain, 1
πάρος: beforetime, formerly, in former time 6
πέλομαι: to come upon, come to be, to be, 9
πένθος, τό: grief, sadness, sorrow, 3
πίνω: to drink, 8
πολύ-μητις: of much cunning, many device, 9
πρόσ-φημι: to speak to, address, 12
στυγερός, -ή, -όν: hated, dreaded, loathed, 1
σύμ-πας, -πασα, -παν: every, all, whole, 1
συμ-βάλλω: to join (in battle), contribute, 2
τείρω: to wear out, distress, afflict, 1
φαίνω: to show, point out; mid. appear, 10
φῦλον, τό: race, tribe, class, 3
φυή, ἡ: stature, growth, 5

---

201  τὸ πάρος...φαίνονται: in the past...have
     appeared; present with present pf. sense
202  ἔρδωμεν: whenever we perform; general
     temporal clause; pres. subjunctive
203  παρ᾽ ἄμμι: beside us; παρὰ ἡμῖν
     ἔνθα περ: just where...
204  ἰὼν: nom. sg. present pple ἔρχομαι
     ξύμβληται: ever meets; aor. subjunctive
     of συμ-βάλλω with missing ἄν/κέ in a
     general clause
205  εἰμέν: we are; 1st pl. pres., εἰμί
206  ὥς περ: just as
208  τοι: for you; σοι
     μελέτω: let...be a concern; 3rd sg. imper.
     φρεσίν: in your heart; dat. place where
209  τοὶ: who; οἵ, relative pronoun
210  δέμας...φυήν: in...;acc. of respect
211  ἴστε: 2nd pl. pres. οἶδα
212  κεν ἰσωσαίμην: I would liken myself to
     (dat.); pot. aor. optative, ἰσόω

213  καὶ δ᾽: and indeed; καὶ δὴ
     κεν...μυθησαίμην: I could relate; potential
     opt.
     πλείον᾽: πλείονα, neuter pl. with κακὰ
214  ἰότητι: by the will of (+ gen.)
215  ἐάσατε: allow...; 2nd pl. aor. imper. ἐάω
     κηδόμενόν περ: though being troubled...;
     περ makes passive pple concessive
216  ἐπὶ...ἔπλετο: there is not anything else
     more shameless than; "more shameless
     above (dat.)," gnomic aor. πέλω
217  ἕο: itself; reflexive object of μνήσασθαι
     μνήσασθαι: aor. inf. μιμνήσκω
     ἀνάγκῃ: by necessity
218  τειρόμενον...ἔχοντα: although...;
     concessive
219  ὡς καὶ ἐγώ: as I too, so I too
     ἡ δὲ: and it; i.e. the belly, γαστήρ
220  ἐσθέμεναι, πινέμεν: inf. ἔσθω, πίνω
     ἐκ: with λήθανει; leave untranslated

ληθάνει ὅσσ' ἔπαθον, καὶ ἐνιπλησθῆναι ἀνώγει.                      221

ὑμεῖς δ' ὀτρύνεσθαι ἅμ' ἠοῖ φαινομένηφιν,                           222

ὡς κ' ἐμὲ τὸν δύστηνον ἐμῆς ἐπιβήσετε πάτρης                        223

καί περ πολλὰ παθόντα· ἰδόντα με καὶ λίποι αἰὼν                      224

κτῆσιν ἐμήν, δμῶάς τε καὶ ὑψερεφὲς μέγα δῶμα."                       225

   ὣς ἔφαθ', οἱ δ' ἄρα πάντες ἐπῄνεον ἠδ' ἐκέλευον                  226

πεμπέμεναι τὸν ξεῖνον, ἐπεὶ κατὰ μοῖραν ἔειπεν.                     227

αὐτὰρ ἐπεὶ σπεῖσάν τ' ἔπιον θ' ὅσον ἤθελε θυμός,                    228

οἱ μὲν κακκείοντες ἔβαν οἶκόνδε ἕκαστος,                            229

αὐτὰρ ὁ ἐν μεγάρῳ ὑπελείπετο δῖος Ὀδυσσεύς,                         230

πὰρ δέ οἱ Ἀρήτη τε καὶ Ἀλκίνοος θεοειδὴς                            231

ἥσθην· ἀμφίπολοι δ' ἀπεκόσμεον ἔντεα δαιτός.                        232

τοῖσιν δ' Ἀρήτη λευκώλενος ἤρχετο μύθων·                            233

ἔγνω γὰρ φᾶρός τε χιτῶνά τε εἵματ' ἰδοῦσα                           234

καλά, τά ῥ' αὐτὴ τεῦξε σὺν ἀμφιπόλοισι γυναιξί·                     235

καί μιν φωνήσασ' ἔπεα πτερόεντα προσηύδα·                           236

   "ξεῖνε, τὸ μέν σε πρῶτον ἐγὼν εἰρήσομαι αὐτή·                     237

τίς πόθεν εἰς ἀνδρῶν; τίς τοι τάδε εἵματ' ἔδωκεν;                   238

οὐ δὴ φῆς ἐπὶ πόντον ἀλώμενος ἐνθάδ' ἱκέσθαι;"                      239

   τὴν δ' ἀπαμειβόμενος προσέφη πολύμητις Ὀδυσσεύς·                  240

αἰών, -ῶνος, ὁ: one's lifetime, life; soul, 1
ἀλάομαι: to wander, stray, roam, 4
ἅμα: at the same time; along with (+ dat.), 13
ἄνωγω: to command, order, bid, 4
ἀπ-αμείβομαι: to reply, answer, 11
ἀπο-κοσμέω: to clear away, restore order, 1
Ἀρήτη, ἡ: Arete, wife of Alcinoos, 11
ἄρχω: to begin; rule, be leader of, 7
γιγνώσκω: to learn, note, realize, to know, 2
δαίς, -τός, ἡ: meal, 9
δμώς, -ωός, ὁ: a male servant, 3
δύσ-τηνος, -ον: wretched, unhappy, 3
ἐθέλω: to be willing, wish, desire, 11
ἕκαστος, -η, -ον: each, every one, 10
ἐμ-πίπλημι: to fill, to fill quite full, 3
ἐνθάδε: here, hither, there, thither, 8
ἔντεα, τά: furniture, appliances; armor, 1
ἐπ-αινέω: to approve, assent, concur, 2
ἐπι-βαίνω: to proceed to, climb; embark, 4
ἐρέομαι: to ask, inquire, 2
ἔσθω: to eat, devour, poetic for ἐσθίω, 4
ἧμαι: to sit, sit down, be seated, 12
ἠώς, ἡ: daybreak, dawn, 6
θεο-ειδής, -ές: godlike, divine in form, 2
κατα-κείω: to lie down (with fut. sense), 2
κτῆσις, ἡ: possessions, land, goods, 1

λευκ-ώλενος, -ον: white-armed, 7
ληθάνω: to escape notice, to be unnoticed, 3
μοῖρα, ἡ: due measure, portion, one's lot, 6
μῦθος, ὁ: story, word, speech, 13
οἶκος, ὁ: a house, abode, dwelling, 10
ὀτρύνω: to stir up, rouse, encourage, 7
πάσχω: to suffer, experience, 10
πάτρη, ἡ: fatherland, native land, birthplace, 2
πέμπω: to send, conduct, convey, dispatch, 4
πίνω: to drink, 8
πό-θεν: whence?, from where?, 1
πολύ-μητις: of much cunning, many device, 9
πόντος, ὁ: sea, 8
προσ-αυδάω: to speak, address, accost, 5
πρόσ-φημι: to speak to, address, 12
πρῶτος, -η, -ον: first, earliest; foremost, 13
πτερόεις, -εντος: feathered, winged, 5
σπένδω: to pour a drink-offering, libation, 8
σύν: along with, with, together (+ gen.), 7
τεύχω: to make, build, construct, prepare, 12
ὑπο-λείπω: to leave behind, leave, 1
ὑψ-ερεφής, -ές: high-roofed, lofty, 2
φᾶρος, τό: mantle, cloak, 8
φαίνω: to show, point out; mid. appear, 10
φωνέω: to utter, speak, 14
χιτών, -ῶνος, ἡ: tunic, 6

---

221 ἐκ...ληθάνει: makes (acc.) forget (gen.);
    causal form of λανθάνω
    πάντων...ὅσσ': everything which...; "all
    things...as many as..."
    ἔπαθον: 1ˢᵗ sg. aor., πάσχω
    ἐνιπλήσασθαι: to fill; aor. inf. ἐμπίπλημι
222 ἅμ' ἠοῖ φαινομένηφιν: with dawn
    appearing; dat. of ἠώς, -φι infix with
    dative sense
223 ὡς δ' ἐπιβήσετε: so that you may set me
    upon (gen.); aor. subjunctive of purpose,
    ἐπιβαίνω
224 παθόντα: suffering; aor. pple πάσχω
    ἰδόντα: acc. sg. aor. pple ὁράω
    λίποι: may my soul leave; aor. optative of
    wish, λείπω
226 ἐπήνεον: approved; impf. ἐπαινέω
227 πεμπέμεναι: to send; infinitive πέμπω
    κατὰ μοῖραν: according to due measure

228 σπεῖσαν: poured a libation; aor., σπένδω
    ἔπιον: poured a libation; aor., πίνω
229 κακκείοντες: to lie down; "going to lie
    down," pres. with fut. sense, κατακείω
    ἔβαν: 3ʳᵈ pl. aor. βαίνω
231 πάρ...οἱ: beside him
232 ἤσθην: were sitting; dual aor. ἧμαι
234 ἔγνω: she recognized; aor. γιγνώσκω
    ἰδοῦσα: fem. sg. aor. pple ὁράω
235 τά: which; relative pronoun
237 τό...πρῶτον: first (of all); adverbial acc.
    ἐγὼν: ἐγώ
    εἰρήσομαι: I will ask; fut. ἐρέομαι
238 τίς πόθεν εἰς ἀνδρῶν: Who and from
    where (are you) among men
239 οὐ δὴ φής...ἱκέσθαι: do you not claim to
    have come?; 2ⁿᵈ sg. pres. φημί

"ἀργαλέον, βασίλεια, διηνεκέως ἀγορεῦσαι                 241
κήδε', ἐπεί μοι πολλὰ δόσαν θεοὶ Οὐρανίωνες·              242
τοῦτο δέ τοι ἐρέω ὅ μ' ἀνείρεαι ἠδὲ μεταλλᾷς.            243
Ὠγυγίη τις νῆσος ἀπόπροθεν εἰν ἁλὶ κεῖται·               244
ἔνθα μὲν Ἄτλαντος θυγάτηρ, δολόεσσα Καλυψὼ               245
ναίει ἐϋπλόκαμος, δεινὴ θεός· οὐδέ τις αὐτῇ              246
μίσγεται οὔτε θεῶν οὔτε θνητῶν ἀνθρώπων.                 247
ἀλλ' ἐμὲ τὸν δύστηνον ἐφέστιον ἤγαγε δαίμων              248
οἶον, ἐπεί μοι νῆα θοὴν ἀργῆτι κεραυνῷ                   249
Ζεὺς ἔλσας ἐκέασσε μέσῳ ἐνὶ οἴνοπι πόντῳ.               250
ἔνθ' ἄλλοι μὲν πάντες ἀπέφθιθεν ἐσθλοὶ ἑταῖροι,          251
αὐτὰρ ἐγὼ τρόπιν ἀγκὰς ἑλὼν νεὸς ἀμφιελίσσης            252
ἐννῆμαρ φερόμην· δεκάτῃ δέ με νυκτὶ μελαίνῃ             253
νῆσον ἐς Ὠγυγίην πέλασαν θεοί, ἔνθα Καλυψὼ              254
ναίει ἐϋπλόκαμος, δεινὴ θεός, ἥ με λαβοῦσα               255
ἐνδυκέως ἐφίλει τε καὶ ἔτρεφεν ἠδὲ ἔφασκε               256
θήσειν ἀθάνατον καὶ ἀγήραον ἤματα πάντα·                257
ἀλλ' ἐμὸν οὔ ποτε θυμὸν ἐνὶ στήθεσσιν ἔπειθεν.           258
ἔνθα μὲν ἑπτάετες μένον ἔμπεδον, εἵματα δ' αἰεὶ          259
δάκρυσι δεύεσκον, τά μοι ἄμβροτα δῶκε Καλυψώ·            260

ἀ-γήραος, -ον: not aging, not decaying, 2
ἀγκάς: in the arms, 1
ἀγορεύω: to speak in assembly, declare, 7
ἀ-θάνατος, -ον: undying, immortal, 14
ἅλς, -ος, ὁ: salt, sea, 8
ἄμ-βροτος, -η, -ον: immortal, divine, 3
ἀμφι-έλισσα: rowed on both sides, handy, 3
ἀν-είρομαι: to ask, inquire, question, 2
ἀπό-προθεν: far away, from afar, 2
ἀπο-φθίω: to make perish, die away, 2
ἀργαλέος, -η, -ον: painful, burdensome, 1
ἀργής, -ῆτος: bright, dazzling white, vivid, 1
Ἄτλας, Ἄτλαντος, ὁ: Atlas, 1
βασίλεια, ἡ: a queen, princess, 2
δαίμων, -ονος, ὁ: divine spirit, god, 2
δάκρυον, τό: tear, 7
δεινός, -ή, -όν: fearful, terrible, dire, strange, 5
δέκατος, -η, -ον: tenth, 1
δεύω: to wet, moisten, 4
δι-ηνεκῶς: continuously, 1
δολόεις, -εσσα: full of cunning, cunning, 1
δύσ-τηνος, -ον: wretched, unhappy, 3
εἴλω: to hem in, confine; stop, pin down, 1
ἔμ-πεδος, -ον: steadfast; adv. continuously, 4
ἐν-δυκέως: kindly, thoughtfully, carefully, 1
ἐννῆμαρ: for nine days , 1
ἑπτά-ετες: for seven years, 1
ἐρέω: I will say or speak, 5
ἐσθλός, -ή, -όν: good, well-born, noble, 12
ἑταῖρος, ὁ: comrade, companion, 6
εὐ-πλόκαμος, -ον: with fair locks, 7

ἐφ-έστιος, -ον: at one's hearth, at home, 2
ἦμαρ, -ατος, τό: day, 13
θνητός, -ή: mortal, liable to die, 2
θοός, -ή, -όν: swift, quick, nimble, 7
θυγάτηρ, ἡ: a daughter, 11
Καλυψώ, -οος, ἡ: Calypso, 4
κεάζω: to split, cleave, 1
κεῖμαι: to lie down, be laid, 7
κεραυνός, ὁ: thunderbolt, 1
κῆδος, -εος, τό: trouble, care, 4
λαμβάνω: to take, receive, catch, grasp, 5
μέλας, μέλαινα, μέλαν: black, dark, 7
μένω: to stay, remain, 9
μέσος, -η, -ον: the middle of, 6
μεταλλάω : to ask, inquire, question, 1
μίγνυμι: to mix, mingle, have intercourse, 6
ναίω: to live, dwell, abide, 3
νῆσος, ἡ: an island, 3
νηῦς, νηός, ἡ: a ship, boat, 27
νύξ, -κτος, ἡ: night, 3
οἶνος, ὁ: wine, 6
οἶος, -η, -ον: alone, lone, lonely, 9
Οὐρανίωνες, οἱ: Heavenly (ones), the gods, 1
πείθω: to persuade, win over; mid. obey, 8
πελάζω: to bring, carry, conduct, come near 2
πόντος, ὁ: sea, 8
στῆθος, τό: chest, breast, 5
τρέφω: to raise (a child), rear; nourish, 2
τρόπις, ἡ: keel of a ship, 1
φιλέω: to love, befriend, 13
Ὠγυγίη, ἡ: Ogygia, Calypso's island, 3

---

241 ἀργαλέον: (it is) painful; add ἐστίν, the
  infinitive is the subject
  ἀγορεῦσαι: to speak; aor. inf. ἀγορεύω
242 κῆδε ': my troubles; acc. neuter pl. κῆδος
  δόσαν: 3rd pl. aor. δίδωμι
243 ἀνείρεαι: you ask; ἀν-είρε(σ)αι, 2nd sg.
  μεταλλᾷς: 2nd sg. pres. μεταλλάεις
244 εἰν ἁλί: on the salt sea
247 μίσγεται: has intercourse with her
  ἤγαγε: led; 3rd sg. aor. ἄγω
249 οἶον: alone
250 ἔλσας: stopping; "hemming in" nom. sg.
  aor. pple εἴλω
  ἐκέασσε: Zeus split; 3rd sg. aor. κεάζω
251 ἀπέφθιθεν: perished; "were made to
  perish" 3rd pl. aor. pass. ἀποφθίω

252 ἑλών: grabbing; aor. pple. αἱρέω
  νεός: of the ship; gen. sg. νηῦς
253 φερόμην: I was carried; impf. φέρω
254 δεκάτη...νυκτὶ: on...; dat. of time when
255 λαβοῦσα: seizing; aor. pple λαμβάνω
256 ἔφασκε: kept saying; iterative impf.
  φημί
  θήσειν: (that she) will make (me); "to be
  going to make" fut. inf. τίθημι (θε, θη),
  this verb governs a double acc.
257 ἀγήρων: ageless; ἀγήραον acc. sg.
  δεύεσκον: I used to wet; iterative impf.
  δεύω to express customary behavior
  τά...ἄμβροτα: which immortal (clothes);
  relative pronoun
260 δῶκε: 3rd sg. aor. δίδωμι

ἀλλ' ὅτε δὴ ὄγδοόν μοι ἐπιπλόμενον ἔτος ἦλθε,  261
καὶ τότε δή μ' ἐκέλευσεν ἐποτρύνουσα νέεσθαι  262
Ζηνὸς ὑπ' ἀγγελίης, ἦ καὶ νόος ἐτράπετ' αὐτῆς.  263
πέμπε δ' ἐπὶ σχεδίης πολυδέσμου, πολλὰ δ' ἔδωκε,  264
σῖτον καὶ μέθυ ἡδύ, καὶ ἄμβροτα εἵματα ἕσσεν,  265
οὖρον δὲ προέηκεν ἀπήμονά τε λιαρόν τε.  266
ἑπτὰ δὲ καὶ δέκα μὲν πλέον ἤματα ποντοπορεύων,  267
ὀκτωκαιδεκάτῃ δ' ἐφάνη ὄρεα σκιόεντα  268
γαίης ὑμετέρης, γήθησε δέ μοι φίλον ἦτορ  269
δυσμόρῳ· ἦ γὰρ ἔμελλον ἔτι ξυνέσεσθαι ὀϊζυῖ  270
πολλῇ, τήν μοι ἐπῶρσε Ποσειδάων ἐνοσίχθων,  271
ὅς μοι ἐφορμήσας ἀνέμους κατέδησε κελεύθου,  272
ὤρινεν δὲ θάλασσαν ἀθέσφατον, οὐδέ τι κῦμα  273
εἴα ἐπὶ σχεδίης ἁδινὰ στενάχοντα φέρεσθαι.  274
τὴν μὲν ἔπειτα θύελλα διεσκέδασ'· αὐτὰρ ἐγώ γε  275
νηχόμενος τόδε λαῖτμα διέτμαγον, ὄφρα με γαίῃ  276
ὑμετέρῃ ἐπέλασσε φέρων ἄνεμός τε καὶ ὕδωρ.  277
ἔνθα κέ μ' ἐκβαίνοντα βιήσατο κῦμ' ἐπὶ χέρσου,  278
πέτρῃς πρὸς μεγάλῃσι βαλὸν καὶ ἀτερπέϊ χώρῳ·  279
ἀλλ' ἀναχασσάμενος νῆχον πάλιν, ἧος ἐπῆλθον  280

ἀγγελίη, ἡ: message, news, tidings, 1

ἀδινός, -ή, -όν: close-packed, incessant, 1

ἄμ-βροτος, -η, -ον: immortal, divine, 3

ἀνα-χάζομαι : to draw back, retire, 1

ἄνεμος, ου, ὁ: wind, 6

ἀ-θέσφατος, -ον: inauspicious, terrible, 1

ἀ-πήμων, -ονος: unharmed, unhurt, safe, 2

ἀ-τερπής, -ές: joyless, painful, dangerous, 1

βάλλω: to throw, shoot, hit, strike, 10

βιάω: to constrain, force, overcome, 2

γηθέω: to rejoice, 5

δέκα: ten, 1

δια-σκεδάννυμι: to scatter abroad, disperse, 1

δια-τμήγω: to divide in two, sever, cleave, 1

δύσ-μορος, -ον: ill-fated, unlucky, 1

ἐάω: to permit, allow, suffer, let be, leave, 10

ἐκ-βαίνω: to come out forth, disembark, 3

ἕννυμι: to put clothes on, clothe, put on, 4

Ἐνοσίχθων, -ονος: Earth-shaker, 1

ἐπ-ελαύνω: to drive upon, 1

ἐπ-έρχομαι: to come to, arrive at, reach, 1

ἐπ-όρνυμι: to stir up, arouse, set in motion, 1

ἐπ-οτρύνω: to rouse, stir up, excite, incite, 5

ἐπι-πέλομαι: to come round, revolve, 1

ἑπτά: seven, 1

ἔτι: still, besides, further, 9

ἔτος, -εος, τό: a year, 1

ἕως, ἧος: until, as long as, while, 2

ἐφ-ορμάω: to stir up against, rouse, incite, 1

ἦ: in truth, truly (begins open question), 11

ἡδύς, -υῖα, ύ: sweet, pleasant, agreeable, 2

ἦμαρ, -ατος, τό: day, 13

ἦτορ, τό: heart, soul, mind, spirit, 3

θάλασσα, ἡ: the sea, 6

θύελλα, ἡ: violent wind, storm, squal, 2

κατα-δέω: to tie up, secure, bind, 1

κέλευθος, ἡ: road, way, path; voyage, course, 2

κῦμα, -ατος, τό: wave, swell, surge, 5

λαῖτμα, τό: gulf of the sea, depth of the sea, 3

λιαρός, -ή, -όν: warm, 1

μέθυ, τό: wine, 2

μέλλω: to be about to, to intend to, 6

νέομαι: to go or come back, return, 2

νήχω: to swim, 2

νοῦς, ὁ: mind, thought, reason, attention, 7

ὄγδοος, -η, -ον: the eighth, 1

ὀιζύς, -ύος, ὁ: sorrow, grief, distress, woe, 2

ὀκτω-και-δέκατος, -η, -ον: eighteenth, 1

ὀρίνω: to stir up, agitate, trouble, 2

ὄρος, -εος, τό: a mountain, hill, 4

οὖρος, ὁ: fair wind, 1

πάλιν: again, once more; back, backwards, 3

πέμπω: to send, conduct, convey, dispatch, 4

πέτρη, ἡ: rock, ledge, cliff, 3

πλέω: to sail, go by sea, 2

πολύ-δεσμος, -ον: bound with many cords, 1

ποντο-πορεύω: to traverse by sea, sail, 1

Ποσειδεών, -έωνος, ὁ: Poseidon, 7

προ-ίημι: to send forth, throw, launch, 2

σῖτος, ὁ: grain, food, 5

σκιόεις, -εντος: shady, shadowy, dim 2

στενάχω: to groan, moan, wail, mourn, 3

σύν-ειμι: to be with, dwell, with, 1

σχεδίη, ἡ: raft, 2

τρέπω: to turn, change 2

ὕδωρ, ὕδατος, τό: water, 6

ὑμέτερος, -η, -ον: your, yours, 3

ὑπό: because of, from (gen.), under (dat.), 14

φαίνω: to show, point out; mid. appear, 10

χέρσος, ἡ: dry land, land, 2

χῶρος, ὁ: place, spot, piece of ground, 3

---

261 ὄγδοον...ἐπιπλόμενον ἔτος: *the eighth revolving year*; nom. subject
ἦλθε: aor. ἔρχομαι

263 Ζηνὸς; *of Zeus*; gen. sg.
ἤ: *or*
ἐτράπετ ': *changed*; "turned," τρέπω

264 πέμπε: *sent*; impf. πέμπω
ἔδωκε: 3rd sg. aor. δίδωμι

265 ἕσσεν: *put on*; 3rd sg. aor. ἕννυμι

266 προέηκεν: *sent forth*; 3rd sg. aor. προίημι

267 πλέον: *I sailed*; 1st sg. impf.. πλέω
ἑπτά...δέκα...ἤματα: *for...*; acc. duration

268 ὀκτωκαιδεκάτῃ: dat. of time when

ἐφάνη: *appeared*; 3rd sg. aor. pass. φαίνω

269 μοι φίλον ἦτορ: *my own heart*; "the heart dear to me"

270 ξυνέσεσθαι: *to be with* (+dat.); σύν-ειμι fut. inf. complements impf. of μέλλω

271 ἐπῶρσε: *roused up*; aor. ἐπ-όρνυμι

272 κελεύθου: *from the course*; separation

274 εἴα: *did allow (me)*; 3rd sg. impf. ἐάω

277 γαίη ὑμετέρη: *to your land*; with ἐπ-

278 ἔνθα κέ...βιήσατο...πρὸς...βαλὸν: *there the wave would have forced...and struck me against...*; ἄν + aor. is past potential

280 ἧος ἐπῆλθον: *until I came*; ἕως not ἠώς

ἐς ποταμόν, τῇ δή μοι ἐείσατο χῶρος ἄριστος,　281

λεῖος πετράων, καὶ ἐπὶ σκέπας ἦν ἀνέμοιο.　282

ἐκ δ᾿ ἔπεσον θυμηγερέων, ἐπὶ δ᾿ ἀμβροσίη νὺξ　283

ἤλυθ᾿. ἐγὼ δ᾿ ἀπάνευθε διιπετέος ποταμοῖο　284

ἐκβὰς ἐν θάμνοισι κατέδραθον, ἀμφὶ δὲ φύλλα　285

ἠφυσάμην· ὕπνον δὲ θεὸς κατ᾿ ἀπείρονα χεῦεν.　286

ἔνθα μὲν ἐν φύλλοισι φίλον τετιημένος ἦτορ　287

εὗδον παννύχιος καὶ ἐπ᾿ ἠῶ καὶ μέσον ἦμαρ.　288

δείλετό τ᾿ ἠέλιος καί με γλυκὺς ὕπνος ἀνῆκεν.　289

ἀμφιπόλους δ᾿ ἐπὶ θινὶ τεῆς ἐνόησα θυγατρὸς　290

παιζούσας, ἐν δ᾿ αὐτὴ ἔην εἰκυῖα θεῇσι·　291

τὴν ἱκέτευσ᾿· ἡ δ᾿ οὔ τι νοήματος ἤμβροτεν ἐσθλοῦ,　292

ὡς οὐκ ἂν ἔλποιο νεώτερον ἀντιάσαντα　293

ἐρξέμεν· αἰεὶ γάρ τε νεώτεροι ἀφραδέουσιν.　294

ἥ μοι σῖτον δῶκεν ἅλις ἠδ᾿ αἴθοπα οἶνον　295

καὶ λοῦσ᾿ ἐν ποταμῷ καί μοι τάδε εἵματ᾿ ἔδωκε.　296

ταῦτά τοι ἀχνύμενός περ ἀληθείην κατέλεξα."　297

　　τὸν δ᾿ αὖτ᾿ Ἀλκίνοος ἀπαμείβετο φώνησέν τε·　298

"ξεῖν᾿, ἦ τοι μὲν τοῦτό γ᾿ ἐναίσιμον οὐκ ἐνόησε　299

παῖς ἐμή, οὕνεκά σ᾿ οὔ τι μετ᾿ ἀμφιπόλοισι γυναιξὶν　300

αἴθ-οψ, -οπος: fiery-looking, sparkling, 1
ἀληθείη, ἡ: truth, 1
ἅλις: in abundance, in plenty, in a swarm, 2
ἀμ-βρόσιος, -η, -ον: immortal, divine, 1
ἁμαρτάνω: to miss (the mark), fail (gen.) 2
ἄνεμος, ου, ὁ: wind, 6
ἀν-ίημι: to release, send up, give up, 4
ἀντιάω: to meet, encounter, 2
ἀπ-άνευθε: far away, far off, from a distance 3
ἀπ-αμείβομαι: to reply, answer, 11
ἀ-πείρων, -ονος: endless, boundless, 2
αὖτε: again, this time, in turn, 12
ἀ-φραδέω: to act senselessly, thoughtlessly, 1
ἀφύσσω: to draw, draw together, 1
ἀχεύω: to grieve, vex, annoy, 4
γλυκύς, ύ: sweet, pleasant, 3
δείλομαι: to decline towards evening, 1
διι-πετής, -ές: falling in the sky (Zeus), 1
ἐκ-βαίνω: to come out forth, disembark, 3
ἔλπομαι: to hope, expect, 3
ἐν-αίσιμος, -ον: due, fitting, just, right, 1
ἔοικα: to be like, seem likely, 11
ἔρδω: to do, make, 4
ἐσθλός, -ή, -όν: good, well-born, noble, 12
εὕδω: to sleep, lie down to sleep, 5
θάμνος, ὁ: a bush, shrub, 2
θεά, ἡ: a goddess, 12
θίς, θινός, ὁ: beach, shore, 4
θυγάτηρ, ἡ: a daughter, 11
θυμ-ηγερέων, -ονος: gathering my breath, 1
ἦ: in truth, truly (begins open question), 11
ἠέλιος, ὁ: sun, 7

ἦμαρ, -ατος, τό: day, 13
ἦτορ, τό: heart, soul, mind, spirit, 3
ἠώς, ἡ: daybreak, dawn, 6
ἱκετεύω: to approach as a suppliant, 2
κατα-δαρθάνω: to fall asleep, to sleep, 2
κατα-λέγω: to tell in order, recount, relate, 3
λεῖος, -η, -ον: smooth, not obstructed from, 1
λούω: to wash, bathe, 10
μέσος, -η, -ον: the middle of, 6
νεώτερος, -α, -ον: younger; youth 2
νοέω: to think, mean, indicate, suppose, 10
νόημα, τά : thought, notion, idea, 5
νύξ, -κτος, ἡ: night, 3
οἶνος, ὁ: wine, 6
οὕνεκα: since, because, seeing that, in that, 8
παίζω: to play, to sport, 4
παῖς, παιδός, ὁ, ἡ: a child, boy, girl; slave, 13
παν-νύχιος, -η, -ον: all night long, 1
πέτρη, ἡ: rock, ledge, cliff, 3
πίπτω: to fall, fall down, drop, 2
ποταμός, ὁ: river, stream, 13
σῖτος, ὁ: grain, food, 5
σκέπας, τό: shelter, protection, cover, 3
τεός, -ή, -όν: your, 3
τετίημαι: to be sorrowful, grieved, crushed, 2
τῇ: here, there, 10
ὕπνος, ὁ: sleep, slumber, 5
φύλλον, τό: leaf, 4
φωνέω: to utter, speak, 14
χέω: to pour, 6
χῶρος, ὁ: place, spot, piece of ground, 3

281 τῇ δή μοι ἐείσατο: *where it seemed to me*; aor. pass. εἶδον (εἴδομαι)
282 ἐπὶ σκέπας: *under shelter*
ἦν : *was*; 3ʳᵈ sg. impf. εἰμί
283 ἐκ..ἔπεσον: *fell (ashore)*; aor. πίπτω
ἐπὶ..ἤλυθ ': *came on*; tmesis, aor. ἔρχομαι
285 ἐκβάς: *stepping out*; aor. pple. ἐκβαίνω
κατέδραθον: 1ˢᵗ sg. aor. καταδαρθάνω
ἀμφὶ δὲ: *and around (me)*
286 ἠφυσάμην: 1ˢᵗ sg. aor. ἀφύσσω
κατ '...χεῦεν: *poured down*; tmesis, 3ʳᵈ sg. aor. χέω
287 φίλον...ἦτορ: *in my own heart*; "in (my) dear heart", acc. of respect, φίλος is often used as a possessive in Homer
288 εὗδον: 1ˢᵗ sg. impf. εὕδω

ἐπ ' ἠῶ: *up to dawn*...; acc. sg. ἠώς
289 ἀνῆκεν: *released*; 3ʳᵈ sg. aor. ἀν-ίημι
290 τεῆς: *your*; fem. gen. sg. τεός
291 ἐν δ ': *among (them)*
ἔην: *was*; 3ʳᵈ sg. impf. εἰμί
ἐῖκυῖα: *like* (+ dat); pf. pple. ἔοικα
θεῇσι: dat. pl. θεά
292 ἤμβροτεν: *did fail in (gen)*.; 3ʳᵈ sg. aor. ἁμαρτάνω
293 ἔλποιο: *you would hope*; potential opt. νεώτερον: *youth*; "the younger sort"
294 ἐρξέμεν: *will do*; fut. inf. ἔρδω
296 λοῦσ ': *washed (me)*; 3ʳᵈ sg. aor. λούω
297 ἀχνύμενός περ: *though being grieved*; pres. pass. pple ἀχεύω; concessive

ἦγεν ἐς ἡμέτερον, σὺ δ' ἄρα πρώτην ἱκέτευσας." 301

τὸν δ' ἀπαμειβόμενος προσέφη πολύμητις Ὀδυσσεύς· 302

"ἥρως, μή τοι τοὔνεκ' ἀμύμονα νείκεε κούρην· 303

ἡ μὲν γάρ μ' ἐκέλευε σὺν ἀμφιπόλοισιν ἕπεσθαι, 304

ἀλλ' ἐγὼ οὐκ ἔθελον δείσας αἰσχυνόμενός τε, 305

μή πως καὶ σοὶ θυμὸς ἐπισκύσσαιτο ἰδόντι· 306

δύσζηλοι γάρ τ' εἰμὲν ἐπὶ χθονὶ φῦλ' ἀνθρώπων." 307

τὸν δ' αὖτ' Ἀλκίνοος ἀπαμείβετο φώνησέν τε· 308

"ξεῖν', οὔ μοι τοιοῦτον ἐνὶ στήθεσσι φίλον κῆρ 309

μαψιδίως κεχολῶσθαι· ἀμείνω δ' αἴσιμα πάντα. 310

αἲ γάρ, Ζεῦ τε πάτερ καὶ Ἀθηναίη καὶ Ἄπολλον, 311

τοῖος ἐὼν οἷός ἐσσι, τά τε φρονέων ἅ τ' ἐγώ περ, 312

παῖδά τ' ἐμὴν ἐχέμεν καὶ ἐμὸς γαμβρὸς καλέεσθαι 313

αὖθι μένων· οἶκον δέ κ' ἐγὼ καὶ κτήματα δοίην, 314

εἴ κ' ἐθέλων γε μένοις· ἀέκοντα δέ σ' οὔ τις ἐρύξει 315

Φαιήκων· μὴ τοῦτο φίλον Διὶ πατρὶ γένοιτο. 316

πομπὴν δ' ἐς τόδ' ἐγὼ τεκμαίρομαι, ὄφρ' ἐῢ εἰδῇς, 317

αὔριον ἔς· τῆμος δὲ σὺ μὲν δεδμημένος ὕπνῳ 318

λέξεαι, οἱ δ' ἐλόωσι γαλήνην, ὄφρ' ἂν ἵκηαι 319

πατρίδα σὴν καὶ δῶμα, καὶ εἴ πού τοι φίλον ἐστίν, 320

ἀ-έκων, -ουσα, -ον: against one's will, 5
Ἀθηναίη, ἡ: Athena, 3
αἴσιμος, -η, -ον: in due measure, due, fated, 2
αἰσχύνω: to bring shame upon; feel shame, 2
ἀμείνων, -ον: better, 2
ἀμύμων, -ονος: blameless, noble, 8
ἀπ-αμείβομαι: to reply, answer, 11
Ἀπόλλων, ὁ: Apollo, 9
αὖ-θι: on the spot, here, here, there, 2
αὔριον, τό: tomorrow, 1
γαλήνη, ἡ: stillness of the sea, calm, 1
γαμβρός, ὁ: son-in-law, 2
δαμάζω: to subdue, tame, overpower, 1
δείδω: to fear, dread, shrink from, feel awe, 3
δύσ-ζηλος, -ον: quick to anger, 1
ἐθέλω: to be willing, wish, desire, 11
ἐπι-σκύζομαι: to be angry, indignant, 1
ἕπομαι: to follow, accompany, escort, 12
ἐρύκω: to keep in, check, curb, restrain, 2
εὖ: well, 11
ἡμέτερος, -α, -ον: our, 8
ἥρως, ὁ: hero, warrior, 6
ἱκετεύω: to approach as a suppliant, 2
καλέω: to call, summon, invite, 8
κῆρ, τό : heart; soul, mind, 4
κτῆμα, -ατος, τό: possessions, land, goods, 2
λέγω: lie down to sleep; gather, pick, 2

μαψιδίως: in vain, for no good reason, 1
μένω: to stay, remain, 9
μή: not, lest, 11
νεικέω: to quarrel, dispute; abuse, reproach, 3
οἶκος, ὁ: a house, abode, dwelling, 10
οἷος, -α, -ον: of what sort, as, 8
παῖς, παιδός, ὁ, ἡ: a child, boy, girl; slave, 13
πατρίς, -ιδος, ἡ: of one's father, country, 11
πολύ-μητις: of much cunning, many device, 9
πομπή, ἡ: conduct, escort, departure, 10
πρόσ-φημι: to speak to, address, 12
πρῶτος, -η, -ον: first, earliest; foremost, 13
πως: somehow, in any way, at all, 3
στῆθος, τό: chest, breast, 5
σύν: along with, with, together (+ gen.), 7
τεκμαίρομαι: to ordain, appoint, decree, 1
τῆμος: then, at that time, 1
τοῖος, -α, -ον: of such kind, such sort, such, 5
τοιοῦτος, -αύτη, -οῦτο: such, 5
τοὔνεκα: for that reason, therefore, 1
ὕπνος, ὁ: sleep, slumber, 5
φρονέω: to think, to be wise, prudent, 6
φῦλον, τό: race, tribe, class, 3
φωνέω: to utter, speak, 14
χολόω: to become angry; mid. become
angry5
χθών, -ονός, ἡ: the earth, ground, 6

---

301 ἦγεν: *try to lead*; conative impf. ἄγω
      πρώτην: *(her) first*
302 ἥρως: *O hero*; vocative direct address
303 μή...νείκεε: negative command
304 ἕπεσθαι: *to follow*; aspirated ε
305 δείσας: aor. pple. δείδω
      μή...σοὶ θυμὸς ἐπισκύσσαιτο: *lest your
      heart be angry*; clause of fearing; aorist
      optative in secondary seq.; ἐπισκύζομαι
      ἰδόντι: *(when) seeing (us)*
307 εἰμὲν: *we are*; 1ˢᵗ pl. εἰμί
      κατ '...χεῦεν: *poured down*; tmesis, 3ʳᵈ
      sg. aor. χέω
309 οὔ μοι τοιοῦτον..φίλον...κῆρ: *not such is
      my own heart...*
310 κεχολῶσθαι: *to be angry*; pf. inf.
      ἀμείνω: *(are) better*; ἀμείνο(ν)α, neut.
      pl. comparative; a predicate adjective
      modifying πάντα
311 αἲ γάρ...ἔχεμεν...καλέεσθαι: *would that
      (you) have and be called...*; αἴ γάρ

usually follows an opt. of wish, but here
there are infinitives (cf. use of infinitives
as imperatives); pres. inf. ἔχω, καλέω
312 τοῖος ἐὼν οἷος ἐσσι: *being such as you
      are*; nom. pple and 2ⁿᵈ sg. εἰμι
      τά..ἅ...περ: *...the things which I (think)*
314 κ '...δοίην...εἰ κ '..μένοις: *I would give...if
      you should remain*; future less vivid
      condition with opt. of δίδωμι, μένω,
      with an extra κε in the conditional clause
316 μὴ τοῦτο...γένοιτο: *may this not be...*;
      neg. aor. optative of wish, γίγνομαι
317 ὄφρ ' εὖ εἰδῆς: *so that you may know well*;
      aor. subj. of οἶδα in a purpose clause
318 αὔριον ἔς: *for tomorrow*
      δεδμημένος: *overcome*; pf. pple δαμάζω
319 λέξεαι: *you will lie down to sleep*; 2ⁿᵈ sg.
      λέξε(σ)αι
      ἐλόωσι: *they will drive*; 1ˢᵗ pl. ἐλαύνω
      ὄφρ ' ἂν ἵκηαι: *until you arrive*; general
      temporal clause; ἵκη(σ)αι aor. subj.

εἴ περ καὶ μάλα πολλὸν ἑκαστέρω ἔστ' Εὐβοίης,          321

τήν περ τηλοτάτω φάσ' ἔμμεναι, οἵ μιν ἴδοντο          322

λαῶν ἡμετέρων, ὅτε τε ξανθὸν Ῥαδάμανθυν          323

ἦγον ἐποψόμενον Τιτυὸν, Γαιήϊον υἱόν.          324

καὶ μὲν οἱ ἔνθ' ἦλθον καὶ ἄτερ καμάτοιο τέλεσσαν          325

ἤματι τῷ αὐτῷ καὶ ἀπήνυσαν οἴκαδ' ὀπίσσω.          326

εἰδήσεις δὲ καὶ αὐτὸς ἐνὶ φρεσὶν ὅσσον ἄρισται          327

νῆες ἐμαὶ καὶ κοῦροι ἀναρρίπτειν ἅλα πηδῷ."          328

   ὣς φάτο, γήθησεν δὲ πολύτλας δῖος Ὀδυσσεύς,          329

εὐχόμενος δ' ἄρα εἶπεν, ἔπος τ' ἔφατ' ἔκ τ' ὀνόμαζεν·          330

"Ζεῦ πάτερ, αἴθ' ὅσα εἶπε τελευτήσειεν ἅπαντα          331

Ἀλκίνοος· τοῦ μέν κεν ἐπὶ ζείδωρον ἄρουραν          332

ἄσβεστον κλέος εἴη, ἐγὼ δέ κε πατρίδ' ἱκοίμην."          333

ὣς οἱ μὲν τοιαῦτα πρὸς ἀλλήλους ἀγόρευον·          334

κέκλετο δ' Ἀρήτη λευκώλενος ἀμφιπόλοισιν          335

δέμνι' ὑπ' αἰθούσῃ θέμεναι καὶ ῥήγεα καλὰ          336

πορφύρε' ἐμβαλέειν, στορέσαι τ' ἐφύπερθε τάπητας          337

χλαίνας τ' ἐνθέμεναι οὔλας καθύπερθεν ἕσασθαι.          338

αἱ δ' ἴσαν ἐκ μεγάροιο δάος μετὰ χερσὶν ἔχουσαι·          339

αὐτὰρ ἐπεὶ στόρεσαν πυκινὸν λέχος ἐγκονέουσαι,          340

ἀγορεύω: to speak in assembly, declare, 7
αἴθε: would that, 1
αἴθουσα, ἡ: portico, colonnade, 3
ἀλλήλων, -λοις, -λους: one another, 4
ἅλς, -ος, ὁ: salt, sea, 8
ἀνα-ρρίπτω: to throw up (the sea with oar), 1
ἀπ-ανύω: to finish a voyage; return back, 1
Ἀρήτη, ἡ: Arete, wife of Alcinoos, 11
ἄρουρα, ἡ: tilled land, field, earth, soil, 2
ἄ-σβεστος, -η, -ον: unquenchable, 2
ἄτερ: without; aloof, apart from (+ gen.) 1
ἅπας, ἅπασα, ἅπαν: every, quite all, 6
Γαιήϊος, -η, -ον: sprung from Gaia, Earth, 1
γηθέω: to rejoice, 5
δάος, τό: firebrand, torch, 1
δέμνια, τά: bedstead, bed, 6
ἐγ-κονέω: to make haste, hasten, be active, 1
ἑκάς: far, afar, far off, far from (+ gen.), 1
ἐμ-βάλλω: to throw in, put in, 3
ἕννυμι: to put clothes on, clothe, put on, 4
ἐν-τίθημι: to put upon. store up in, 1
Εὔβοια, ἡ: Euboea, 1
εὔχομαι: boast, vaunt, exult; pray, 3
ἐφ-οράω: to look upon, observe, visit, 2
ἐφ-ύπερθε: above, thereon, upon something, 1
ζείδωρος, -ον: grain-giving, 1
ἡμέτερος, -α, -ον: our, 8
καθ-ύπερθε: from above, above, on top, 2

κάματος, ὁ: weariness, fatigue, toil, labor 2
κέλομαι: to command, bid, exhort, 4
κλέος, τό: glory, fame, rumor, report, 4
κοῦρος, ὁ: boy, young man, son, 7
λαός, ὁ: the people, 10
λέχος, τό: bed, couch, 4
λευκ-ώλενος, -ον: white-armed, 7
ξανθός, -ή, -όν: yellow; fair-haired, 1
οἴκα-δε: to home, homeward, 5
ὀνομάζω: to name, call by name, 4
ὀπίσσω: back; in the future, later, 2
οὖλος, -η, -ον: curly, woolly, thick, 2
πατρίς, -ιδος, ἡ: of one's father, country, 11
πηδόν, τό: the blade of an oar, 1
πολύ-τλας, -αντος: much-enduring, stout, 10
πορφύρεος, -η, -ον: darkgleaming, dark red, 3
πυκινός, -ή, -όν: well fitted, close fitted, 5
Ῥαδάμανθυς, ὁ: Rhadamanthus, 1
ῥῆγος, τό: rug, blanket, cloth, 2
στόρεννυμι:, to spread, make a bed, 2
τάπης, -ητος, ὁ: rug, carpet, covering, 1
τελευτάω: to finish, accomplish, perform, 2
τελέω: to complete, fulfill, accomplish, 4
τηλοτάτω: farthest off, most remote, 1
Τιτυός, ὁ: Tityus, 1
τοιοῦτος, -αύτη, -οῦτο: such, 5
υἱός, -οῦ, ὁ: a son, 9
χλαῖνα, ἡ: mantle, cloak, outer garment, 2

---

321 πολλὸν ἑκαστέρω: *much farther*; comp.
adv. with acc. of extent or adverbial acc.
Εὐβοίης: *than Euboea*; gen. comparison
322 φάσ᾽: φάσι 3rd pl. pres. φημί
ἔμμεναι: pres. inf. εἰμί
323 ἴδοντο: *saw*; 3rd pl. aor. mid. εἶδον
λαῶν ἡμετέρων: with οἵ, partitive gen.
324 ἦγον: 3rd pl. impf. ἄγω
ἐποψόμενον: *going to visit*; fut. pple
ἐφοράω (-οψ) expressing purpose
ἦλθον : aor. ἔρχομαι
325 ἄτερ καμάτοιο: *without toil*; gen. sg.
τέλεσσαν: *completed (the voyage)*
326 τῷ αὐτῷ: *the same day*; dat. time within
327 εἰδήσεις: *you will see*; future
ὅσσον: *(by) how much…(are) the best*;
acc. of extent or adverbial acc. with
ἄρισται, modifying νῆες and κοῦροι
328 ἀναρρίπτειν: *to throw up*; epexegetical

(explanatory) present inf.
331 αἴθ᾽…τελευτήσειεν: *would that they
accomplish*; aor. optative of wish
332 τοῦ…κλέος εἴη: *his glory would be…*;
potential opt. εἰμί with missing κε; the
consequences of a fulfilled wish in 331
333 κε…ἱκοίμην: *I would…*; potential aor. opt.
334 Ὣς οἱ…ἀγόρευον: *So they spoke…*
335 κέκλετο: *bade*; reduplicated aor. κέλομαι
336 θέμεναι: *to place*; aor. act. inf. τίθημι
337 ἐμβαλέειν: aor. inf. ἐμ-βάλλω
στορέσαι: aor. inf. στόρεννυμι
338 ἐνθέμεναι: *to put on*; aor. inf. ἐντίθημι
ἕσασθαι: *to put on*; aor. mid. inf. ἕννυμι
339 ἴσαν: *they want*; impf. ἔρχομαι
340 στόρεσαν: *spread out*; aor. στόρεννυμι
ἐγκονέουσαι: fem. pl. pres. pple
ἐγκονέω

ὄτρυνον δ᾽ Ὀδυσῆα παριστάμεναι ἐπέεσσιν·     341

"ὄρσο κέων, ὦ ξεῖνε· πεποίηται δέ τοι εὐνή."     342

ὣς φάν, τῷ δ᾽ ἀσπαστὸν ἐείσατο κοιμηθῆναι.     343

ὣς ὁ μὲν ἔνθα καθεῦδε πολύτλας δῖος Ὀδυσσεὺς     344

τρητοῖς ἐν λεχέεσσιν ὑπ᾽ αἰθούσῃ ἐριδούπῳ·     345

Ἀλκίνοος δ᾽ ἄρα λέκτο μυχῷ δόμου ὑψηλοῖο,     346

πὰρ δὲ γυνή δέσποινα λέχος πόρσυνε καὶ εὐνήν.     347

αἴθουσα, ἡ: portico, colonnade, 3
ἀ-σπαστός, -ή, -όν: welcome, well pleased, 2
δέσποινα, ἡ: mistress, lady of the house, 2
ἐρίδουπος, -όν: roaring, resounding, 1
εὐνή, ἡ: bedding, marriage-bed, 5
καθεύδω: to lie down to sleep, sleep, 3
κεῖμαι: to lie down, be laid, 7
κοιμάω: to put to sleep; mid. to go asleep, 3
λέγω: to lie down to sleep; gather, pick, 2
λέχος, τό: bed, couch, 4
μυχός, ὁ: innermost part, inner chamber, 3

ὀτρύνω: to stir up, rouse, encourage, 7
ὄρνυμι: to stir, set in motion, rouse, 11
παρ-ίστημι: to stand beside, approach, 4
ποιέω: to do, make, create, compose, 5
πολύ-τλας, -αντος: much-enduring, stout, 10
πορσύνω: to share her husband's bed, 1
τρητός, -ή, -όν: perforated, with holes in it, 1
ὑπό: because of, from (gen.), under (dat.), 14
ὑψ-ηλός, -ή, -όν: high, lofty, tall, 7

---

341 παριστάμεναι: standing near; pres. pple.
    παρίστημι
    ἐπέεσσιν: with (these) words; dat. means
342 Ὄρσο: aor. imperative ὄρνυμι
    κέων: to lie down; nom. sg. fut. pple.
    κεῖμαι expressing purpose
    πεποίηται: pf. pass. ποιέω
343 ὣς φάν: thus they spoke; impf. φημί
    τῷ... ἐείσατο: to this one...seemed; aor.

    pass. εἶδον (εἴδομαι)
    κοιμηθῆναι: aor. pass. dep. inf. κοιμάω
344 καθεῦδε: impf.
346 λέκτο : lay down; 3rd sg. aor. mid. λέγω
    μυχῷ : in the inner chamber; place where
347 πὰρ δὲ: and beside (him)
    πόρσυνε: impf.

*[handwritten: diedtheme being introduced]*

*[handwritten: early born]*

Ἦμος δ' ἠριγένεια φάνη ῥοδοδάκτυλος Ἠώς,　1

ὄρνυτ' ἄρ' ἐξ εὐνῆς ἱερὸν μένος Ἀλκινόοιο, *[handwritten: setting theme]*　2

ἂν δ' ἄρα διογενὴς ὦρτο πτολίπορθος Ὀδυσσεύς.　3

τοῖσιν δ' ἡγεμόνευ' ἱερὸν μένος Ἀλκινόοιο　4

Φαιήκων ἀγορήνδ', ἥ σφιν παρὰ νηυσὶ τέτυκτο.　5

ἐλθόντες δὲ καθῖζον ἐπὶ ξεστοῖσι λίθοισι　6

πλησίον. ἡ δ' ἀνὰ ἄστυ μετῴχετο Παλλὰς Ἀθήνη　7

εἰδομένη κήρυκι δαΐφρονος Ἀλκινόοιο,　8

νόστον Ὀδυσσῆϊ μεγαλήτορι μητιόωσα,　9

καί ῥα ἑκάστῳ φωτὶ παρισταμένη φάτο μῦθον·　10

　"δεῦτ' ἄγε, Φαιήκων ἡγήτορες ἠδὲ μέδοντες,　11

εἰς ἀγορὴν ἰέναι, ὄφρα ξείνοιο πύθησθε,　12

ὃς νέον Ἀλκινόοιο δαΐφρονος ἵκετο δῶμα　13

πόντον ἐπιπλαγχθείς, δέμας ἀθανάτοισιν ὁμοῖος."　14

　ὡς εἰποῦσ' ὤτρυνε μένος καὶ θυμὸν ἑκάστου.　15

καρπαλίμως δ' ἔμπληντο βροτῶν ἀγοραί τε καὶ ἕδραι　16

ἀγρομένων· πολλοὶ δ' ἄρ' ἐθηήσαντο ἰδόντες　17

υἱὸν Λαέρταο δαΐφρονα· τῷ δ' ἄρ' Ἀθήνη　18

θεσπεσίην κατέχευε χάριν κεφαλῇ τε καὶ ὤμοις　19

καί μιν μακρότερον καὶ πάσσονα θῆκεν ἰδέσθαι,　20

*[handwritten: embedded focalisation]*

72

ἀγείρω: to bring together, gather together, 5
ἀγορή, ἡ: an assembly; marketplace, 5
ἀγορήν-δε: to the assembly, 1
ἀ-θάνατος, -ον: undying, immortal, 14
Ἀθήνη, ἡ: Athena, 11
ἄστυ, τό: a city, town, 10
βροτός, ὁ, ἡ: a mortal, human, 10
δαί-φρων, -ονος: skilled in war, in peace, 7
δέμας, τό: bodily frame, build, 4
δεῦτε: hither, here, 3
διο-γενής, -ές: born from Zeus, 1
ἕδρα, ἡ: a seat, 1
ἕκαστος, -η, -ον: each, every one, 10
ἐμ-πίπλημι: to fill, to fill quite full, 3
ἐπι-πλάζομαι: to wander over, 1
εὐνή, ἡ: bedding, marriage-bed, 5
ἡγεμονεύω: to lead, rule, command, 4
ἡγήτωρ, -ορος, ὁ: leader, commander, 8
ἦμος: when, at which time, 1
ἠρι-γένεια, -ης: early-born, 1
Ἠώς, ἡ: Dawn, 2
θεάομαι: to see, watch, look at; consider, 8
θεσπέσιος, -η, -ον: divinely sweet, profuse, 2
ἱερός, -ή, -όν: holy, divine; n. temple, victim 7
καθ-ίζω: to sit down, make sit down, 2
καρπαλίμως: swiftly, quickly, nimbly, 7
κατα-χέω: to pour upon, pour, shed, 1
κεφαλή, ἡ: the head, 7
Λαέρτης, ὁ: Laertes, father of Odysseus, 1

λίθος, ὁ: a stone, 2
μακρός, ά, όν: long, far, distant, large, 6
μέδων, -οντος, ὁ: ruler, lord , commander, 7
μεγαλ-ήτωρ, -ορος: great-hearted, heroic, 10
μένος, τό: might, force, prowess, 11
μετ-οίχομαι: to go to, visit, go in pursuit of, 2
μητιάω: to meditate, deliberate; devise, plan 2
μῦθος, ὁ: story, word, speech, 13
νέος, -η, -ον: young; new, novel, strange, 8
νόστος, ὁ: return home, return homeward, 4
ξεστός, -ή, -όν: smooth, smoothed, polished, 2
ὁμοῖος, -α, -ον: like, similar, resembling, 3
ὄρνυμι: to stir, set in motion, rouse, 11
ὀτρύνω: to stir up, rouse, encourage, 7
Παλλάς, ἡ: Pallas Athena, 4
παρ-ίστημι: to stand beside, approach, 4
πάσσων, -ον: thicker, stouter (comp. παχύς)2
πλησίος, -η, -ον: near, close, 3
πόντος, ὁ: sea, 8
πτολί-πορθος, -ον: sacker of cities, 1
πυνθάνομαι: to learn by inquiry, 1
ῥοδο-δάκτυλος, -ον: rosy-fingered, 1
τεύχω: to make, build, construct, prepare, 12
υἱός, -οῦ, ὁ: a son, 9
φαίνω: to show, point out; mid. appear, 10
φῶς, φωτός, ὁ: a person, man, 7
χάρις, -ιτος, ἡ: grace, loveliness, charm, 3
ὦμος, ὁ: shoulder, 6

---

1   φάνη: *appeared*; 3rd sg. aor. pass. φαίνω
2   ὥρνυτο: impf. mid. ὄρνυμι
   ἱερὸν μένος: neuter, nom. sg. subject
   Ἀλκινόοιο: gen. sg.
3   ὦρτο: aor. mid. ὄρνυμι
4   τοῖσιν: *them*; dat. obj. of ἡγεμόνευε
5   παρὰ νηυσὶ: *beside the ships*; dat. νηῦς
   τέτυκτο: 3rd sg. plpf. τεύχω
6   ἐλθόντες: nom. pl. pple. ἔρχομαι
   καθῖζον: 3rd pl. impf. καθίζω
7   μετῴχετο: impf. mid. μετοίχομαι
8   εἰδομένη: *appearing like (dat)*; "being
   seen (like)" nom. sg. pres. mid. pple εἶδον
   κήρυκι: *the herald, messenger*; dat. sg.
9   Ὀδυσσῆϊ: *for Odysseus*; dative of interest
   μητιόωσα: *devising*; nom. sg. fem. aor.
   pple μητιάω
10 παριστάμεναι: *standing near*; pres. pple.
    παρίστημι
   φάτο: 3rd sg. impf. φημί
11 ἄγε: *come!* sg. imperative ἄγω

ἡγήτορες...μέδοντες: vocative pl. direct
   address; the imperative, however, is sg.
12 ἰέναι: *to go*; infinitive ἔρχομαι
   ὄφρα...πύθησθε: *so that...*; aor. 2nd pl.
   subjunctive πυνθάνομαι, purpose clause
13 νέον: *recently*; "newly," adverbial acc.
   ἵκετο: aor. ἱκνέομαι
14 ἐπιπλαγχθεις: *having wandered*; nom. sg.
   aor. pass. dep. pple ἐπιπλάζομαι
   δέμας: *in stature*; acc. of respect
15 ὄτρυνε: *she roused;* 3rd sg. impf.
16 ἔμπληντο: *were filled with (gen)*; 3rd pl.
   2nd aor. mid. with pass. sense, ἐμπίπλημι
17 ἀγρομένων: *gathering*; aor. mid. ἀγείρω
   θηήσαντο: *marveled*; "beheld (with
   wonder)" aor. mid. θεάομαι
   ἰδόντες: nom. pl. aor. pple εἶδον
18 Λαερταο: gen. sg.
20 μιν...θῆκεν: *made him...*; aor. τίθημι
   ἰδέσθαι: *to look upon*; explanatory inf.

ὣς κεν Φαιήκεσσι φίλος πάντεσσι γένοιτο          21

δεινός τ' αἰδοῖός τε καὶ ἐκτελέσειεν ἀέθλους          22

πολλούς, τοὺς Φαίηκες ἐπειρήσαντ' Ὀδυσῆος.          23

αὐτὰρ ἐπεί ῥ' ἤγερθεν ὁμηγερέες τ' ἐγένοντο,          24

τοῖσιν δ' Ἀλκίνοος ἀγορήσατο καὶ μετέειπε·          25

"κέκλυτε, Φαιήκων ἡγήτορες ἠδὲ μέδοντες,          26

ὄφρ' εἴπω τά με θυμὸς ἐνὶ στήθεσσι κελεύει.          27

ξεῖνος ὅδ', οὐκ οἶδ' ὅς τις, ἀλώμενος ἵκετ' ἐμὸν δῶ,          28

ἠὲ πρὸς ἠοίων ἢ ἑσπερίων ἀνθρώπων·          29

πομπὴν δ' ὀτρύνει, καὶ λίσσεται ἔμπεδον εἶναι.          30

ἡμεῖς δ', ὡς τὸ πάρος περ, ἐποτρυνώμεθα πομπήν.          31

οὐδὲ γὰρ οὐδέ τις ἄλλος, ὅτις κ' ἐμὰ δώμαθ' ἵκηται,          32

ἐνθάδ' ὀδυρόμενος δηρὸν μένει εἵνεκα πομπῆς.          33

ἀλλ' ἄγε νῆα μέλαιναν ἐρύσσομεν εἰς ἅλα δῖαν          34

πρωτόπλοον, κούρω δὲ δύω καὶ πεντήκοντα          35

κρινάσθων κατὰ δῆμον, ὅσοι πάρος εἰσὶν ἄριστοι.          36

δησάμενοι δ' εὖ πάντες ἐπὶ κληῖσιν ἐρετμὰ          37

ἔκβητ'· αὐτὰρ ἔπειτα θοὴν ἀλεγύνετε δαῖτα          38

ἡμέτερόνδ' ἐλθόντες· ἐγὼ δ' εὖ πᾶσι παρέξω.          39

κούροισιν μὲν ταῦτ' ἐπιτέλλομαι· αὐτὰρ οἱ ἄλλοι          40

ἀγείρω: to bring together, gather together, 5
ἀγοράομαι: to speak in assembly, declare, 5
ἀέθλος, ὁ: contest, competition, 13
ἀλάομαι: to wander, stray, roam, 4
ἅλς, -ος, ὁ: salt, sea, 8
ἀλεγύνω: to prepare, care for, furnish, 1
αἰδοῖος, -α, -ον: reverent, august, venerable, 6
δαίς, -τός, ἡ: meal, 9
δεινός, -ή, -όν: fearful, terrible, dire, strange, 5
δέω: to tie, bind, secure, 7
δῆμος, ὁ: district, country, land; people, 12
δηρόν: for a long time, for long, long, 4
δύω: to enter, go; set, 10
εἵνεκα: for the sake of, for (+ preceding gen.) 4
ἐκ-βαίνω: to come out forth, disembark, 3
ἐκ-τελέω: to perform, accomplish, complete, 1
ἔμ-πεδος, -ον: steadfast; adv. continuously, 4
ἐνθάδε: here, hither, there, thither, 8
ἐπι-τέλλω: to bid, order, command, 1
ἐπ-οτρύνω: to rouse, stir up, excite, incite, 5
ἐρετμόν, τό: an oar, 4
ἐρύω: to drag, haul, pull, draw, 6
ἑσπέριος, ὁ: evening, 1
ἑσπέριος, -α, -ον: of evening, western, 1
εὖ: well, 11
ἦ: in truth, truly (begins open question), 11

ἡγήτωρ, -opος, ὁ: leader, commander, 8
ἠέ: or, either…or, 7
ἡμέτερος, -α, -ον: our, 8
ἠοῖος, -α, -ον: of dawn, morning, eastern, 1
θοός, -ή, -όν: swift, quick, nimble, 7
κληΐς, -ῖδος, ἡ: thole-pin, bolt, bar, 1
κλύω: to hear, 8
κοῦρος, ὁ: boy, young man, son, 7
κρίνω: to pick out, choose, select, 2
λίσσομαι: to beg, pray, entreat, supplicate, 6
μέδων, -οντος, ὁ: ruler, lord , commander, 7
μέλας, μέλαινα, μέλαν: black, dark, 7
μένω: to stay, remain, 9
μετ-εῖπον: to speak among, address, 4
ὀδύρομαι: to lament, weep, bewail, 2
ὁμ-ηγερής, -ές: assembled, 1
ὅστις, ἥτις, ὅ τι: whoever, whichever, 11
ὀτρύνω: to stir up, rouse, encourage, 7
πάρος: beforetime, formerly, in former time 6
παρ-έχω: to provide, furnish, supply, 2
πειράω: to try, attempt, endeavor, 13
πεντήκοντα: fifty, 3
πομπή, ἡ: conduct, escort, departure, 10
πρωτό-πλοος, -ον: making its first voyage, 1
στῆθος, τό: chest, breast, 5

21 ὥς κεν…γένοιτο: so that he might
become; aor. opt., purpose, secondary seq.
22 ἐκτελέσειεν: would complete; same
purpose clause as above, aor. opt.
τοὺς: which; relative pronoun
23 ἐπειρήσαντ ': make trial of Odysseus; i.e.
test Odysseus; 3rd pl. aor. πειράω
24 ἤγερθεν: 3rd pl. aor. pass. ἀγείρω
τοῖσιν: them; dat. ind. object ἀγορεύω
26 Κέκλυτε: listen!; reduplicated aor. imper.
κλύω
27 ὄφρ ' εἴπω: so that…; 1st sg aor. subj.
εἶπον in a purpose clause
τά: which…; introducing a relative clause
28 οὐκ οἶδ ' ὅς τις: I do not know who (he is);
a parenthetical remark
δῶ: house; neuter sg. δῶμα
29 ἠὲ…ἤ: either…or
πρὸς ἠοίων ἢ ἑσπερίων: from eastern or
western…; "from morning or evening…"
30 ἔμπεδον εἶναι: that it be guaranteed; "be

steadfast," i.e. that an escort be provided
31 ὡς τὸ πάρος περ: just as before
ἐποτρυνώμεθα: let us…; hortatory subj.
32 οὐδὲ…οὐδέ: for no one…no (one); negative
is repeated for emphasis
ὅτις κ '…ἵκηται: whoever comes…; aor.
subj. in a general relative clause
δώμαθ ': house; δώματα, "halls"
34 ἄγω: come (on); imperative precedes
the hortatory subj.
ἐρύσσομεν: let us draw; hortatory subj.
35 κούρω δύω…πεντήκοντα: two young men
and fifty; dual acc. although 52 total boys
36 κρινάσθων: let (the men) pick out; 3rd pl.
aorist imperative with missing subject
κατὰ δῆμον: (from) among the people
37 δησάμενοι: binding; aor. mid. pple
38 ἐκβῆτ ': ἐκβῆτε, pl. aor. imper. ἐκβαίνω
39 ἡμέτερόνδ ': to our (house
παρέξω: 1st sg. fut. παρέχω

σκηπτοῦχοι βασιλῆες ἐμὰ πρὸς δώματα καλὰ 41

ἔρχεσθ', ὄφρα ξεῖνον ἐνὶ μεγάροισι φιλέωμεν, 42

μηδέ τις ἀρνείσθω. καλέσασθε δὲ θεῖον ἀοιδόν 43

Δημόδοκον· τῷ γάρ ῥα θεὸς πέρι δῶκεν ἀοιδὴν 44

τέρπειν, ὅππῃ θυμὸς ἐποτρύνῃσιν ἀείδειν." 45

  ὣς ἄρα φωνήσας ἡγήσατο, τοὶ δ' ἅμ' ἕποντο 46

σκηπτοῦχοι· κῆρυξ δὲ μετῴχετο θεῖον ἀοιδόν. 47

κούρω δὲ κρινθέντε δύω καὶ πεντήκοντα 48

βήτην, ὡς ἐκέλευσ', ἐπὶ θῖν' ἁλὸς ἀτρυγέτοιο. 49

αὐτὰρ ἐπεί ῥ' ἐπὶ νῆα κατήλυθον ἠδὲ θάλασσαν, 50

νῆα μὲν οἵ γε μέλαιναν ἁλὸς βένθοσδε ἔρυσσαν, 51

ἐν δ' ἱστόν τ' ἐτίθεντο καὶ ἱστία νηῒ μελαίνῃ, 52

ἠρτύναντο δ' ἐρετμὰ τροποῖς ἐν δερματίνοισι, 53

πάντα κατὰ μοῖραν, ἀνά θ' ἱστία λευκὰ πέτασσαν. 54

ὑψοῦ δ' ἐν νοτίῳ τήν γ' ὥρμισαν· αὐτὰρ ἔπειτα 55

βάν ῥ' ἴμεν Ἀλκινόοιο δαΐφρονος ἐς μέγα δῶμα. 56

πλῆντο δ' ἄρ' αἴθουσαί τε καὶ ἕρκεα καὶ δόμοι ἀνδρῶν 57

ἀγρομένων· πολλοὶ δ' ἄρ' ἔσαν, νέοι ἠδὲ παλαιοί. 58

τοῖσιν δ' Ἀλκίνοος δυοκαίδεκα μῆλ' ἱέρευσεν, 59

ὀκτὼ δ' ἀργιόδοντας ὗας, δύο δ' εἰλίποδας βοῦς· 60

ἀγείρω: to bring together, gather together, 5
ἀείδω: to sing, 13
αἴθουσα, ἡ: portico, colonnade, 3
ἅλς, -ος, ὁ: salt, sea, 8
ἅμα: at the same time; along with (+ dat.), 13
ἀοιδή, ἡ: song, lay, 8
ἀοιδός, ὁ: bard, singer, 12
ἀργι-όδους, -οδοντος: white-tusked, 2
ἀρνέομαι: to deny, 2
ἀρτύνω: to arrange, prepare, make ready, 1
ἀ-τρύγετος, -ον: unfruitful, barren, 3
βασιλεύς, ὁ: a king, chief, 10
βένθος, τό: the deep, depth, gulf, 1
βοῦς, ὁ, ἡ: bull, ox, cow, 2
δαί-φρων, -ονος: skilled in war, in peace, 7
δερμάτινος : leathern, made of leather, 1
Δημόδοκος, ὁ: Demodocus, 10
δύο: two, 7
δυοκαίδεκα: twelve, 1
δύω: to enter, go; set, 10
εἰλί-πους, -ποδος: with rolling walk, 1
ἕπομαι: to follow, accompany, escort, 12
ἐπ-οτρύνω: to rouse, stir up, excite, incite, 5
ἐρετμόν, τό: an oar, 4
ἕρκος, τό: fence, wall, 2
ἐρύω: to drag, haul, pull, draw, 6
θάλασσα, ἡ: the sea, 6
θεῖος, -η, -ον: divine, immortal, 6
θίς, θινός, ὁ: beach, shore, 4

ἱερεύω: to slaughter, 1
ἱστίον, τό: sail, web, 2
ἱστός, ὁ: ship's mast, loom for weaving, 4
καλέω: to call, summon, invite, 8
κατ-έρχομαι: to go down, come down, 1
κοῦρος, ὁ: boy, young man, son, 7
κρίνω: to pick out, choose, select, 2
λευκός, -ή, -όν: white, light, bright, brilliant, 2
μέλας, μέλαινα, μέλαν: black, dark, 7
μετ-οίχομαι: to go to, visit, go in pursuit of, 2
μη-δέ: and not, but not, nor, 7
μῆλον, τό: flock, herd; apple, 4
μοῖρα, ἡ: due measure, portion, one's lot, 6
νέος, -η, -ον: young; new, novel, strange, 8
νότιος, -α, -ον: toward the south, southern, 1
ὀκτώ: eight, 1
ὁρμίζω: to moor, bring to anchor, 1
ὅπη: in what way, into whichever direction, 2
παλαιός, -ή, -όν: old in years, old, aged, 2
πεντήκοντα: fifty, 3
πετάννυμι: to spread out, spread wide, open, 3
πίμπλημι: to make full, fill, fill full of, 4
σκηπτοῦχος, ὁ: bearing a scepter, 2
τέρπω: to give delight; mid. enjoy, feel joy 12
τροπός, ὁ: thong to secure the oar, 1
ὗς, ὑός ὁ, ἡ: swine, pig, 2
ὑψοῦ: aloft, on high, 1
φιλέω: to love, befriend, 13
φωνέω: to utter, speak, 14

---

42 ἔρχεσθ ': come; ἔρχεσθε, pl. mid. imper.
   become; aor. opt., purpose, secondary seq.
   ὄφρα...φιλέωμεν: so that we may befriend;
   present subjunctive, purpose clause
43 ἀρνείσθω: let...deny; 3rd sg. mid. imper.
   καλέσασθε: aor. mid. imper. pl.
44 τῷ γάρ: for to him; dat. indirect object
   πέρι: above all; adverbial
   δῶκεν: gave; 3rd sg. aor. δίδωμι
   ἀοιδὴν: in song; acc respect with τέρπω
45 ὅππη: in whatever way;. ὅπη
   ἐποτρύνησιν: pres. subj. general clause
46 τοὶ δ ': and those bearing-scepters...
   ἕποντ ': ἕποντο; 3rd pl. impf. ἕπομαι
47 μετῴχετο: impf. mid. μετοίχομαι
48 κούρω δύω...πεντήκοντα: two young men
   and fifty; dual acc. although 52 total boys
   κρινθέντε: picked out; dual nom. aor. pass.

   pple κρίνω , compare lines 35-6
49 βήτην: proceeded; dual aor. βαίνω
   ὡς ἐκέλευσε: as he bade; parenthetical
50 καθήλυθον: went down; 3rd sg. aor. dep.
   κατ-έρχομαι
52 ἐν δ '...νηΐ μελαίνῃ: on the dark ship
54 κατὰ μοῖραν: duly, rightly; "according to
   due portion"
55 τήν γ ': it; i.e. the ship
   ὅρμισαν: anchored; 3rd pl. aor. ὁρμίζω
56 βάν ρ ' ἴμεν they set out to go; ἔβησαν, 3rd
   pl. aor. βαίνω, inf. ἔρχομαι
57 πλῆντο: were filled with (gen); 3rd pl. 2nd
   aor. mid. with passive sense, ἐμπίπλημι
58 ἀγρομένων: gathering; aor. mid. ἀγείρω
   ἔσαν: were; 3rd pl. impf. εἰμί
59 μῆλ ': μῆλα, neuter acc. pl.

τοὺς δέρον ἀμφί θ᾽ ἔπον, τετύκοντό τε δαῖτ᾽ ἐρατεινήν.　　61

κῆρυξ δ᾽ ἐγγύθεν ἦλθεν ἄγων ἐρίηρον ἀοιδόν,　　62

τὸν πέρι μοῦσ᾽ ἐφίλησε, δίδου δ᾽ ἀγαθόν τε κακόν τε·　　63

ὀφθαλμῶν μὲν ἄμερσε, δίδου δ᾽ ἡδεῖαν ἀοιδήν.　　64

τῷ δ᾽ ἄρα Ποντόνοος θῆκε θρόνον ἀργυρόηλον　　65

μέσσῳ δαιτυμόνων, πρὸς κίονα μακρὸν ἐρείσας·　　66

κὰδ δ᾽ ἐκ πασσαλόφι κρέμασεν φόρμιγγα λίγειαν　　67

αὐτοῦ ὑπὲρ κεφαλῆς καὶ ἐπέφραδε χερσὶν ἑλέσθαι　　68

κῆρυξ· πὰρ δ᾽ ἐτίθει κάνεον καλήν τε τράπεζαν,　　69

πὰρ δὲ δέπας οἴνοιο, πιεῖν ὅτε θυμὸς ἀνώγοι.　　70

οἱ δ᾽ ἐπ᾽ ὀνείαθ᾽ ἑτοῖμα προκείμενα χεῖρας ἴαλλον.　　71

αὐτὰρ ἐπεὶ πόσιος καὶ ἐδητύος ἐξ ἔρον ἕντο,　　72

Μοῦσ᾽ ἄρ᾽ ἀοιδὸν ἀνῆκεν ἀειδέμεναι κλέα ἀνδρῶν,　　73

οἴμης τῆς τότ᾽ ἄρα κλέος οὐρανὸν εὐρὺν ἵκανε,　　74

νεῖκος Ὀδυσσῆος καὶ Πηλεΐδεω Ἀχιλῆος,　　75

ὥς ποτε δηρίσαντο θεῶν ἐν δαιτὶ θαλείῃ　　76

ἐκπάγλοις ἐπέεσσιν, ἄναξ δ᾽ ἀνδρῶν Ἀγαμέμνων　　77

χαῖρε νόῳ, ὅ τ᾽ ἄριστοι Ἀχαιῶν δηριόωντο.　　78

ὥς γάρ οἱ χρείων μυθήσατο Φοῖβος Ἀπόλλων　　79

Πυθοῖ ἐν ἠγαθέῃ, ὅθ᾽ ὑπέρβη λάϊνον οὐδὸν　　80

78

ἀγαθός, -ή, -όν: good, brave, noble, 3
Ἀγαμέμνον, ὁ: Agamemnon, 1
ἀείδω: to sing, 13
ἀμέρδω: to deprive of, bereave of, 1
ἀμφι-έπω: to tend to, busy about, 1
ἄναξ, -ακτος, ὁ: a lord, master, 5
ἀν-ίημι: to send up, let go, give up, 4
ἀνώγω: to command, order, bid, 4
ἀοιδή, ἡ: song, lay, 8
ἀοιδός, ὁ: bard, singer, 12
Ἀπόλλων, ὁ: Apollo, 9
ἀργυρό-ηλος, -ον: silver-studded, 4
Ἀχαιός, -α, -ον: Achaian, (Greek), 5
Ἀχιλλεύς, ὁ: Achilles, 1
αὐτοῦ: on the very spot, here, here, there, 7
δαίς, -τός, ἡ: meal, 9
δαιτυμών, -ονος, ὁ: guest, 4
δέπας, τό: drinking cup, cup, goblet, 4
δέρω: to skin, flay, 1
δηριάομαι: to contend, wrangle, struggle, 2
ἐγγύ-θεν: from near, from close at hand, 5
ἐδητύς, -ύος, ἡ: meat, food, 3
ἔκ-παγλος, -ον: violent, vehement, terrible, 1
ἐρατεινός, -ή, -όν: fair, pleasant, lovely, 2
ἐρείδω: to lean, prop; press, 2
ἐρίηρος, -όν: faithful, trusty; fitting exactly, 2
ἔρος, ὁ: desire, love, 2
ἑτοῖμος, -η, -ον: at hand, ready, prepared, 3
εὐρύς, -εῖα, -ύ: wide, broad, spacious, 5
ἠγάθεος, -η, -ον: very holy, most divine, 1
ἡδύς, -υῖα, ύ: sweet, pleasant, agreeable, 2
θάλυς, -εια, -υ: blooming, luxuriant, 2
ἰάλλω: to send forth, send, let loose, 4
ἱκάνω: to approach, come, arrive, reach, 10
κάνεον, τό: basket, bread-basket, 1

κεφαλή, ἡ: the head, 7
κίων, -ονος, ὁ, ἡ: a pillar, 3
κλέος, τό: glory, fame, rumor, report, 4
κρεμάννυμι: to hang, suspend, 2
λάϊνος, -η, -ον: of stone, of marble, 1
λιγύς, -εῖα, -ύ: clear, resonant, whistling, 5
μακρός, ά, όν: long, far, distant, large, 6
μέσος, -η, -ον: the middle of, 6
Μοῦσα, ἡ: the Muse, 4
μυθέομαι: to say, speak of, mention, declare, 4
νεῖκος, τό: a quarrel, dispute, strife, 3
νοῦς, ὁ: mind, thought, reason, attention, 7
οἴμη, ἡ: a lay, song, 1
οἶνος, ὁ: wine, 6
ὄνειαρ, -ατος, τό: food, goods; aid, benefit, 2
οὐδός, ὁ:, threshold, 13
οὐρανός, ὁ: sky, heavens, 5
ὀφθαλμός, ὁ: the eye, 2
πάσσαλος, ὁ: a peg, 2
Πηλεΐδης, ὁ: son of Peleus, 1
πίνω: to drink, 8
πόσις, -εως, ἡ: drink, 8
Ποντόνοος, ὁ: Pontonous, 3
πρό-κειμαι: to be set before, lie before, 2
Πυθοῖ: at Delphi, 1
τεύχω: to make, build, construct, prepare, 12
τράπεζα, ἡ: table, 2
ὑπέρ: above (+ gen.); beyond (+ acc.), 5
ὑπερ-βαίνω: to step over; mount, scale, 1
φιλέω: to love, befriend, 13
Φοῖβος, ὁ: Phoebus (Apollo), 1
φόρμιγξ, -ιγγος, ἡ: lyre, 7
φράζω: to show, indicate, tell, think, 3
χαίρω: to rejoice, be glad; fare well, 10
χράω: to prophesy, give an oracle, 2

61 δέρον: *flayed them*; 3ʳᵈ pl. impf. δέρω
   ἀμφί θ᾽ ἕπον: *busied about (them)*; i.e.
   prepared the meat; tmesis ἀμφιέπω
   τετύκοντο: *had made*; aor. mid. ἀμφιέπω
63 τὸν: *whom*...
   πέρι: *above all*; adverbial
   δίδου: *she gave*; ἐδίδοε, 3ʳᵈ sg. impf.
64 ὀφθαλμῶν: *from his eyes*; gen. separation
   governed by aor. ἀμέρδω
65 τῷ δ᾽: *for him*; i.e. the bard; dat. interest
   θῆκε: *made*; ἔθηκε, 3ʳᵈ sg. aor. τίθημι
66 ἐρείσας: nom. sg. aor. pple ἐρείδω
   κὰδ ᾽: κατά
67 πασσαλόφι: *on the peg*; -φι here indicates
   place where

   κρέμασεν: *hung*; 3ʳᵈ sg. aor. κεράννυμι
68 αὐτοῦ: *his*; i.e. the bard Demodocus'
   ἐπέφραδε..ἑλέσθαι: *showed (the bard
   how) to grab (it)*; aor. φράζω, αἱρέω
70 πὰρ δ ᾽...πὰρ δὲ: *beside him...beside him*
   πιεῖν: *to drink*; aor. inf. πίνω of purpose
71 ὀνείαθ ᾽: *over the food*...; ὀνείατα
72 πόσιος, ἐδητύος: *for*...; following ἔρον
   ἐξ...ἕντο: *sent away*; 3ʳᵈ pl. aor. mid. ἵημι
   likely tmesis with ἐξ
73 ἀνῆκεν: *let, allow*; ἀν-ίημι + infinitive
78 χαῖρε νόῳ: *rejoiced in his heart*
79 χρείων: *declaring to him*; pple χράω

χρησόμενος· τότε γάρ ῥα κυλίνδετο πήματος ἀρχὴ    81

Τρωσί τε καὶ Δαναοῖσι Διὸς μεγάλου διὰ βουλάς.    82

  ταῦτ᾽ ἄρ᾽ ἀοιδὸς ἄειδε περικλυτός· αὐτὰρ Ὀδυσσεὺς    83

πορφύρεον μέγα φᾶρος ἑλὼν χερσὶ στιβαρῇσι    84

κὰκ κεφαλῆς εἴρυσσε, κάλυψε δὲ καλὰ πρόσωπα·    85

αἴδετο γὰρ Φαίηκας ὑπ᾽ ὀφρύσι δάκρυα λείβων.    86

ἦ τοι ὅτε λήξειεν ἀείδων θεῖος ἀοιδός,    87

δάκρυ᾽ ὀμορξάμενος κεφαλῆς ἄπο φᾶρος ἔλεσκε    88

καὶ δέπας ἀμφικύπελλον ἑλὼν σπείσασκε θεοῖσιν·    89

αὐτὰρ ὅτ᾽ ἂψ ἄρχοιτο καὶ ὀτρύνειαν ἀείδειν    90

Φαιήκων οἱ ἄριστοι, ἐπεὶ τέρποντ᾽ ἐπέεσσιν,    91

ἂψ Ὀδυσεὺς κατὰ κρᾶτα καλυψάμενος γοάασκεν.    92

ἔνθ᾽ ἄλλους μὲν πάντας ἐλάνθανε δάκρυα λείβων,    93

Ἀλκίνοος δέ μιν οἶος ἐπεφράσατ᾽ ἠδ᾽ ἐνόησεν    94

ἥμενος ἄγχ᾽ αὐτοῦ, βαρὺ δὲ στενάχοντος ἄκουσεν.    95

αἶψα δὲ Φαιήκεσσι φιληρέτμοισι μετηύδα·    96

  "κέκλυτε, Φαιήκων ἡγήτορες ἠδὲ μέδοντες·    97

ἤδη μὲν δαιτὸς κεκορήμεθα θυμὸν ἐίσης    98

φόρμιγγός θ᾽, ἣ δαιτὶ συνήορός ἐστι θαλείῃ·    99

νῦν δ᾽ ἐξέλθωμεν καὶ ἀέθλων πειρηθῶμεν    100

ἄγχι: near, nigh, close by, 6
ἀέθλος, ὁ: contest, competition, 13
ἀείδω: to sing, 13
αἰδέομαι: to be ashamed, feel shame before, 4
αἶψα: straightaway, quickly, at once, 6
ἀκούω: to hear, listen to, 14
ἀμφι-κύπελλος, -ον: two-handled, 1
ἀοιδός, ὁ: bard, singer, 12
ἀρχή, ἡ: beginning, origin, first cause, 1
ἄρχω: to begin; rule, be leader of, 7
αὐτοῦ: on the very spot, here, here, there, 7
ἄψ: again, back again, backwards, 2
βαρύς, -εῖα, -ύ: heavy; grievous, grim, dire, 3
βουλή, ἡ: council, counsel, plan, resolve, 4
γοάω: to wail, groan, weep, 1
δάκρυον, τό: tear, 7
δαίς, -τός, ἡ: meal, 9
Δαναοί, οἱ: Danaans, (Greeks), 2
δέπας, τό: drinking cup, cup, goblet, 4
διά: through (+ gen.) on account of (+ acc.), 5
ἔισος, -η, -ον: equal, like; balanced, 2
ἐξ-έρχομαι: to come or come out, 1
ἐπι-φράζω: to think of, devise, note, 2
ἐρύω: to drag, haul, pull, draw, 6
ἡγήτωρ, -ορος, ὁ: leader, commander, 8
ἤδη: already, now, at this time, 8
ἧμαι: to sit, sit down, be seated, 12
ἦ: in truth, truly (begins open question), 11
θάλυς, -εια, -υ: blooming, luxuriant, 2
θεῖος, -η, -ον: divine, immortal, 6
καλύπτω: to conceal, cover, 4

κεφαλή, ἡ: the head, 7
κλύω: to hear, 8
κορέννυμι: to sate, satisfy; have one's fill of, 1
κράς, κρατός, ἡ: the head, 1
κυλίνδω: to roll, roll along, 1
λανθάνω: to escape notice of, be unnoticed, 3
λείβω: to pour a libation, pour, 3
λήγω: to cease, stop, desist, 1
μέδων, -οντος, ὁ: ruler, lord , commander, 7
μετ-αυδάω: to address, speak among, 5
νοέω: to think, mean, indicate, suppose, 10
οἷος, -η, -ον: alone, lone, lonely, 9
ὁμόργνυμι: to wipe, 1
ὀτρύνω: to stir up, rouse, encourage, 7
ὀφρύς, ἡ: eyebrow, brow, 2
πειράω: to try, attempt, endeavor, 13
περι-κλυτός, -ή, -όν: very famous, 7
πῆμα, -ατος, τό: suffering, misery, woe, 4
πορφύρεος, -η, -ον: darkgleaming, dark red, 3
πρόσ-ωπον, τό: the face, countenance, 1
σπένδω: to pour a drink-offering, libation, 8
στενάχω: to groan, moan, wail, mourn, 3
στιβαρός, -ή, -όν: thick, stout, strong, 4
συν-ήορος, ὁ: joined to, companion to (dat) 1
τέρπω: to delight; mid. enjoy, feel joy, 12
Τρῶες, Τρώων οἱ: Trojans, 5
ὑπό: because of, from (gen.), under (dat.), 14
φᾶρος, τό: mantle, cloak, 8
φιλ-ήρετμος, -η, -ον: lover of the oar, 3
φόρμιγξ, -ιγγος, ἡ: lyre, 7
χράω: to prophesy, give an oracle, 2

---

81 χρησόμενος: (in order) to consult an
   oracle; "going to consult," fut. pple. χράω
   expressing purpose
82 Τρωσί τε καὶ Δαναοῖσι: for...; dat. interest
84 ἑλών: taking; nom. sg. aor. pple. αἱρέω
   χερσὶ: with his hands; dat. pl.
85 κὰκ: over + gen.; κατά
   εἴρυσσε: 3ʳᵈ sg. aor. ἐρύω
   κάλυψε : aor. καλύπτω
87 λῆξειεν ἀείδων: stopped singing; aor. opt.
   λήγω and complementary pres. pple in a
   general temporal clause.
88 κεφαλῆς: object of ἀπό
   ἔλεσκε: kept taking; iterative aor. αἱρέω
89 ἑλών: taking; nom. sg. aor. pple. αἱρέω
   σπείσασκε: kept making libation; iterative
   aor. σπένδω

90 ὅτ'...ἄρχοιτο: whenever...he began; 3ʳᵈ
   aor. opt. ἄρχω, general clause
91 ὀτρύνειαν: roused (him); 3ʳᵈ pl. aor. opt.
   κατὰ κρᾶτα: over his head
92 γοάασκεν: would weep; iterative impf.
   γοάω
94 Ἀλκίνοος οἷος: Alcinous alone
95 ἥμενος: sitting; pple ἧμαι
   βαρὺ: adverbial accusative
97 Κέκλυτε: reduplicated aor. imper. κλύω
98 κεκορήμεθα: we have satisfied (acc) with
   (gen.); pf. κορέννυμι
99 συνήορος: companion to (dat.); nom. sg.
   2-ending fem. adj., predicate of ἐστί
100 ἐξέλθωμεν, πειρηθῶμεν: let us..; aor. act.
   and dep. hortatory, ἐξέρχομαι, πειράω

πάντων, ὥς χ' ὁ ξεῖνος ἐνίσπῃ οἷσι φίλοισιν          101

οἴκαδε νοστήσας, ὅσσον περιγιγνόμεθ' ἄλλων          102

πύξ τε παλαιμοσύνῃ τε καὶ ἅλμασιν ἠδὲ πόδεσσιν."          103

   ὣς ἄρα φωνήσας ἡγήσατο, τοὶ δ' ἅμ' ἕποντο.          104

κὰδ δ' ἐκ πασσαλόφι κρέμασεν φόρμιγγα λίγειαν,          105

Δημοδόκου δ' ἕλε χεῖρα καὶ ἔξαγεν ἐκ μεγάροιο          106

κῆρυξ· ἦρχε δὲ τῷ αὐτὴν ὁδὸν ἥν περ οἱ ἄλλοι          107

Φαιήκων οἱ ἄριστοι, ἀέθλια θαυμανέοντες.          108

βὰν δ' ἴμεν εἰς ἀγορήν, ἅμα δ' ἕσπετο πουλὺς ὅμιλος,          109

μυρίοι· ἂν δ' ἵσταντο νέοι πολλοί τε καὶ ἐσθλοί.          110

ὦρτο μὲν Ἀκρόνεώς τε καὶ Ὠκύαλος καὶ Ἐλατρεύς,          111

Ναυτεύς τε Πρυμνεύς τε καὶ Ἀγχίαλος καὶ Ἐρετμεύς,          112

Ποντεύς τε Πρωρεύς τε, Θόων Ἀναβησίνεώς τε          113

Ἀμφίαλός θ', υἱὸς Πολυνήου Τεκτονίδαο·          114

ἂν δὲ καὶ Εὐρύαλος, βροτολοιγῷ ἶσος Ἄρηϊ,          115

Ναυβολίδης, ὃς ἄριστος ἔην εἶδός τε δέμας τε          116

πάντων Φαιήκων μετ' ἀμύμονα Λαοδάμαντα.          117

ἂν δ' ἔσταν τρεῖς παῖδες ἀμύμονος Ἀλκινόοιο,          118

Λαοδάμας θ' Ἅλιός τε καὶ ἀντίθεος Κλυτόνηος.          119

οἱ δ' ἦ τοι πρῶτον μὲν ἐπειρήσαντο πόδεσσι.          120

ἀγορή, ἡ: an assembly; marketplace, 5
Ἀγχίαλος, ὁ: Anchialus, 1
ἀέθλιον, τό: the prize of contest, 1
Ἀκρόνεως, ὁ: Acroneus, 1
Ἅλιος, ὁ: Halius, 2
ἅλμα, -ατος, τό: leaping, jumping, 2
ἅμα: at the same time; along with (+ dat.), 13
ἀμύμων, -ονος: blameless, noble, 8
Ἀμφίαλος, ὁ: Amphialus, "sea-girt" 2
Ἀναβησίνεως, ὁ: Anabesineus, 1
ἀντί-θεος, -η, -ον: godlike, equal to the gods 5
Ἄρης, ἡ: Ares, 10
ἄρχω: to begin; rule, be leader of, 7
Ἐλατρεύς, ὁ: Elatreus, "rowerman" 2
Ἐρετμεύς, ὁ: Eretmeus, 1
Βροτο-λοιγός, -ον: man-destroying, 1
δέμας, τό: bodily frame, build, 4
Δημόδοκος, ὁ: Demodocus, 10
εἶδος, -εος, τό: appearance, form, beauty, 7
ἐνέπω: to tell, tell of, relate, describe, 2
ἐξ-άγω: to lead out, bring out, 2
ἐσθλός, -ή, -όν: good, well-born, noble, 12
ἑός, -ή, -όν: his own, her own, its own, 6
ἕπομαι: to follow, accompany, escort, 12
Εὐρύαλος, ὁ: Euryalus, "Broad-sea" 6
ἦ: in truth, truly (begins open question), 11
ἡγέομαι: to lead, guide; consider, think, 3
θαυμαίνω: to admire, marvel, gaze upon, 1
Θόων, ὁ: Thoon, 1
ἴσος, -η, -ον: equal, like; balanced, 6
Κλυτόνηος, ὁ: Clytoneus, 2

κρεμάννυμι: to hang, suspend, 2
Λαοδάμας, -αντος, ὁ: Laodamas, 9
λιγύς, -εῖα, -ύ: clear, resonant, whistling, 5
μυρίος, -η, -ον: countless, endless, infinite, 1
Ναυβολίδης, ὁ: son of Naubolus, 1
Ναυτεύς, ὁ: Nauteus, 1
νέος, -η, -ον: young; new, novel, strange, 8
νοστέω: to return, to come back, 2
ὁδός, ἡ: road, way, path, journey, 7
οἴκα-δε: to home, homeward, 5
ὅμιλος, ὁ: crowd, throng of people, 3
ὄρνυμι: to stir, set in motion, rouse, 11
παῖς, παιδός, ὁ, ἡ: a child, boy, girl; slave, 13
παλαισμοσύνη, ἡ: wrestling, art of wrestling 2
πάσσαλος, ὁ: a peg, 2
πειράω: to try, attempt, endeavor, 13
περι-γίγνομαι: to surpass (gen), be superior, 2
Πολύνηος, ὁ: Polyneus, 1
Ποντεύς, ὁ: Ponteus, 1
πούς, ποδός, ὁ: a foot, 12
Πρυμνεύς, ὁ: Prymneus, "Steerman," 1
Πρωρεύς, ὁ: Proreus, 1
πρῶτος, -η, -ον: first, earliest; foremost, 13
πύξ: at boxing, with clenched fist, 3
Τεκτονίδης, ὁ: son of Tecton, 1
τρεῖς, τρία: three, 2
υἱός, -οῦ, ὁ: a son, 9
φόρμιγξ, -ιγγος, ἡ: lyre, 7
φωνέω: to utter, speak, 14
Ὠκύαλος, ὁ: Ocyalus, 1

---

101 ὥς...ἐνίσπῃ: so that he might tell; aor.
   subjunctive of purpose ἐνέπω
   οἷσι φίλοισιν: to his friends; dat. pl. ἑός
102 ὅσσον: how much; acc. of extent
103 πύξ: at fighting; adverb
   παλαισμοσύνῃ...πόδεσσιν: in (respect)
   to; dat. respect
104 ἡγήσατο: he led the way
   τοὶ δ ': and they...
105 κὰδ ': κατά
   πασσαλόφι: on the peg; -φι here indicates
   place where
   κρέμασεν: hung; 3rd sg. aor. κρενάννυμι
106 ἕλε: took; 3rd sg. aor. αἱρέω
107 ἦρχε...τῷ: led him; 3rd sg. impf. ἄρχω
   αὐτὴν ὁδὸν ἥν: along the same road
   along which...; relative clause
109 βάν ῥ ' ἵμεν they set out to go; ἔβησαν, 3rd

pl. aor. βαίνω, inf. ἔρχομαι
   ἕσπετο: followed; 3rd sg. aor. ἕπομαι
   πουλὺς: a great...; πολύς
110 ἄν...ἵσταντο: stood up; 3rd pl. impf.
   ἵστημι and ἀνά
111 ὦρτο: and there arose...; 3rd sg. ὄρνυμι
   introducing a long list of pl. subjects
115 ἂν δὲ: and up (stood)...
   ἶσος Ἄρηϊ: equal to Ares
116 ἔην: was; 3rd sg. impf. εἰμί
   εἶδος, δέμας: in (respect to); acc. respect
117 μετ ': after...; i.e. second to Laodamas
118 ἄν...ἔσταν: stood up; 3rd pl. aor. ἵστημι
120 ἐπειρήσαντο: made trial (of one another)
   in; aor. mid. πειράω
   πόδεσσι: in foot-races; "by feet," means

τοῖσι δ᾽ ἀπὸ νύσσης τέτατο δρόμος· οἱ δ᾽ ἅμα πάντες 121

καρπαλίμως ἐπέτοντο κονίοντες πεδίοιο· 122

τῶν δὲ θέειν ὄχ᾽ ἄριστος ἔην Κλυτόνηος ἀμύμων· 123

ὅσσον τ᾽ ἐν νειῷ οὖρον πέλει ἡμιόνοιϊν, 124

τόσσον ὑπεκπροθέων λαοὺς ἵκεθ᾽, οἱ δ᾽ ἐλίποντο. 125

οἱ δὲ παλαιμοσύνης ἀλεγεινῆς πειρήσαντο· 126

τῇ δ᾽ αὖτ᾽ Εὐρύαλος ἀπεκαίνυτο πάντας ἀρίστους. 127

ἅλματι δ᾽ Ἀμφίαλος πάντων προφερέστατος ἦεν· 128

δίσκῳ δ᾽ αὖ πάντων πολὺ φέρτατος ἦεν Ἐλατρεύς, 129

πὺξ δ᾽ αὖ Λαοδάμας, ἀγαθὸς πάϊς Ἀλκινόοιο. 130

αὐτὰρ ἐπεὶ δὴ πάντες ἐτέρφθησαν φρέν᾽ ἀέθλοις, 131

τοῖς ἄρα Λαοδάμας μετέφη πάϊς Ἀλκινόοιο· 132

"δεῦτε, φίλοι, τὸν ξεῖνον ἐρώμεθα εἴ τιν᾽ ἄεθλον 133

οἶδέ τε καὶ δεδάηκε. φυήν γε μὲν οὐ κακός ἐστι, 134

μηρούς τε κνήμας τε καὶ ἄμφω χεῖρας ὕπερθεν 135

αὐχένα τε στιβαρὸν μέγα τε σθένος· οὐδέ τι ἥβης 136

δεύεται, ἀλλὰ κακοῖσι συνέρρηκται πολέεσσιν· 137

οὐ γὰρ ἐγώ γέ τί φημι κακώτερον ἄλλο θαλάσσης 138

ἄνδρα γε συγχεῦαι, εἰ καὶ μάλα καρτερὸς εἴη." 139

τὸν δ᾽ αὖτ᾽ Εὐρύαλος ἀπαμείβετο φώνησέν τε· 140

ἀγαθός, -ή, -όν: good, brave, noble, 3
ἄεθλος, ὁ: contest, competition, 13
ἀλεγεινός, -ή, -όν: apt to or causing pain, 2
ἅλμα, -ατος, τό: leaping, jumping, 2
ἅμα: at the same time; along with (+ dat.), 13
ἀμύμων, -ονος: blameless, noble, 8
Ἀμφίαλος, ὁ: Amphialus, "sea-girt" 2
ἄμφω: both (dual), 2
ἀπ-αμείβομαι: to reply, answer, 11
ἀπο-καίνυμαι: to excel, surpass (+ dat.), 2
αὖ: again, in turn; further, moreover, 5
αὖτε: again, this time, in turn, 12
αὐχήν, -ένος, ὁ: neck, throat, 1
δάω: to learn, get to know; teach, 4
δεύομαι: to lack, be without, want (+ gen.), 5
δεῦτε: hither, here, 3
δίσκος, ὁ: a discus, 2
δρόμος, ὁ: running course, race, course, 1
Ἐλατρεύς, ὁ: Elatreus, "rowerman" 2
ἐρέομαι: to ask, inquire, 2
Εὐρύαλος, ὁ: Euryalus, "sea-broad" 6
ἥβη, ἡ: youthful prime, early manhood, 2
ἡμί-ονος, ἡ, ὁ: mule, 12
θάλασσα, ἡ: the sea, 6
θέω: to run, 3
καρπαλίμως: swiftly, quickly, nimbly, 7
καρτερός, -ή, -όν: strong, mighty, powerful, 1
Κλυτόνηος, ὁ: Clytoneus, 2
κνήμη, ἡ: the lower leg, 1
κονίω: to make dusty, cover with dust, 3

Λαοδάμας, -αντος, ὁ: Laodamas, 9
λαός, ὁ: the people, 10
λείπω: to leave, forsake, abandon, 9
μετά-φημι:, to speak among, address, 1
μηρός, ὁ: the thigh, 1
νειός, ὁ: fallow field, 1
νύσσα, -ης, ἡ: starting-line, post, 1
οὖρον, τό: range (plowed); limit, boundary, 1
ὄχα: far, 1
παῖς, παιδός, ὁ, ἡ: a child, boy, girl; slave, 13
παλαισμοσύνη, ἡ: wrestling, art of wrestling 2
πεδίον, τό: a plain, 1
πειράω: to try, attempt, endeavor, 13
πέλομαι: to come upon, come to be, to be, 9
πέτομαι: to fly, 1
προ-φερής, -ές: better, more skilled, 2
πύξ: in fighting, with clenched fist, 3
σθένος, τό: strength, might, 1
στιβαρός, -ή, -όν: thick, stout, strong, 4
συγ-χέω: to pour together, confound, 1
συρ-ρήγνυμι: to shatter the strength of, 1
τέρπω: to delight; mid. enjoy, feel joy, 12
τείνω: to stretch out, extend, 1
τόσος, -η, -ον: so much, so many, so great, 4
ὑπ-εκ-προ-θέω: to run out in front, 1
ὕπερ-θεν: above, from above, 1
φέρτατος, -η, -ον: strongest, most powerful, 1
φυή, ἡ: stature, growth, 5
φωνέω: to utter, speak, 14

121 τοῖσι: *for these (young men)*; dat. interest
    τέτατο: *had been extended*; plpf. τείνω
122 ἐπέτοντο: 3rd pl. impf. πέτομαι
    κονίοντες: *making dust*; governs πεδίοιο
123 ἔην: *was*; 3rd sg. impf. εἰμί
124 ὅσσον...ἡμιόνοιϊν: *as much as is the
    range of paired mules in a fallow field*;
    the distance between Clytoneus and his
    nearest runner in the race; dual gen.
125 λαοὺς ἵκεθ ': *reached the people*; i.e.
    reached the finish line
    ἐλίποντο: *were left behind*; impf. λείπω
126 πειρήσαντο: *made trial of*; + gen.
127 τῇ δ ': *and in this*; dat. with ἀποκαίνυμαι
128 ἅλματι: *in (respect) to...*; dat. respect
    προφερέστατος: *best*; superlative
    ἦεν: 3rd sg. impf. εἰμί
129 πολὺ: *far, by far*

131 ἐτέρφθησαν: *were delighted*; aor. pass.
    φρένα: *in their hearts*; acc. respect
132 τοῖς...μετέφη: *whom...addressed*
133 ἐρώμεθα: *let us ask*; hortatory subj.
    εἰ: *whether...*; indirect question
134 δεδάηκε: *has learned*; pf. δάω
135 φυὴν...σθένος: *in respect to...*; acc. of
    respect
136 οὐδέ τι: *and not at all*
    ἥβης: *from youthfulness*; gen. separation
137 συνέρρηκται: *has been broken*; pf. pass.
    συρρήγνυμι
    πολέεσσιν: *many*; dat. pl.
138 οὐ...τί...κακώτερον ἄλλο: *not anything
    else worse (than)*; + gen. of comparison
139 συγχεῦαι: *to confound* aor. inf.
    εἰ καί...εἴη: *even if he should be...*

"Λαοδάμα, μάλα τοῦτο ἔπος κατὰ μοῖραν ἔειπες.          141
αὐτὸς νῦν προκάλεσσαι ἰὼν καὶ πέφραδε μῦθον."          142
   αὐτὰρ ἐπεὶ τό γ' ἄκουσ' ἀγαθὸς πάϊς Ἀλκινόοιο,          143
στῆ ῥ' ἐς μέσσον ἰὼν καὶ Ὀδυσσῆα προσέειπε·          144
   "δεῦρ' ἄγε καὶ σύ, ξεῖνε πάτερ, πείρησαι ἀέθλων,          145
εἴ τινά που δεδάηκας· ἔοικε δέ σ' ἴδμεν ἀέθλους·          146
οὐ μὲν γὰρ μεῖζον κλέος ἀνέρος ὄφρα κεν ᾖσιν,          147
ἢ ὅ τι ποσσίν τε ῥέξῃ καὶ χερσὶν ἑῇσιν.          148
ἀλλ' ἄγε πείρησαι, σκέδασον δ' ἀπὸ κήδεα θυμοῦ.          149
σοὶ δ' ὁδὸς οὐκέτι δηρὸν ἀπέσσεται, ἀλλά τοι ἤδη          150
νηῦς τε κατείρυσται καὶ ἐπαρτέες εἰσὶν ἑταῖροι."          151
   τὸν δ' ἀπαμειβόμενος προσέφη πολύμητις Ὀδυσσεύς·          152
"Λαοδάμα, τί με ταῦτα κελεύετε κερτομέοντες;          153
κήδεά μοι καὶ μᾶλλον ἐνὶ φρεσὶν ἤ περ ἄεθλοι,          154
ὃς πρὶν μὲν μάλα πολλὰ πάθον καὶ πολλὰ μόγησα,          155
νῦν δὲ μεθ' ὑμετέρῃ ἀγορῇ νόστοιο χατίζων          156
ἧμαι, λισσόμενος βασιλῆά τε πάντα τε δῆμον."          157
   τὸν δ' αὖτ' Εὐρύαλος ἀπαμείβετο νείκεσέ τ' ἄντην·          158
"οὐ γάρ σ' οὐδέ, ξεῖνε, δαήμονι φωτὶ ἐΐσκω          159
ἄθλων, οἷά τε πολλὰ μετ' ἀνθρώποισι πέλονται,          160

ἀγαθός, -ή, -όν: good, brave, noble, 3
ἀγορή, ἡ: an assembly; marketplace, 5
ἀέθλος, ὁ: contest, competition, 13
ἀκούω: to hear, listen to, 14
ἄντην: face to face, facing, 3
ἀπ-αμείβομαι: to reply, answer, 11
ἄπ-ειμι: to be away, absent, distant, 1
αὖτε: again, this time, in turn, 12
βασιλεύς, ὁ: a king, chief, 10
δάω: to learn, get to know; teach, 4
δαήμων, -ονος: skilled, experienced, 2
δεῦρο: hither, here, 4
δῆμος, ὁ: district, country, land; people, 12
δηρόν: for a long time, for long, long, 4
ἐίσκω: to make like, liken to; think, suppose, 2
ἔοικα: to be like, seem likely, 11
ἑός, -ή, -όν: his own, her own, its own, 6
ἐπαρτής, -ές: equipped, ready, 1
ἑταῖρος, ὁ: comrade, companion, 6
Εὐρύαλος, ὁ: Euryalus, "sea-broad" 6
ἧμαι: to sit, sit down, be seated, 12
ἤδη: already, now, at this time, 8
κατ-ερύω: to drag or haul down, 1
κερτομέω: to taunt, sneer at, mock, 2
κήδεος, -ον: care of the family, 4
κλέος, τό: glory, fame, rumor, report, 4
Λαοδάμας, -αντος, ὁ: Laodamas, 9
λίσσομαι: to beg, pray, entreat, supplicate, 6

μᾶλλον: more, rather, much, 2
μείζων, μεῖζον: greater, taller, larger, 3
μέσος, -η, -ον: the middle of, 6
μογέω: to toil, suffer hardship, 5
μοῖρα, ἡ: due measure, portion, one's lot, 6
μῦθος, ὁ: story, word, speech, 13
νεικέω: to quarrel, dispute; abuse, reproach, 3
νόστος, ὁ: return home, return homeward, 4
ὁδός, ἡ: road, way, path, journey, 7
οἷος, -α, -ον: of what sort, such, as, 8
οὐκ-έτι: no more, no longer, no further, 2
πάσχω: to suffer, experience, 10
παῖς, παιδός, ὁ, ἡ: a child, boy, girl; slave, 13
πειράω: to try, attempt, endeavor, 13
πέλομαι: to come upon, come to be, to be, 9
πολύ-μητις: of much cunning, many device, 9
πούς, ποδός, ὁ: a foot, 12
πρίν: until, before, 6
προ-καλέω: to call forth, summon, challenge 1
προσ-εῖπον: spoke to, address, 7
πρόσ-φημι: to speak to, address, 12
ῥέζω: to do accomplish, make, perform, 3
σκεδάννυμι: to scatter, disperse; dismiss, 1
ὑμέτερος, -η, -ον: your, yours, 3
φράζω: to show, indicate, tell, think, 3
φῶς, φωτός, ὁ: a person, man, 7
χατίζω: to have need of, desire, crave, (gen) 1

141 κατὰ μοῖραν: duly, rightly; "according to due portion"
142 προκάλεσσαι: challenge (him); aor. imperat.
 ἰών: nom. sg. pres. pple ἔρχομαι
 πέφραδε: reduplicated aor. imper φράζω
 ἄκουσ'...στῆ: heard...stood; aor. ἵστημι
144 ἐς μέσσον: in the middle; in the midst
145 ἄγε : come; introduces a command
 πείρησαι: make trial of (+ gen.); aor. imperative πειράω
146 που: I suppose
 δεδάηκας: 2ⁿᵈ sg. pf. δάω
 ἔοικε: it seems; impersonal
 σ'ἴδμεν: that you know; inf. οἶδα
147 μεῖζον...ἤ: (is) greater...than; supply ἐστίν
 ἀνέρος: gen. sg. ἀνήρ
 ὄφρα κεν ᾖσιν: as long as he lives; "is," 3ʳᵈ sg. pres. subj. εἰμί, general temporal
148 ὅ τι...ῥέξῃ: (that) which he performs; rel.

clause of characteristic, aor. subj. ῥέζω
 ποσσίν, χερσίν: dat. pl. of means
 ἑῇσιν: his; possessive adjective, ἑός
149 ἄγε : come; introduces a command
 πείρησαι: make trial of (+ gen.); aor. imperative πειράω
 σκέδασον: aor. imper. σκεδάννυμι
150 ὁδός...ἀπέσσεται: journey will be away; 3ʳᵈ sg. future deponent ἄπειμι
153 τί: why....?
 κελεύετε: 2nd plural pres. κελεύω
154 μᾶλλον...ἤ: more than...
 ἐνὶ φρεσίν: (are) in my heart
155 πάθον: suffered; 1ˢᵗ sg. aor. πάσχω
156 μεθ': afterwards
 ὑμετέρῃ ἀγορῇ: in your agora; dat. place where
159 σ'...ἐίσκω: I liken (you) to; + dat.
160 ἄθλων: objective gen. of δαήμονι
 πέλονται: are

ἀλλὰ τῷ, ὅς θ' ἅμα νηῒ πολυκληῗδι θαμίζων, 161

ἀρχὸς ναυτάων οἵ τε πρηκτῆρες ἔασιν, 162

φόρτου τε μνήμων καὶ ἐπίσκοπος ᾖσιν ὁδαίων 163

κερδέων θ' ἁρπαλέων· οὐδ' ἀθλητῆρι ἔοικας." 164

   τὸν δ' ἄρ' ὑπόδρα ἰδὼν προσέφη πολύμητις Ὀδυσσεύς· 165

"ξεῖν', οὐ καλὸν ἔειπες· ἀτασθάλῳ ἀνδρὶ ἔοικας. 166

οὕτως οὐ πάντεσσι θεοὶ χαρίεντα διδοῦσιν 167

ἀνδράσιν, οὔτε φυὴν οὔτ' ἂρ φρένας οὔτ' ἀγορητύν. 168

ἄλλος μὲν γάρ τ' εἶδος ἀκιδνότερος πέλει ἀνήρ, 169

ἀλλὰ θεὸς μορφὴν ἔπεσι στέφει, οἱ δέ τ' ἐς αὐτὸν 170

τερπόμενοι λεύσσουσιν· ὁ δ' ἀσφαλέως ἀγορεύει 171

αἰδοῖ μειλιχίῃ, μετὰ δὲ πρέπει ἀγρομένοισιν, 172

ἐρχόμενον δ' ἀνὰ ἄστυ θεὸν ὣς εἰσορόωσιν. 173

ἄλλος δ' αὖ εἶδος μὲν ἀλίγκιος ἀθανάτοισιν, 174

ἀλλ' οὔ οἱ χάρις ἀμφιπεριστέφεται ἐπέεσσιν, 175

ὣς καὶ σοὶ εἶδος μὲν ἀριπρεπές, οὐδέ κεν ἄλλως 176

οὐδὲ θεὸς τεύξειε, νόον δ' ἀποφώλιός ἐσσι. 177

ὤρινάς μοι θυμὸν ἐνὶ στήθεσσι φίλοισιν 178

εἰπὼν οὐ κατὰ κόσμον. ἐγὼ δ' οὐ νῆϊς ἀέθλων, 179

ὡς σύ γε μυθεῖαι, ἀλλ' ἐν πρώτοισιν ὀΐω 180

ἀγείρω: to bring together, gather together, 5
ἀγορεύω: to speak in assembly, declare, 7
ἀγορητύς, ὁ: eloquence. oratory, speaking, 1
ἀέθλος, ὁ: contest, competition, 13
ἀ-θάνατος, -ον: undying, immortal, 14
ἀθλητήρ, ὁ: competitor, 1
αἰδώς, -οῦς, ὁ: reverence, respect, modesty, 3
ἀκιδνός, -ή, -όν: feeble, of no account, 1
ἀλίγκιος, -ή, -όν: resembling, like, (+ dat.), 1
ἄλλως: otherwise, in another way, 1
ἅμα: at the same time; along with (+ dat.), 13
ἀμφιπεριστέφομαι: to be put as a crown, 1
ἀπο-φώλιος, -ον: useless, ineffectual, 1
ἀρι-πρεπής, -ές: very distinguished, 3
ἁρπαλέος, -η, -ον: greedy, grasping, 2
ἀρχός, ὁ: leader, commander, captain, 2
ἄστυ, τό: a city, town, 10
ἀ-σφαλής, -ές: secure, safe, not apt to fall, 2
ἀτάσθαλος, -ον: reckless, careless, 2
αὖ: again, in turn; further, moreover, 5
εἶδος, -εος, τό: appearance, form, beauty, 7
εἰσ-οράω: to look upon, view, behold, 6
ἔοικα: to be like, seem likely, 11
ἐπί-σκοπος, ὁ: overseer, guardian, 1
θαμίζω: to go about, come often, 2
κέρδος, -εος, τό: profit, advantage, gain, 1
κόσμος, ὁ: order, arrangement, 3
λεύσσω: to look upon, see, behold, discern, 3

μειλίχιος, -η, -ον: winning, soothing, mild, 4
μνήμων, -ονος: mindful, heedful, careful, 1
μορφή, ἡ: form, shape, 1
μυθέομαι: to say, speak of, mention, declare, 4
ναύτης, ὁ: sailor, companion at sea, 1
νῆις, —ιδος, ὁ: unknowing in, unpracticed in 1
νοῦς, ὁ: mind, thought, reason, attention, 7
ὁδαῖα, τά: cargo, 1
οἴομαι: to suppose, think, imagine, 3
ὀρίνω: to stir up, agitate, trouble, 2
οὕτως: in this way, thus, so, 5
πέλομαι: to come upon, come to be, to be, 9
πολυ-κλήις, -ιδος: with many rowlocks, 1
πολύ-μητις: of much cunning, many device, 9
πρέπω: to be pre-eminent, conspicuous, 1
πρηκτήρ, ὁ: trader; doer, 1
πρόσ-φημι: to speak to, address, 12
πρῶτος, -η, -ον: first, earliest; foremost, 13
στέφω: to crown, put round, wrap, 1
στῆθος, τό: chest, breast, 5
τέρπω: to delight; mid. enjoy, feel joy, 12
τεύχω: to make, build, construct, prepare, 12
ὑπόδρα: from under (his brow), 1
φόρτος, τό: ship's cargo, freight, load, 1
φυή, ἡ: stature, growth, 5
χάρις, -ιτος, ἡ: grace, loveliness, charm, 3
χαρίεις, -εντος: graceful, beautiful, lovely, 2

---

161  τῷ ὅς: to him who; governed by ἐίσκω the relative clause ends in line 164
162  ναυτάων: of the sailors; with ἀρχός
     ἔασι: are; 3rd pl. present εἰμί
163  ᾗσιν: is; 3rd sg. pres. subjunctive, εἰμί in a in a relative clause of characteristic
164  κερδέων: for profit; objective gen.
     ἔοικας: you are like (+ dat.)
165  ἰδών: looking; aor. pple. εἶδον
166  καλὸν: well; adverbial acc.
     ἔοικας: you are like (+ dat.)
167  πάντεσσι...ἀνδράσιν: dat. pl. indirect object πᾶς
168  φυὴν...ἀγορητὺν: in (respect to)...; acc. of respect
169  εἶδος: in appearance; acc. of respect
     πέλει: is
170  ἔπεσι: with words; dat. of means, ἔπος
     ἐς αὐτὸν: upon him
172  αἰδοῖ μειλιχίῃ: with soothing modesty; dat. of manner

μετὰ...ἀγρομένοισιν: among those gathered; pple. ἀγείρω
173  ἐρχόμενον: (him) going; pple. θεὸν ὡς: as if a god
174  εἶδος: in appearance; acc. of respect
175  οἱ ἀμφιπεριστέφεται: is put around him as a crown
176  ὡς σοὶ εἶδος: so your appearance (is) οὐδέ...τεύξειε: nor, nor would a god act otherwise; potential aor. optative τεύχω
177  νόον: in mind; acc. of respect
     ἐσσι: you are; 2nd sg. pres. εἰμί
178  ὤρινας: 2nd sg. aor. ὀρίνω
     φίλοισιν: my own; "(my) dear"
179  κατὰ κόσμον: duly, rightly; "in order" ἐγώ...νῆϊς: I am not unpracticed in (gen)
180  μυθεῖαι: 2nd sg. pres. μυθέομαι
     ἐν πρώτοισιν: among the first
     οἴω: I think that I...

ἔμμεναι, ὄφρ' ἥβῃ τε πεποίθεα χερσί τ' ἐμῇσι.                        181
νῦν δ' ἔχομαι κακότητι καὶ ἄλγεσι· πολλὰ γὰρ ἔτλην          182
ἀνδρῶν τε πτολέμους ἀλεγεινά τε κύματα πείρων.             183
ἀλλὰ καὶ ὥς, κακὰ πολλὰ παθών, πειρήσομ' ἀέθλων·          184
θυμοδακὴς γὰρ μῦθος, ἐπώτρυνας δέ με εἰπών."                185
ἦ ῥα καὶ αὐτῷ φάρει ἀναΐξας λάβε δίσκον                           186
μείζονα καὶ πάχετον, στιβαρώτερον οὐκ ὀλίγον περ            187
ἢ οἵῳ Φαίηκες ἐδίσκεον ἀλλήλοισι.                                      188
τόν ῥα περιστρέψας ἧκε στιβαρῆς ἀπὸ χειρός,                   189
βόμβησεν δὲ λίθος· κατὰ δ' ἔπτηξαν ποτὶ γαίῃ                   190
Φαίηκες δολιχήρετμοι, ναυσίκλυτοι ἄνδρες,                        191
λᾶος ὑπὸ ῥιπῆς· ὁ δ' ὑπέρπτατο σήματα πάντων             192
ῥίμφα θέων ἀπὸ χειρός. ἔθηκε δὲ τέρματ' Ἀθήνη              193
ἀνδρὶ δέμας εἰκυῖα, ἔπος τ' ἔφατ' ἔκ τ' ὀνόμαζε·             194
    "καί κ' ἀλαός τοι, ξεῖνε, διακρίνειε τὸ σῆμα                    195
ἀμφαφόων, ἐπεὶ οὔ τι μεμιγμένον ἐστὶν ὁμίλῳ,                 196
ἀλλὰ πολὺ πρῶτον. σὺ δὲ θάρσει τόνδε γ' ἄεθλον·           197
οὔ τις Φαιήκων τόδε γ' ἵξεται, οὐδ' ὑπερήσει."                  198
    ὣς φάτο, γήθησεν δὲ πολύτλας δῖος Ὀδυσσεύς,           199
χαίρων, οὕνεχ' ἑταῖρον ἐνηέα λεῦσσ' ἐν ἀγῶνι.                 200

ἀγών, -ῶνος, ὁ: assembly, 5
ἀέθλος, ὁ: contest, competition, 11
Ἀθήνη, ἡ: Athena, 11
ἀλαός, -όν: not seeing, blind, 1
ἄλγος, τό: pain, distress, grief, 3
ἀλεγεινός, -ή, -όν: apt to or causing pain, 2
ἀλλήλων, -λοις, -λους: one another, 4
ἀμφ-αφάω: to handle, put hands around, 2
ἀν-αίσσω: to start, spring, leap up, 2
βομβέω: to hum, boom, 1
γηθέω: to rejoice, 5
δέμας, τό: bodily frame, build, 4
δια-κρίνω: to separate, distinguish, 1
δισκέω: to throw a discus, 1
δίσκος, ὁ: a discus, 2
δολιχ-ήρετμος, -ον: long-oared, 2
ἐνηής: kind, gentle, amiable, 1
ἔοικα: to be like, seem likely, 11
ἐπ-οτρύνω: to rouse, stir up, excite, incite, 5
ἑταῖρος, ὁ: comrade, companion, 6
ἦ: in truth, truly (begins open question), 11
ἥβη, ἡ: youthful prime, early manhood, 2
ἠμί: I say, 4
θαρσέω: to be of good heart, take courage, 1
θυμο-δακής, -ές: biting the heart, 1
κακότης, -ητος, ἡ: evil, trouble, suffering, 1
κῦμα, -ατος, τό: wave, swell, surge, 5
λαμβάνω: to take, receive, catch, grasp, 5
λᾶας, -ος, ὁ: stone, 2
λεύσσω: to look upon, see, behold, discern, 3

λίθος, ὁ: a stone, 2
μείζων, μεῖζον: greater, taller, larger, 3
μίγνυμι: to mix, mingle, have intercourse, 6
μῦθος, ὁ: story, word, speech, 13
ναυσι-κλυτός, -όν: famed for ships, 3
ὀλίγος, -η, -ον: few, little, small, 3
ὅμιλος, ὁ: crowd, throng of people, 3
ὀνομάζω: to name, call by name, 4
οὕνεκα: since, because, seeing that, in that, 8
πάσχω: to suffer, experience, 10
πάχετος, -ον: thick, massive, 1
πείθω: to persuade, win over; mid. obey, 8
πειράω: to try, attempt, endeavor, 13
περι-στρέφω: to whirl round, 1
πόλεμος, ὁ: battle, fight, war, 2
πολύ-τλας, -αντος: much-enduring, stout, 10
πρῶτος, -η, -ον: first, earliest; foremost, 13
πτήσσω: to cower, shrink in fright, 1
ῥίμφα: swiftly, quickly, fleetingly, 1
ῥιπή, ἡ: whirl, force, 1
σῆμα, -ατος, τό: a sign, mark, token, 2
στιβαρός, -ή, -όν: thick, stout, strong, 4
τέρμα, -ατος, τό: an end, boundary, limit, 1
τλάω: to bear, endure, suffer, undergo, 2
ὑπερ-ίημι: to surpass, throw beyond, 2
ὑπερ-πέτομαι: to fly over, 1
ὑπό: because of, from (gen.), under (dat.), 14
φᾶρος, τό: mantle, cloak, 8
χαίρω: to rejoice, be glad; fare well, 10

---

181 ἔμμεναι: *to be*; inf. εἰμί
ὄφρα...πεποίθεα: *as long as...I trusted in*
(*dat.*); 1ˢᵗ sg. pf. πείθω
χερσί τ᾽ ἐμῇσι: *my hands*; dat. pl.
182 ἔχομαι: *I am held*; 1ˢᵗ sg. pres. pass. ἔχω
ἔτλην: 1ˢᵗ sg. aor. τλάω
183 πτολέμους: πολέμους, acc. pl.
πείρων: *making trial of*; pple. πειράω
184 ὥς...παθὼν: *though...suffering*; aor.
pple. πάσχω in a concessive clause
πειρήσομ᾽: *I will attempt*; fut. πειράω
185 ἐπότρυνας: 2ⁿᵈ sg. aor. ἐποτρύνω
186 φάρει: *with his cloak*; dat. sg. φᾶρος
ἀναΐξας: *leaping himself up*; nom. sg.
aor. pple ἀν-αίσσω
λάβε: 3ʳᵈ sg. aor. λαμβάνω
187 οὐκ ὀλίγον: *not a little*; "not by a little,"
acc. of extent with the comparative adj.
188 ἤ: *than*; following στιβαρώτερον
189 περιστρέψας: nom. sg. aor. pple

ἧκε: *he threw*; 3rd sg. aor.. ἵημι
190 κατὰ...ἔπτηξαν: *crouched down*;
tmesis, κατα—πτήσσω
ποτὶ γαίῃ: *to the ground*; πρός
192 ὁ δ᾽: *it*; i.e. the discus
193 ἔθηκε δὲ τέρματ᾽: *made the mark*; i.e.
where the discus hit; 3ʳᵈ sg. aor. τίθημι
194 δέμας: *in stature, build*; acc. of respect
εἰκυῖα: *appearing like* (dat); pf. pple
195 κε...διακρίνειε: *could distinguish*; i.e.
could see; potential aor. opt.
196 ἀμφαφόων: *groping for (the mark)*; pple
μεμιγμένον ἐστὶν: *(it) has...been mixed
up*; periphrastic pf. pass.; μίγνυμι
197 πολύ: *by far*
θάρσει: θάρσεε, sg. imperative
198 ἵξεται: *will reach*; fut. ἱκνέομαι
ὑπερήσει: *will surpass*; fut. ὑπερ-ίημι
199 γήθησεν: *rejoiced*; 3ʳᵈ sg. aor. act. γηθέω

καὶ τότε κουφότερον μετεφώνεε Φαιήκεσσιν· 201
"τοῦτον νῦν ἀφίκεσθε, νέοι. τάχα δ᾽ ὕστερον ἄλλον 202
ἥσειν ἢ τοσσοῦτον ὀΐομαι ἢ ἔτι μᾶσσον. 203
τῶν δ᾽ ἄλλων ὅτινα κραδίη θυμός τε κελεύει, 204
δεῦρ᾽ ἄγε πειρηθήτω, ἐπεί μ᾽ ἐχολώσατε λίην, 205
ἢ πὺξ ἠὲ πάλῃ ἢ καὶ ποσίν, οὔ τι μεγαίρω, 206
πάντων Φαιήκων, πλήν γ᾽ αὐτοῦ Λαοδάμαντος. 207
ξεῖνος γάρ μοι ὅδ᾽ ἐστί· τίς ἂν φιλέοντι μάχοιτο; 208
ἄφρων δὴ κεῖνός γε καὶ οὐτιδανὸς πέλει ἀνήρ, 209
ὅς τις ξεινοδόκῳ ἔριδα προφέρηται ἀέθλων 210
δήμῳ ἐν ἀλλοδαπῷ· ἕο δ᾽ αὐτοῦ πάντα κολούει. 211
τῶν δ᾽ ἄλλων οὔ πέρ τιν᾽ ἀναίνομαι οὐδ᾽ ἀθερίζω, 212
ἀλλ᾽ ἐθέλω ἴδμεν καὶ πειρηθήμεναι ἄντην. 213
πάντα γὰρ οὐ κακός εἰμι, μετ᾽ ἀνδράσιν ὅσσοι ἄεθλοι· 214
εὖ μὲν τόξον οἶδα ἐΰξοον ἀμφαφάασθαι· 215
πρῶτός κ᾽ ἄνδρα βάλοιμι ὀϊστεύσας ἐν ὁμίλῳ 216
ἀνδρῶν δυσμενέων, εἰ καὶ μάλα πολλοὶ ἑταῖροι 217
ἄγχι παρασταῖεν καὶ τοξαζοίατο φωτῶν. 218
οἶος δή με Φιλοκτήτης ἀπεκαίνυτο τόξῳ 219
δήμῳ ἔνι Τρώων, ὅτε τοξαζοίμεθ᾽ Ἀχαιοί. 220

ἄγχι: near, nigh, close by, 6
ἀέθλος, ὁ: contest, competition, 13
ἀθερίζω: to slight, be indifferent to, 1
ἀλλοδαπός, -ή, -όν: foreign, alien, 1
ἀμφ-αφάω: to handle, put hands around, 2
ἀν-αίνομαι: to reject, reject, spurn, 1
ἀπο-καίνυμαι: to excel, surpass (+ dat.), 2
ἄντην: face to face, facing, 3
αὐτοῦ: on the very spot, here, here, there, 7
ἄ-φρων, -ον: senseless, foolish, silly, 2
ἀφ-ικνέομαι: to come, arrive, 2
Ἀχαιός, -α, -ον: Achaian, (Greek), 5
βάλλω: to throw, shoot, hit, strike, 10
δεῦρο: hither, here, 4
δῆμος, ὁ: district, country, land; people, 12
δυσ-μενής, -ές: bearing ill-will; sub. enemy, 3
ἐθέλω: to be willing, wish, desire, 11
ἐκεῖνος, -η, -ον: that, those, 6
ἔρις, -ιδος, ἡ: strife, quarrel, contention, 2
ἔτι: still, besides, further, 9
ἑταῖρος, ὁ: comrade, companion, 6
εὖ: well, 11
εὔ-ξοος, -ον: well-polished, well-crafted, 1
ἠέ: or, either…or, 7
κολούω: to cut short, dock, curtail, 1
κοῦφος, -η, -ον: nimble; adv. with light heart 1
κραδίη, ἡ: heart, 1
Λαοδάμας, -αντος, ὁ: Laodamas, 9
λίην: exceedingly, very much, 3
μάσσων, -ον: longer, farther, greater, 1
μάχομαι: to fight, contend, 1

μεγαίρω: to begrudge, grudge (+ gen.) 1
μετα-φωνέω: to speak among, address, 1
νέος, -η, -ον: young; new, novel, strange, 8
ξεινο-δόκος, ὁ: host, guest-receiver, 2
οἴομαι: to suppose, think, imagine, 3
οἷος, -η, -ον: alone, lone, lonely, 9
ὀιστεύω: to shoot arrows, 1
ὅμιλος, ὁ: crowd, throng of people, 3
ὅστις, ἥτις, ὅ τι: whoever, whichever, 11
οὐτιδανός: of no account, worthless, 1
πάλη, -ης, ἡ: wrestling, 1
παρ-ίστημι: to stand beside, approach, 4
πειράω: to try, attempt, endeavor, 13
πέλομαι: to come upon, come to be, to be, 9
πλήν: except, but, 1
πούς, ποδός, ὁ: a foot, 12
προ-φέρω: to bring, offer; display, present, 2
πρῶτος, -η, -ον: first, earliest; foremost, 13
πύξ: in fighting, with clenched fist, 3
τάχα: soon, presently; quickly, forthwith, 2
τόξον, τό: bow, 3
τοξάζομαι: to shoot with a bow (gen), 3
τοσοῦτος, -αύτη, -οῦτο: so much, so far, 1
Τρῶες, Τρώων οἱ: Trojans, 5
ὕστερον: later, 1
φιλέω: to love, befriend, 13
Φιλοκτήτης, ὁ: Philoctetes, 1
φῶς, φωτός, ὁ: a person, man, 7
χολόω: to become angry; mid. become angry5

201 κουφότερον: *with a lighter heart*; adverbial acc., comparative degree
202 τοῦτον ἀφίκεσθε: *reach this (marker)*; i.e. where the discus fell; aor. mid. imper.
203 ὕστερον ἄλλον ἥσειν: *(that I) will send another (discus) later hands*; fut. ἵημι ἤ…ἤ: *either…or*
204 τῶν δ' ἄλλων: *among the rest*; partitive ὅτινα: *whomever*; antecedent is missing
205 ἄγε: *come*; introduces an imperative πειρηθήτω: *let him try*; 3rd sg. aor. imper. ἐπεί: *(I say this) since…*
206 ἤ…ἠὲ…ἤ καί: *either…or…or even* ποσίν: *on foot*; dat. pl.
207 αὐτοῦ: *himself*; intensive pronoun (dat.); 1st sg. pf. πείθω
208 ἄν..μάχοιτο: *would quarrel with* (dat.); "would fight" potential opt. φιλέοντι: dat. sg. pres. pass. φιλέω

210 ὅς τις…προφέρηται: *whoever offers*; pres. subj. relative clause of characteristic
211 ἕο αὐτοῦ πάντα: *all of his own interests*; reflexive object of ἕο is gen. sg. (his) 3rd person pronoun and αὐτοῦ is an intensive adjective (own)
212 οὔ τιν ': *not anyone*; acc. sg. direct object
213 ἴδμεν: *to know*; i.e. know the strength of a competitor, inf. οἶδα πειρηθήμεναι: *be tested*; aor. pass. inf.
214 πάντα: *in (respect to)*…: acc. respect ἄεθλοι: *contests (there are)*; supply verb
216 πρῶτος…κε βάλοιμι: *would b the first to shoot*; "would first shoot" aor. potent. opt
218 εἰ καί…παρασταῖεν, τοξαζοίατο: *even if…they should…and should*; 3rd pl. aor. opt. in a future less vivid condition
219 οἷος: *alone*
220 τοξαζοίμεθα: 1st pl. opt. general temporal

τῶν δ' ἄλλων ἐμέ φημι πολὺ προφερέστερον εἶναι,           221

ὅσσοι νῦν βροτοί εἰσιν ἐπὶ χθονὶ σῖτον ἔδοντες.           222

ἀνδράσι δὲ προτέροισιν ἐριζέμεν οὐκ ἐθελήσω,           223

οὔθ' Ἡρακλῆι οὔτ' Εὐρύτῳ Οἰχαλιῆι,           224

οἵ ῥα καὶ ἀθανάτοισιν ἐρίζεσκον περὶ τόξων.           225

τῶ ῥα καὶ αἶψ' ἔθανεν μέγας Εὔρυτος, οὐδ' ἐπὶ γῆρας           226

ἵκετ' ἐνὶ μεγάροισι· χολωσάμενος γὰρ Ἀπόλλων           227

ἔκτανεν, οὕνεκά μιν προκαλίζετο τοξάζεσθαι.           228

δουρὶ δ' ἀκοντίζω ὅσον οὐκ ἄλλος τις ὀϊστῷ.           229

οἴοισιν δείδοικα ποσὶν μή τίς με παρέλθῃ           230

Φαιήκων· λίην γὰρ ἀεικελίως ἐδαμάσθην           231

κύμασιν ἐν πολλοῖς, ἐπεὶ οὐ κομιδὴ κατὰ νῆα           232

ἦεν ἐπηετανός· τῶ     μοι φίλα γυῖα λέλυνται."           233

ὣς ἔφαθ', οἱ δ' ἄρα πάντες ἀκὴν ἐγένοντο σιωπῇ.           234

Ἀλκίνοος δέ μιν οἶος ἀμειβόμενος προσέειπεν·           235

"ξεῖν', ἐπεὶ οὐκ ἀχάριστα μεθ' ἡμῖν ταῦτ' ἀγορεύεις,           236

ἀλλ' ἐθέλεις ἀρετὴν σὴν φαινέμεν, ἥ τοι ὀπηδεῖ,           237

χωόμενος ὅτι σ' οὗτος ἀνὴρ ἐν ἀγῶνι παραστὰς           238

νείκεσεν, ὡς ἂν σὴν ἀρετὴν βροτὸς οὔ τις ὄνοιτο,           239

ὅς τις ἐπίσταιτο ᾗσι φρεσὶν ἄρτια βάζειν·           240

ἀγορεύω: to speak in assembly, declare, 7
ἀγών, -ῶνος, ὁ: assembly, 5
ἀ-εικέλιος, -η, -ον: unseemly, shabby, 2
ἀ-θάνατος, -ον: undying, immortal, 14
αἶψα: straightaway, quickly, at once, 6
ἀκήν: softly, silently; silent, 2
ἀκοντίζω: to hurl a javelin, 1
ἀμείβομαι: to reply, respond, 5
ἀρετή, ἡ: excellence; virtue, 4
ἄρτιος, -α, -ον: suitable, fitted; suitably, 1
Ἀπόλλων, ὁ: Apollo, 9
ἀ-χάριστος, -ον: ungracious, unpleasant, 1
βάζω: to speak, say, utter, 1
βροτός, ὁ, ἡ: a mortal, human, 10
γῆρας, τό: old age, 1
γυῖα, τά: joint, limbs, 1
δαμάζω: to subdue, tame, overpower, 1
δείδω: to fear, dread, shrink from, feel awe, 3
δόρυ, δουρός, τό: spear; stem, tree, 4
ἔδω: to eat, 2
ἐθέλω: to be willing, wish, desire, 11
ἐπ-ηετανός, -όν: ever-flowing, unfailing, 4
ἐπίσταμαι: to know, have skill in, 2
ἐρίζω: to contend, quarrel, strive against 3
Εὔρυτος, ὁ: Eurytus, 2
Ἡρακλῆς, ὁ: Heracles, 1
θνήσκω: to die, be dying, perish, 2
κομιδή, ἡ: provisions, care, attendance, 2
κτείνω: to kill, slay, 2
κῦμα, -ατος, τό: wave, swell, surge, 5

λίην: exceedingly, very much, 3
λύω: to loosen, undo, unfasten, untie, 5
μή: not, lest, 11
νεικέω: to quarrel, dispute; abuse, reproach, 3
οἷος, -α, -ον: of what sort, as, 8
οἶος, -η, -ον: alone, lone, lonely, 9
ὀιστός, ὁ: an arrow, 1
Οἰχαλιεύς: Oechalian, from Oechalia, 1
ὄνομαι: to think little of, disparage, 1
ὀπηδέω: to follow, accompany, attend, 3
ὅτι: that; because, 10
οὔνεκα: since, because, seeing that, in that, 8
παρ-έρχομαι: to go by, pass by, pass, 1
παρ-ίστημι: to stand beside, approach, 4
πούς, ποδός, ὁ: a foot, 12
προ-καλίζομαι: to call forth, challenge, 1
προ-φέρω: to display, present, 2
προσ-εῖπον: spoke to, address, 7
πρότερος, -α, -ον: before; sooner, earlier, 14
σῖτος, ὁ: grain, food, 5
σιωπή, ἡ: silence, 2
τοξάζομαι: to shoot with a bow, 3
τόξον, τό: bow, 3
φαίνω: to show, point out; mid. appear, 10
χολόω: to become angry; mid. become angry 5
χθών, -ονός, ἡ: the earth, ground, 6
χώομαι: to be angry, become angry, 1

---

221 πολύ: *by far, far*
222 εἰσιν: *are*; 3rd sg. present εἰμί
223 ἀνδράσι προτέροισιν: men of earlier generations; "men before"
  ἐριζέμεν: inf. ἐρίζω with dat. object
  ἐθελήσω: fut. ἐθέλω
224 οἵ ῥα who…; relative clause
  ἐρίζεσκον: *were accustomed to contend with*; iterative (customary) impf.
226 τῷ: *therefore*; "in this way"
  ἔθανεν: 3rd sg. aor. θνήσκω
  ἐπὶ γῆρας: *to old age*
227 χολωσάμενος: *becoming angry*; ingressive aor. pple χολόω
228 ἔκτανεν: 3rd sg. aor. κτείνω
229 ὅσον: *as far as…(shoots, hits)*; add verb
230 οἷοισιν…ποσίν: *on foot alone*; dat. πούς
  δείδοικα: 1st sg. pf. δείδω
  μή…παρέλθῃ: *lest…surpass*; aor. subj. in a fearing clause

τίς: *someone*; accent comes from με
  ἐδαμάθην: 1st sg. aor. pass. δαμάζω
231 κατὰ νῆα: *on the ship*
232 ἦεν: 3rd sg. impf. εἰμί
  τῷ: *therefore*; "in this way"
233 λέλυνται: 3rd pl. pf. λύω
234 σιωπῇ: *in silence*; dat. of manner
235 οἷος: *alone*
237 φαινέμεν: *to display*; inf. φαίνω
238 ὅτι: *because*
  παραστάς: nom. sg. aor. pple. παρ-ίστημι
239 ὡς…ὄνοιτο: *in a way…would disparage*; "as…would disparage," relative clause with potential opt.
240 ἐπίσταιτο: *knew*; opt. in a relative clause of characteristic, secondary seq.
  ᾗσι φρεσὶν *in his heart*; dat. pl. ἑός
  ἄρτια: *suitable things*; neuter acc. pl.

ἀλλ' ἄγε νῦν ἐμέθεν ξυνίει ἔπος, ὄφρα καὶ ἄλλῳ          241

εἴπῃς ἡρώων, ὅτε κεν σοῖς ἐν μεγάροισι          242

δαινύῃ παρὰ σῇ τ' ἀλόχῳ καὶ σοῖσι τέκεσσιν,          243

ἡμετέρης ἀρετῆς μεμνημένος, οἷα καὶ ἡμῖν          244

Ζεὺς ἐπὶ ἔργα τίθησι διαμπερὲς ἐξέτι πατρῶν.          245

οὐ γὰρ πυγμάχοι εἰμὲν ἀμύμονες οὐδὲ παλαισταί,          246

ἀλλὰ ποσὶ κραιπνῶς θέομεν καὶ νηυσὶν ἄριστοι,          247

αἰεὶ δ' ἡμῖν δαίς τε φίλη κίθαρίς τε χοροί τε          248

εἵματά τ' ἐξημοιβὰ λοετρά τε θερμὰ καὶ εὐναί.          249

ἀλλ' ἄγε, Φαιήκων βητάρμονες ὅσσοι ἄριστοι,          250

παίσατε, ὥς χ' ὁ ξεῖνος ἐνίσπῃ οἷσι φίλοισιν          251

οἴκαδε νοστήσας, ὅσσον περιγιγνόμεθ' ἄλλων          252

ναυτιλίῃ καὶ ποσσὶ καὶ ὀρχηστυῖ καὶ ἀοιδῇ.          253

Δημοδόκῳ δέ τις αἶψα κιὼν φόρμιγγα λίγειαν          254

οἰσέτω, ἥ που κεῖται ἐν ἡμετέροισι δόμοισιν."          255

  ὣς ἔφατ' Ἀλκίνοος θεοείκελος, ὦρτο δὲ κῆρυξ          256

οἴσων φόρμιγγα γλαφυρὴν δόμου ἐκ βασιλῆος.          257

αἰσυμνῆται δὲ κριτοὶ ἐννέα πάντες ἀνέσταν          258

δήμιοι, οἳ κατ' ἀγῶνας ἐΰ πρήσσεσκον ἕκαστα,          259

λείηναν δὲ χορόν, καλὸν δ' εὔρυναν ἀγῶνα.          260

ἀγών, -ῶνος, ὁ: assembly, 5
αἰσυμνήτης, ὁ: regulator of games, referee 1
αἶψα: straightaway, quickly, at once, 6
ἄλοχος, ἡ: wife, spouse, 2
ἀμύμων, -ονος: blameless, noble, 8
ἀν-ίστημι: to make stand up, raise up, 4
ἀοιδή, ἡ: song, lay, 8
ἀρετή, ἡ: excellence; virtue, 4
ἄριστος, -η, -ον: best, most excellent, 16
βασιλεύς, ὁ: a king, chief, 10
βητάρμων, -ονος, ὁ: a dancer, 2
γλαφυρός, -ή, -όν: hollow, hollowed, 1
δαίς, -τός, ἡ: feast, meal, 9
δαίνυμι: to give a meal; take a meal, 4
δήμιος, -ον: public, belonging to the people, 1
Δημόδοκος, ὁ: Demodocus, 10
δι-αμπερές: right through, continuously, 2
ἕκαστος, -η, -ον: each, every one, 10
ἐνέπω: to tell, tell of, relate, describe, 2
ἐννέα: nine, 1
ἐξ-έτι: ever since the time, 1
ἐξ-ημοιβός, -όν: serving for change, 1
ἐπι-τίθημι: to put on, place upon, lay, 1
ἔργον, τό: work, labor, deed, act, 8
ἔτι: still, besides, further, 9
εὖ: well, 11
εὐνή, ἡ: bedding, marriage-bed, couch, 5
εὐρύνω: to widen, broaden 1
ἡμέτερος, -α, -ον: our, 8

ἥρως, ὁ: hero, warrior, 6
θεο-είκελος, -ον: godlike, like the gods, 1
θερμός, -όν: hot, warm, 2
θέω: to run, 3
κεῖμαι: to lie down, be laid, 7
κίθαρις, ἡ: lyre, 1
κίω: to go, 6
κραιπνός, -ή, -όν: swift, rapid, rushing, 2
κριτός, -ή, -όν: picked out, chosen, 1
λειαίνω: to smooth, level polish, 1
λιγύς, -εῖα, -ύ: clear, resonant, whistling, 5
λοετρόν, τό: bathwater, bath, 2
μιμνήσκω: to remind, recall, recollect (gen) 6
ναυτιλίη, ἡ: seamanship, 1
νοστέω: to return, to come back, 2
οἴκα-δε: to home, homeward, 5
ὄρνυμι: to stir, set in motion, rouse, 11
ὀρχηστύς, ἡ: dancing, the dance, 1
παίζω: to play, to sport, 4
παλαιστής, ὁ: wrestler, 1
περι-γίγνομαι: to be superior to, surpass, 2
πούς, ποδός, ὁ: a foot, 12
πρήσσω: to conduct, arrange, manage, 1
πυγ-μάχος, ὁ: boxer, fist-fighter, 1
συν-ίημι: to understand; put together, 2
τέκος, τό: offspring, a child, 5
φόρμιγξ, -ιγγος, ἡ: lyre, 7
χορός, ὁ: a dance, chorus, 5

---

241 ἄγε: come; introducing another imper.
  ἐμέθεν: my
  ξυνίει: heed, understand; 2nd sg. pres.
  imper. συν-ίημι (ξυν-ίημι)
242 ὄφρα...εἴπῃς: so that...; purpose with
  aor. subj. εἶπον
  ὅτε κεν: whenever...; general temporal
  clause with pres. subj.
243 μεμνημένος pf. pple μιμνήσκω + gen.
  οἷα..ἔργα: what sort of feats...; acc. pl.
245 ἐπι...τίθησι: 3rd sg. pres tmesis ἐπιτίθημι
  ἐξέτι πατρῶν: ever since the time of our
  fathers
246 εἰμέν: we are; 1st pl. εἰμί
247 ποσὶ: on foot; dat. pl. πούς
  νηυσὶν: in respect to ships; dat. respect
  ἄριστοι: (we are) the best; supply εἰμέν
248 φίλη: (are) dear; supply verb, the subject
  is plural but the predicate is singular,
  attracted into the fem. sg. by κίθαρις
249 εἵματα ἐξημοιβὰ: changes of clothes

εὐναί: couches
250 ἄριστοι: (are) the best; supply verb
251 παίσατε: 2nd pl. aor. imperative παίζω
  ὥς...ἐνίσπῃ: so that he might tell; aor.
  subjunctive of purpose ἐνέπω
  οἷσι: to his; dat. pl. ἑός
252 ὅσσον: how much we surpass...
253 ναυτιλίη...ἀοιδῇ: in (respect to)...
254 κιὼν: walking; pple. κίω, not "column"
255 οἰσέτω: let someone carry; 3rd sg. fut.
  imperative φέρω
256 ὦρτο: aor. ὄρνυμι
257 οἴσων: (in order) to carry; "intending to
  carry" fut. pple. φέρω expresses purpose
258 ἀνέσταν: stood up; 3rd pl. aor. ἀν-ίστημι
259 κατ' ἀγῶνας: in assemblies
  οἵ...πρήσσεσκον: who were accustomed
  to conduct...; iterative impf. πρήσσω
  ἕκαστα: each (and every) thing; neut. pl.
260 λείηναν: leveled; 3rd pl. aor. λειαίνω
  εὔρυναν: widened; 3rd pl. aor. εὐρύνω

κῆρυξ δ' ἐγγύθεν ἦλθε φέρων φόρμιγγα λίγειαν     261

Δημοδόκῳ· ὁ δ' ἔπειτα κί' ἐς μέσον· ἀμφὶ δὲ κοῦροι     262

πρωθῆβαι ἵσταντο, δαήμονες ὀρχηθμοῖο,     263

πέπληγον δὲ χορὸν θεῖον ποσίν. αὐτὰρ Ὀδυσσεὺς     264

μαρμαρυγὰς θηεῖτο ποδῶν, θαύμαζε δὲ θυμῷ.     265

αὐτὰρ ὁ φορμίζων ἀνεβάλλετο καλὸν ἀείδειν     266

ἀμφ' Ἄρεος φιλότητος εὐστεφάνου τ' Ἀφροδίτης,     267

ὡς τὰ πρῶτα μίγησαν ἐν Ἡφαίστοιο δόμοισι     268

λάθρῃ, πολλὰ δ' ἔδωκε, λέχος δ' ᾔσχυνε καὶ εὐνὴν     269

Ἡφαίστοιο ἄνακτος. ἄφαρ δέ οἱ ἄγγελος ἦλθεν     270

Ἥλιος, ὅ σφ' ἐνόησε μιγαζομένους φιλότητι.     271

Ἥφαιστος δ' ὡς οὖν θυμαλγέα μῦθον ἄκουσε,     272

βῆ ῥ' ἴμεν ἐς χαλκεῶνα κακὰ φρεσὶ βυσσοδομεύων,     273

ἐν δ' ἔθετ' ἀκμοθέτῳ μέγαν ἄκμονα, κόπτε δὲ δεσμοὺς     274

ἀρρήκτους ἀλύτους, ὄφρ' ἔμπεδον αὖθι μένοιεν.     275

αὐτὰρ ἐπεὶ δὴ τεῦξε δόλον κεχολωμένος Ἄρει,     276

βῆ ῥ' ἴμεν ἐς θάλαμον, ὅθι οἱ φίλα δέμνι' ἔκειτο,     277

ἀμφὶ δ' ἄρ' ἑρμῖσιν χέε δέσματα κύκλῳ ἀπάντῃ·     278

πολλὰ δὲ καὶ καθύπερθε μελαθρόφιν ἐξεκέχυντο,     279

ἠΰτ' ἀράχνια λεπτά, τά γ' οὔ κέ τις οὐδὲ ἴδοιτο,     280

ἄγγελος, ὁ: a messenger, envoy, 1
ἀείδω: to sing, 13
αἰσχύνω: to bring shame upon; feel shame, 2
ἀκμόθετον, τό: anvil-block, 1
ἀκούω: to hear, listen to, 14
ἄ-λυτος, -ον: indissoluble, unbreakable, 1
ἄκμων, -ονος, ὁ: anvil, 1
ἀνα-βάλλω: to throw up; strike up, 1
ἀράχνιον, τό: spider's web, 1
ἄναξ, -ακτος, ὁ: a lord, master, 5
ἅπας, ἅπασα, ἅπαν: every, quite all, 6
Ἄρης, ἡ: Ares, 10
ἄ-ρρηκτος, -ον: unbreakable, 1
αὖ-θι: on the spot, here, here, there, 2
Ἀφροδίτη, ἡ: Aphrodite, 5
ἄφαρ: straightway, at once, quickly, soon, 3
βυσσο-δομεύω; to build or ponder secretly, 1
δαήμων, -ονος: skilled, experienced, 2
δέμνια, τά: bedstead, bed, 6
δέσμα, -ατος, τό: a bond, fetter, binding, 1
δεσμός, ὁ: chains, bindings, bonds, 10
Δημόδοκος, ὁ: Demodocus, 10
δόλος, ὁ: trap, trick, bait; cunning, 4
ἐγγύ-θεν: from near, from close at hand, 5
ἐκ-χέω: to pour out, drop out, 2
ἔμ-πεδος, -ον: steadfast; adv. continuously, 4
ἑρμίς, -ῖνος, ὁ: a bed-post, 1
ἐΰ-στέφανος, -ον: well-crowned, -girdled, 2
εὐνή, ἡ: bedding, marriage-bed, 5
ἥλιος, ὁ: the sun, 10
ἠΰτε: as, like as, just as, 2
Ἥφαιστος, ὁ: Hephaestus, 14
θάλαμος, ὁ: room, chamber, sleeping room, 5
θαυμάζω: to wonder, marvel, be astonished, 4
θεάομαι: to see, watch, look at; consider, 8

θεῖος, -η, -ον: divine, immortal, 6
θυμ-αλγής, -ές: heart-grieving, 1
καθ-ύπερθε: from above, above, on top, 2
κεῖμαι: to lie down, be laid, 7
κίω: to go, 6
κόπτω: to strike, smite, 2
κοῦρος, ὁ: boy, young man, son, 7
κύκλος, ὁ: a ring, circle, round, 1
λάθρῃ: secretly, in secret, 1
λέχος, τό: bed, couch, 4
λεπτός, -ή, -όν: fine, thin; narrow, 3
λιγύς, -εῖα, -ύ: clear, resonant, whistling, 5
μαρμαρυγή, ἡ: flashing, sparkling, 1
μέλαθρον, τό: roof-beam, rafter, 1
μένω: to stay, remain, 9
μέσος, -η, -ον: the middle of, 6
μίγνυμι: to mix, mingle, have intercourse, 6
μιγάζομαι: to have intercourse, mingle, 1
μῦθος, ὁ: story, word, speech, 13
νοέω: to think, mean, indicate, suppose, 10
ὀρχηθμός, ὁ: dancing, the dance, 1
ὅ-θι: where, 7
οὖν: and so, then; at all events, 4
πλήσσω: to strike, smite, 1
πούς, ποδός, ὁ: a foot, 12
πρῶτος, -η, -ον: first, earliest; foremost, 13
πρωθήβης, -ες: in the prime of youth, 1
τεύχω: to make, build, construct, prepare, 12
φιλότης, -τητος, ὁ: friendship, love, kinship 4
φορμίζω: to play the lyre, 1
χαλκέων, -ωνος, ὁ: blacksmith's forge, 1
χέω: to pour, 6
χολόω: to become angry; mid. become
angry5
χορός, ὁ: a dance, chorus, 5

---

262 κί ': *went*; κίε, 3ʳᵈ sg. impf.
   ἐς μέσον: *in the middle (of everyone)*
   ἀμφι...ἵσταντο: *were standing around*;
      impf. ἵστημι
264 πέπληγον: *beat*; 3ʳᵈ pl. aor. πλήσσω
   ποσίν: dat. pl. πούς
265 θηεῖτο: *marveled*; looked (in wonder); 3ʳᵈ
      pl. impf. πλήσσω
   θυμῷ: *in his heart*
266 ἀνεβάλλετο: *began to strike up*;
      inceptive impf. ἀναβάλλω
267 ἀμφ ': *about, concerning* + gen.
268 ὡς...μίγησαν: *how they had intercourse*;
      "mingled," 3ʳᵈ pl. aor. μίγνυμι
269 πολλὰ δ ' ἔδωκε: *and (Ares) gave (her)*

*many (gifts)*; 3ʳᵈ sg. aor. δίδωμι
   ᾔσχυνε: 3ʳᵈ sg. aor. αἰσχύνω
270 οἱ: *to him*; dat. of interest
   Ἥλιος: *the Sun*
271 σφ ': *them*; σφε acc. plural pronoun
   φιλότητι: *in love*; dat. sg.
272 ὡς οὖν: *and so when...*
273 βῆ ῥ ' ἴμεν: *set out to go*; inf. ἔρχομαι
   φρεσὶ: *in his heart*; dat. pl.
274 ἔθετ ': *placed*; 3ʳᵈ sg. aor. mid. τίθημι
275 ὄφρ '...μένοιεν: *so that...*; 3ʳᵈ pl. opt.
277 οἱ φίλα: *his own*
278 ἀμφὶ...χέε: *drapped around*; impf.
279 ἐκεκέχυντο: *had spread from roofbeam*
280 κέ ἴδοιτο: *could see*; potential aor. opt.

οὐδὲ θεῶν μακάρων· πέρι γὰρ δολόεντα τέτυκτο. 281

αὐτὰρ ἐπεὶ δὴ πάντα δόλον περὶ δέμνια χεῦεν, 282

εἴσατ' ἴμεν ἐς Λῆμνον, ἐϋκτίμενον πτολίεθρον, 283

ἥ οἱ γαιάων πολὺ φιλτάτη ἐστὶν ἁπασέων. 284

οὐδ' ἀλαοσκοπιὴν εἶχε χρυσήνιος Ἄρης, 285

ὡς ἴδεν Ἥφαιστον κλυτοτέχνην νόσφι κιόντα· 286

βῆ δ' ἰέναι πρὸς δῶμα περικλυτοῦ Ἡφαίστοιο 287

ἰσχανόων φιλότητος ἐϋστεφάνου Κυθερείης. 288

ἡ δὲ νέον παρὰ πατρὸς ἐρισθενέος Κρονίωνος 289

ἐρχομένη κατ' ἄρ' ἕζεθ'· ὁ δ' εἴσω δώματος ᾔει, 290

ἔν τ' ἄρα οἱ φῦ χειρί, ἔπος τ' ἔφατ' ἔκ τ' ὀνόμαζε· 291

"δεῦρο, φίλη, λέκτρονδε τραπείομεν εὐνηθέντες· 292

οὐ γὰρ ἔθ' Ἥφαιστος μεταδήμιος, ἀλλά που ἤδη 293

οἴχεται ἐς Λῆμνον μετὰ Σίντιας ἀγριοφώνους." 294

ὣς φάτο, τῇ δ' ἀσπαστὸν ἐείσατο κοιμηθῆναι. 295

τὼ δ' ἐς δέμνια βάντε κατέδραθον· ἀμφὶ δὲ δεσμοὶ 296

τεχνήεντες ἔχυντο πολύφρονος Ἡφαίστοιο, 297

οὐδέ τι κινῆσαι μελέων ἦν οὐδ' ἀναεῖραι. 298

καὶ τότε δὴ γίγνωσκον, ὅ τ' οὐκέτι φυκτὰ πέλοντο. 299

ἀγχίμολον δέ σφ' ἦλθε περικλυτὸς ἀμφιγυήεις, 300

ἀγριό-φωνος: of harsh speech, 1
ἀγχί-μολος: near, nigh, close, 1
ἀλαο-σκοπιή, ἡ: negligent look-out, 1
ἀλλά: but, 52
ἀμφιγυήεις, ὁ: the lame one, halts on his feet 3
ἀν-αείρω: to lift up, raise, 1
Ἄρης, ἡ: Ares, 10
ἀ-σπαστός, -ή, -όν: welcome, well pleased, 2
ἅπας, ἅπασα, ἅπαν: every, quite all, 6
γιγνώσκω: to learn, note, realize, to know, 2
δέμνια, τά: bedstead, bed, 6
δεσμός, ὁ: chains, bindings, bonds, 10
δεῦρο: hither, here, 4
δολόεις, -εσσα: cunningly made, 1
δόλος, ὁ: trap, trick, bait; cunning, 4
εἴσω: into, inwards, to within, into, in, 4
ἕζομαι: to sit; sit someone down, set, 12
ἐρι-σθενής, -ές: very strong, very mighty, 1
ἐϋ-κτίμενος, -η, -ον: well-built, -constructed, 2
εὐ-στέφανος, -ον: well-crowned, -girdled, 2
εὐνάω: to lay to sleep; put to bed, 2
ἤδη: already, now, at this time, 8
Ἥφαιστος, ὁ: Hephaestus, 14
ἰσχανάω: to hold back, check, 2
κατα-δαρθάνω: to fall asleep, to sleep, 2
κίω: to go, 6
κινέω: to set in motion, to move, 1

κλυτο-τέχνης, -ες: famed for his art, 1
κοιμάω: to put to sleep; mid. to go asleep, 3
Κρονίων, ὁ: son of Cronus, Zeus 1
Κυθέρεια, ἡ: Cythereia; Aphrodite 1
λέκτρον, τό: couch, bed, 2
Λῆμνος, ὁ: Lemnos, 3
μάκαρ, -αρος: blessed, happy, 7
μέλος, -εος, τό: a limb, 1
μετα-δήμιος, -ον: at home; among the people 1
νέος, -η, -ον: young; new, novel, strange, 8
νόσφι: aloof, apart, afar, away, 1
οἴχομαι: to go; depart, 3
ὀνομάζω: to name, call by name, 4
οὐκ-έτι: no more, no longer, no further, 2
πέλομαι: to come upon, come to be, to be, 9
περι-κλυτός, -ή, -όν: very famous, 7
πολύ-φρων, -ονος: of great intelligence, 2
πτολίεθρον, τό: city, city-state 1
Σίντιες, οἱ: the Sintians, 1
τεύχω: to make, build, construct, prepare, 12
τεχνήεις, -εντος: artful, cunningly wrought, 2
τρέπω: to turn, change 2
φιλότης, -τητος, ὁ: friendship, love, kinship 4
φύω: to bring forth, produce, put forth, 4
φυκτός, -όν: opportunity of escape, 1
χέω: to pour, 6
χρυσ-ήνιος, -ον: with reins of gold, 1

---

281 τέτυκτο: had made; plpf. τεύχω
282 χεῦεν: spread, drapped; aor. χέω
283 εἴσατ ': appeared; "was seen;" aor. pass.
    εἶδον
    ἴμεν: inf. ἔρχομαι
284 γαιάων ἀπασέων: of all lands; partitive
    πολύ: by far
    φιλτάτη: most beloved; superlat. φίλος
285 εἶχε: impf. ἔχω
286 ὡς ἴδεν: as he saw; aor. εἶδον
287 βῆ ῥ ' ἰμέναι: set out to go; inf. ἔρχομαι
    aor. βαίνω
288 ἰσχανόων: restraining (himself) from;
    i.e. he desired her so much that he was
    eager to meet her; with a gen. separation
289 ἡ δὲ: and she
    νέον: recently; adverbial acc.
290 ἕζεθ ': sat down; ἕζεται pres. mid.
    impf. ἵστημι
    ᾔει: went; 3rd pl. impf. ἔρχομαι
291 ἐν...οἱ φῦ χειρί: grasped her hand; "grew
    upon her with his hand," aor. φύω

292 φίλη: O beloved; vocative, direct address
    τραπείομεν: Let us turn; hortatory aor.
    subjunctive τρέπω
    εὐνηθέντες: bedded; "put to bed," nom.
    pl. pass. pple εὐνάω
293 οὐκ ἔθ ': no longer; οὐ ἔτι
295 τῇ: to her; dat. of reference with ἐείσατο
    ἐείσατο: it seemed; "was seen;" aor. pass.
    εἶδον
    κοιμηθῆναι: to lie down; aor. dep. inf.
296 τὼ: they; dual nom.
    βάντε: dual nom. aor. pple βαίνω
    κατέδραθον: 3rd pl. aor. καταδαρθάνω
297 ἔχυντο: spread; 3rd pl. aor. mid. χέω
298 τι...μελέων: any of their limbs; partitive
    κινῆσαι, ἀναεῖραι: aorist infinitives
299 τότε δὴ: at that very moment
    ὅ τ ': that
300 ἀγχίμολον...σφ ': near to them;
    adverbial acc. + dat. pl. σφί

αὖτις ὑποστρέψας πρὶν Λήμνου γαῖαν ἱκέσθαι·        301

Ἥλιος γάρ οἱ σκοπιὴν ἔχεν εἶπέ τε μῦθον.        302

βῆ δ᾽ ἴμεναι πρὸς δῶμα φίλον τετιημένος ἦτορ·        303

ἔστη δ᾽ ἐν προθύροισι, χόλος δέ μιν ἄγριος ᾕρει·        304

σμερδαλέον δ᾽ ἐβόησε, γέγωνέ τε πᾶσι θεοῖσιν·        305

"Ζεῦ πάτερ ἠδ᾽ ἄλλοι μάκαρες θεοὶ αἰὲν ἐόντες,        306

δεῦθ᾽, ἵνα ἔργα γελαστὰ καὶ οὐκ ἐπιεικτὰ ἴδησθε,        307

ὡς ἐμὲ χωλὸν ἐόντα Διὸς θυγάτηρ Ἀφροδίτη        308

αἰὲν ἀτιμάζει, φιλέει δ᾽ ἀΐδηλον Ἄρηα,        309

οὕνεχ᾽ ὁ μὲν καλός τε καὶ ἀρτίπος, αὐτὰρ ἐγώ γε        310

ἠπεδανὸς γενόμην. ἀτὰρ οὔ τί μοι αἴτιος ἄλλος,        311

ἀλλὰ τοκῆε δύω, τὼ μὴ γείνασθαι ὄφελλον.        312

ἀλλ᾽ ὄψεσθ᾽, ἵνα τώ γε καθεύδετον ἐν φιλότητι        313

εἰς ἐμὰ δέμνια βάντες, ἐγὼ δ᾽ ὁρόων ἀκάχημαι.        314

οὐ μέν σφεας ἔτ᾽ ἔολπα μίνυνθά γε κειέμεν οὕτως        315

καὶ μάλα περ φιλέοντε· τάχ᾽ οὐκ ἐθελήσετον ἄμφω        316

εὕδειν· ἀλλά σφωε δόλος καὶ δεσμὸς ἐρύξει,        317

εἰς ὅ κέ μοι μάλα πάντα πατὴρ ἀποδῷσιν ἔεδνα,        318

ὅσσα οἱ ἐγγυάλιξα κυνώπιδος εἵνεκα κούρης,        319

οὕνεκά οἱ καλὴ θυγάτηρ, ἀτὰρ οὐκ ἐχέθυμος."        320

ἄγριος, -α, -ον: wild, fierce, 4
ἀ-ΐδηλος, -ον: destroying, baneful, harmful, 1
αἴτιος, -α, -ον: culpable, responsible, 1
ἄμφω: both (dual), 2
ἀπο-δίδωμι: to give back, restore, return, 1
Ἄρης, ἡ: Ares, 10
ἀρτίπος: sound of foot, 1
ἀ-τιμάζω: to dishonor, insult, slight, 2
ἀχεύω: to grieve, vex, annoy, 4
αὖτις: back, back again, backwards, 1
Ἀφροδίτη, ἡ: Aphrodite, 5
βοάω: to cry aloud, shout, 2
γέγωνα: to make one's voice heard, shout, 1
γείνομαι: γίγνομαι, give birth, 4
γελαστός, -ή -όν: laughable, 1
δέμνια, τά: bedstead, bed, 6
δεσμός, ὁ: chains, bindings, bonds, 10
δεῦτε: hither, here, 3
δόλος, ὁ: trap, trick, bait; cunning, 4
δύω: to enter, go; set, 10
ἐγγυαλίζω: to hand over, pay, 1
ἔδνα, τά: gifts, bride-price, dowry, 2
ἐθέλω: to be willing, wish, desire, 11
εἵνεκα: for the sake of, for (+ preceding gen.) 4
ἔλπομαι: to hope, expect, 3
ἐπι-εικτός, -ον: intolerable, unendurable, 1
ἔργον, τό: work, labor, deed, act, 8
ἐρύκω: to keep in, check, curb, restrain, 2
ἔτι: still, besides, further, 9

εὕδω: to sleep, lie down to sleep, 5
ἐχέ-θυμος, -ον: master of one's passion, 1
Ἥλιος, ὁ: sun, 7
ἠπεδανός, -ον: weak, feeble, infirm, 1
ἦτορ, τό: heart, soul, mind, spirit, 3
θυγάτηρ, ἡ: a daughter, 11
ἵνα: in order that (+ subj.); where (+ ind.), 13
καθεύδω: to lie down to sleep, sleep, 3
κεῖμαι: to lie down, be laid, 7
κυνῶπις, -ιδος: dog-faced, shameless, 1
Λῆμνος, ὁ: Lemnos, 3
μάκαρ, -αρος: blessed, happy, 7
μή: not, lest, 11
μίνυνθα: for a short time, for a little while, 1
μῦθος, ὁ: story, word, speech, 13
οὕνεκα: since, because, seeing that, in that, 8
οὕτως: in this way, thus, so, 5
ὀφέλλω: to owe, ought, be obliged, 3
πρίν: until, before, 6
πρό-θυρον, τό: the gateway; doorway, 3
σκοπιή, ἡ: a lookout, lookout-place, 1
σμερδαλέος, -η, -ον: terrible, fearful, dread, 2
τάχα: soon, presently; quickly, forthwith, 2
τετίημαι: to be troubled, grieved, sad, 2
τοκεύς, ὁ, ἡ: parent, 4
ὑπο-στρέφω: turn round, return, come back, 1
φιλότης, -τητος, ὁ: friendship, love, kinship 4
χόλος, ὁ: anger, wrath, 1
χωλός, -η, -ον: lame, 2

---

301 ὑποστρέψας: *turning back*; aor. pple
302 οἱ: *to him*; i.e. to Hephaestus
     ἔχεν: *was keeping*; 3$^{rd}$ sg. impf. ἔχω
303 βῆ δ' ἴμεναι: *set out to go*; aor. βαίνω
     τετιημένος: pf. pple τετίημαι
     φίλον ἦτορ: *in his heart*; acc. respect
304 ἔστη: 3$^{rd}$ sg. aor. ἵστημι
     μιν: *him*; 3$^{rd}$ person pronoun
     ᾕρει: *began to seize*; 3$^{rd}$ sg. inchoative
     imperfect αἱρέω
305 σμερδαλέον: adverbial acc. or inner acc.
306 Ζεῦ: O Zeus; vocative direct address
     αἰὲν: αἰεί
     ἐόντες: nom. pl. pres. pple εἰμί
307 ἵνα...ἴδησθε: *so that you may...*; purpose
     clause; 2$^{nd}$ pl. mid. εἶδον
308 ὡς...ἀτιμάζει: *how...dishonored*
     Διός: *of Zeus*; gen. sg.
310 ὁ μὲν: *he (is)*; i.e. Ares
311 γενόμην: *became*; aor.

οὔ τι: *not at all*
αἴτιος: *is responsible to me*; supply verb
312 τοκῆε δύω: *my two parents*; dual nom.
     τὼ: *who...*; dual nom. relative pronoun
     ὄφελλον: *ought to have given birth (to
     me)*; impf. + aor. inf.
313 ὄψεσθ ': *you all will see*; mid. fut. ὁράω
     ἵνα: *where*
     καθεύδετον: dual present
314 βάντες: nom. aor. pple. βαίνω
     ὁρόων: nom. sg. pres. pple. ὁράω
     ἀκάχημαι: *I am grieved*; pres. pass.
     ἀχεύω
315 ἔολπα: *I expect that*; 1$^{st}$ sg. pf. ἔλπομαι
     σφεας κειέμεν: *that they lie down*; inf.
316 καὶ...περ φιλέοντε: *though being in love*;
     dual pres. pple
318 εἰς ὅ: *until*; "to which (time)"
     ἀποδῶσιν: *pays back*; aor. subj.
319 ὅσσα: *as many (gifts) as*

ὣς ἔφαθ', οἱ δ' ἀγέροντο θεοὶ ποτὶ χαλκοβατὲς δῶ·       321

ἦλθε Ποσειδάων γαιήοχος, ἦλθ' ἐριούνης                      322

Ἑρμείας, ἦλθεν δὲ ἄναξ ἑκάεργος Ἀπόλλων.                   323

θηλύτεραι δὲ θεαὶ μένον αἰδοῖ οἴκοι ἑκάστη.                   324

ἔσταν δ' ἐν προθύροισι θεοί, δωτῆρες ἑάων·                  325

ἄσβεστος δ' ἄρ' ἐνῶρτο γέλως μακάρεσσι θεοῖσι              326

τέχνας εἰσορόωσι πολύφρονος Ἡφαίστοιο.                     327

ὧδε δέ τις εἴπεσκεν ἰδὼν ἐς πλησίον ἄλλον·                   328

"οὐκ ἀρετᾷ κακὰ ἔργα· κιχάνει τοι βραδὺς ὠκύν,           329

ὡς καὶ νῦν Ἥφαιστος ἐὼν βραδὺς εἷλεν Ἄρηα               330

ὠκύτατόν περ ἐόντα θεῶν οἳ Ὄλυμπον ἔχουσιν,             331

χωλὸς ἐὼν τέχνησι· τὸ καὶ μοιχάγρι' ὀφέλλει."             332

ὣς οἱ μὲν τοιαῦτα πρὸς ἀλλήλους ἀγόρευον·                 333

Ἑρμῆν δὲ προσέειπεν ἄναξ Διὸς υἱὸς Ἀπόλλων·              334

"Ἑρμεία, Διὸς υἱέ, διάκτορε, δῶτορ ἑάων,                  335

ἦ ῥά κεν ἐν δεσμοῖς ἐθέλοις κρατεροῖσι πιεσθεὶς          336

εὕδειν ἐν λέκτροισι παρὰ χρυσέῃ Ἀφροδίτῃ;"             337

τὸν δ' ἠμείβετ' ἔπειτα διάκτορος ἀργειφόντης·            338

"αἲ γὰρ τοῦτο γένοιτο, ἄναξ ἑκατηβόλ' Ἄπολλον·         339

δεσμοὶ μὲν τρὶς τόσσοι ἀπείρονες ἀμφὶς ἔχοιεν,           340

ἀγείρω: to bring together, gather together, 5
ἀγορεύω: to speak in assembly, declare, 7
αἰδώς, -οῦς, ὁ: reverence, respect, modesty, 3
ἀλλήλων, -λοις, -λους: one another, 4
ἀμείβομαι: to reply, respond, 5
ἀμφίς: on both sides, round, about, 4
ἄναξ, -ακτος, ὁ: a lord, master, 5
ἀ-πείρων, -ονος: unable to be loosened, 2
Ἀπόλλων, ὁ: Apollo, 9
Ἀργει-φόντης, ὁ: slayer of Argus, 2
ἀρετάω: to thrive, prosper, 2
Ἄρης, ἡ: Ares, 10
ἄ-σβεστος, -η, -ον: unquenchable, 2
Ἀφροδίτη, ἡ: Aphrodite, 5
βραδύς, -εῖα, -ύ: slow, 2
γαιή-οχος, -ον: earth-embracing, 2
γέλως, ὁ: laughter, 3
δεσμός, ὁ: chains, bindings, bonds, 10
διάκτορος, ὁ: runner, messenger, 2
δώτωρ, -ωρος: giver, 1
δωτήρ, -ῆρος: giver, 1
ἐθέλω: to be willing, wish, desire, 11
εἰσ-οράω: to look upon, view, behold, 6
ἑκά-εργος: far-worker, far-shooter, 1
ἕκαστος, -η, -ον: each, every one, 10
ἑκατη-βόλος: far-shooter, 1
ἐν-όρνυμι: to awaken; break out among, 1
ἔργον, τό: work, labor, deed, act, 8
ἐριούνης, -ες: helper, ready helper, 1
Ἑρμῆς, ὁ: Hermes, 3
εὕδω: to sleep, lie down to sleep, 5

ἐΰς, ὁ: good thing, noble thing, 2
ἦ: in truth, truly (begins open question), 11
Ἥφαιστος, ὁ: Hephaestus, 14
θῆλυς, -εια, -υ: female, feminine, 2
κιχάνω: to come to, come upon, reach, 3
κρατερός, -ή, -όν: strong, stout, mighty, 2
λέκτρον, τό: couch, bed, 2
μάκαρ, -αρος: blessed, happy, 7
μένω: to stay, remain, 9
μοιχάγρια, τά: the fine for adultery, 1
οἴκοι: at home, in the house, 1
Ὄλυμπος, ὁ: Olympus, 3
ὀφέλλω: to owe, ought, be obliged, 3
πιέζω: to squeeze, pinch, press tight, 1
πλησίος, -η, -ον: near, close, 3
πολύ-φρων, -ονος: of great intelligence, 2
Ποσειδεών, -εῶνος, ὁ: Poseidon, 7
ποτί: πρός, 2
πρό-θυρον, τό: the gateway; doorway, 3
προσ-εῖπον: spoke to, addressed, 7
τέχνη, ἡ: art, skill, craft, 2
τοιοῦτος, -αύτη, -οῦτο: such, 5
τόσος, -η, -ον: so much, so many, so great, 4
τρίς: thrice, three times, 3
υἱός, -οῦ, ὁ: a son, 9
ὧδε: in this way, so, thus, 5
ὠκύς, -εῖα, -ύ: quick, swift, fleet, 5
χαλκο-βατής, -ες: with a floor of bronze, 1
χρύσεος, -η, -ον: golden, of gold, 11
χωλός, -η, -ον: lame, 2

---

321 ἀγέροντο: gathered; aor. mid. ἀγείρω
322 δῶ: house; acc.
ἦλθε: came; 3rd sg. aor. ἔρχομαι
324 θηλύτεραι: the more feminine; comp. adj.
μένον: remained; 3rd pl. impf. μένω
αἰδοῖ: for shame; dat. sg.
ἑκάστη: i.e. each to her own home
325 ἔσταν: 3rd pl. aor. ἵστημι
ἑάων: of good things; gen. pl. ἐΰς
326 ἐνῶρτο: arose; 3rd sg. aor. ἐνόρνυμι
μακάρεσσι θεοῖσι: among...; dative pl.
with compound verb
327 εἰσορόωσι: dat. pl. pres. pple εἰσοράω
328 εἴπεσκεν: one would speak; aor., -σκ
suggests a customary or repeated action
ἰδών: nom. sg. pple εἶδον
329 ἀρετᾷ: 3rd sg. pres. with neut. pl. subject
βραδύς: the slow; nom. sg.

ὠκύν: the swift; acc. sg.
330 ἐών: being; nom. sg. pple εἰμί
εἷλεν: caught; aor. act. αἱρέω
331 ὠκύτατον: superlative, pred. accusative
περ ἐόντα: though being; concessive
332 τέχνῃσι: dat. pl. of means
ὀφέλλει: he owes; i.e. Ares
334 Διὸς υἱός: son of Zeus
335 ἑάων: of good things; gen. pl. ἐΰς
336 κεν...ἐθέλοις: wouldn't you be willing...?;
potential optative
πιεσθείς: squeezed; aor. pass. pple πιέζω
338 ἠμείβετο: 3rd sg. impf. ἀμείβομαι
339 αἲ γὰρ: would that this might happen;
introducing an aor. optative of wish
340 ἔχοιεν: might hold (us); with αἲ γὰρ

ὑμεῖς δ᾽ εἰσορόωτε θεοὶ πᾶσαί τε θέαιναι,　　　　341

αὐτὰρ ἐγὼν εὕδοιμι παρὰ χρυσέῃ Ἀφροδίτῃ.᾽᾽　　342

ὣς ἔφατ᾽, ἐν δὲ γέλως ὦρτ᾽ ἀθανάτοισι θεοῖσιν.　　343

οὐδὲ Ποσειδάωνα γέλως ἔχε, λίσσετο δ᾽ αἰεὶ　　344

Ἥφαιστον κλυτοεργὸν ὅπως λύσειεν Ἄρηα.　　345

καί μιν φωνήσας ἔπεα πτερόεντα προσηύδα·　　346

᾽᾽λῦσον· ἐγὼ δέ τοι αὐτὸν ὑπίσχομαι, ὡς σὺ κελεύεις,　　347

τίσειν αἴσιμα πάντα μετ᾽ ἀθανάτοισι θεοῖσιν.᾽᾽　　348

τὸν δ᾽ αὖτε προσέειπε περικλυτὸς ἀμφιγυήεις·　　349

᾽᾽μή με, Ποσείδαον γαιήοχε, ταῦτα κέλευε·　　350

δειλαί τοι δειλῶν γε καὶ ἐγγύαι ἐγγυάασθαι.　　351

πῶς ἂν ἐγώ σε δέοιμι μετ᾽ ἀθανάτοισι θεοῖσιν,　　352

εἴ κεν Ἄρης οἴχοιτο χρέος καὶ δεσμὸν ἀλύξας;᾽᾽　　353

τὸν δ᾽ αὖτε προσέειπε Ποσειδάων ἐνοσίχθων·　　354

᾽᾽Ἥφαιστ᾽, εἴ περ γάρ κεν Ἄρης χρεῖος ὑπαλύξας　　355

οἴχηται φεύγων, αὐτός τοι ἐγὼ τάδε τίσω.᾽᾽　　356

τὸν δ᾽ ἠμείβετ᾽ ἔπειτα περικλυτὸς ἀμφιγυήεις·　　357

᾽᾽οὐκ ἔστ᾽ οὐδὲ ἔοικε τεὸν ἔπος ἀρνήσασθαι.᾽᾽　　358

ὣς εἰπὼν δεσμὸν ἀνίει μένος Ἡφαίστοιο.　　359

τὼ δ᾽ ἐπεὶ ἐκ δεσμοῖο λύθεν, κρατεροῦ περ ἐόντος,　　360

106

ἀ-θάνατος, -ον: undying, immortal, 14
αἴσιμος, -η, -ον: in due measure, due, fated, 2
ἀλύσκω: to escape, evade, avoid, forsake, 1
ἀμείβομαι: to reply, respond, 5
ἀμφιγύεις, ὁ: the lame one, halts on his feet 3
ἀν-ίημι: to release, send up, give up, 4
Ἄρης, ἡ: Ares, 10
ἀρνέομαι: to deny, 2
Ἀφροδίτη, ἡ: Aphrodite, 5
αὖτε: again, this time, in turn, 12
γαιή-οχος, -ον: earth-embracing, 2
γέλως, ὁ: laughter, 3
δειλός, -ή, -όν: worthless; cowardly, 2
δεσμός, ὁ: chains, bindings, bonds, 10
δέω: to tie, bind, secure, 7
ἐγγυάω: to give as a pledge, hand over, 2
ἐγγύη, ἡ : pledge, 1
εἰσ-οράω: to look upon, view, behold, 6
Ἐνοσίχθων, -ονος: Earth-shaker, 1
ἔοικα: to be like, seem likely, 11
εὕδω: to sleep, lie down to sleep, 5
Ἥφαιστος, ὁ: Hephaestus, 14
θέαινα, ἡ: goddess, 1
κλυτο-εργός, -όν: famed for his work, 1

κρατερός, -ή, -όν: strong, stout, mighty, 2
λίσσομαι: to beg, pray, entreat, supplicate, 6
λύω: to loosen, undo, unfasten, untie, 5
μένος, τό: might, force, prowess, 11
μή: not, lest, 11
οἴχομαι: to go; depart, 3
ὅπως: how, in what way; in order that, that, 3
ὄρνυμι: to stir, set in motion, rouse, 11
περι-κλυτός, -ή, -όν: very famous, 7
Ποσειδεών, -εῶνος, ὁ: Poseidon, 7
προσ-αυδάω: to speak, address, accost, 5
προσ-εῖπον: spoke to, addressed, 7
πτερόεις, -εντος: feathered, winged, 5
πῶς: how? in what way or manner?, 1
τεός, -ή, -όν: your, 3
τίνω, τίω: to value, pay honor; pay a price, 3
ὑπ-αλύσκω: to escape, evade, avoid, forsake 2
ὑπ-ίσχομαι: to promise, pledge, 1
φεύγω: to flee, escape; defend in court, 3
φωνέω: to utter, speak, 14
χρέος, τό: debt, obligation, 3
χρεῖος, τό: debt, 2
χρύσεος, -η, -ον: golden, of gold, 11

341 εἰσορόῳτε: *you might see*; pres. opt. of
    wish just as the previous two optatives
342 αὐτὰρ..εὕδοιμι: *but that I might sleep*; 1ˢᵗ
    sg. optative of wish
343 ὦρτο: *arose*; 3ʳᵈ sg. aor. ὄρνυμι
    ἔχε: *was holding*; impf.
345 ὅπως λύσειεν: *so that...*; aor. opt. λύω
347 λῦσον: aorist imperative λύω
    αὐτὸν...τίσειν: *this...(namely that I) will
    pay*; fut. infinitive τίω
350 μή...κέλευε: negative command
351 δειλαί...ἐγγυάασθαι: *worthless to be
    sure are the pledges to be accepted for
    the worthless*; "to have a thing pledged to
    one," pres. mid. inf. ἐγγυάω

352 πῶς ἄν ..δέοιμι..εἴ...οἴχοιτο: *how
    could I bind...if...should depart*; fut.
    less vivid condition; potential opt. δέω
353 ἀλύξας: nom. sg. aor. pple ἀλύσκω
    εἰ...ἄν...οἴχηται..τίσω: *if...departs, he
    will pay*; fut. more vivid condition, pres.
    subjunctive and fut. τίω
355 ὑπαλύξας: nom. sg. aor. pple ἀλύσκω
357 οὐκ ἔστ᾽ οὐδὲ ἔοικε: *it is not (possible)
    nor is it seemly...*
358 τεὸν: *your*
    ἀρνήσασθαι: aor. inf. ἀρνέομαι
359 ἀνίει: *released*; 3ʳᵈ sg. impf. ἀνίημι
360 τὼ: *they*; dual nom.
    λύθεν: *were loosened*; dual aor. pass.

αὐτίκ' ἀναΐξαντε ὁ μὲν Θρή κηνδε βεβήκει, 361

ἡ δ' ἄρα Κύπρον ἵκανε φιλομμειδὴς Ἀφροδίτη, 362

ἐς Πάφον· ἔνθα δέ οἱ τέμενος βωμός τε θυήεις. 363

ἔνθα δέ μιν Χάριτες λοῦσαν καὶ χρῖσαν ἐλαίῳ 364

ἀμβρότῳ, οἷα θεοὺς ἐπενήνοθεν αἰὲν ἐόντας, 365

ἀμφὶ δὲ εἵματα ἕσσαν ἐπήρατα, θαῦμα ἰδέσθαι. 366

ταῦτ' ἄρ' ἀοιδὸς ἄειδε περικλυτός· αὐτὰρ Ὀδυσσεὺς 367

τέρπετ' ἐνὶ φρεσὶν ᾗσιν ἀκούων ἠδὲ καὶ ἄλλοι 368

Φαίηκες δολιχήρετμοι, ναυσίκλυτοι ἄνδρες. 369

Ἀλκίνοος δ' Ἅλιον καὶ Λαοδάμαντα κέλευσεν 370

μουνὰξ ὀρχήσασθαι, ἐπεί σφισιν οὔ τις ἔριζεν. 371

οἱ δ' ἐπεὶ οὖν σφαῖραν καλὴν μετὰ χερσὶν ἕλοντο, 372

πορφυρέην, τήν σφιν Πόλυβος ποίησε δαΐφρων, 373

τὴν ἕτερος ῥίπτασκε ποτὶ νέφεα σκιόεντα 374

ἰδνωθεὶς ὀπίσω, ὁ δ' ἀπὸ χθονὸς ὑψός' ἀερθεὶς 375

ῥηιδίως μεθέλεσκε, πάρος ποσὶν οὖδας ἱκέσθαι. 376

αὐτὰρ ἐπεὶ δὴ σφαίρῃ ἀν' ἰθὺν πειρήσαντο, 377

ὀρχείσθην δὴ ἔπειτα ποτὶ χθονὶ πουλυβοτείρῃ 378

ταρφέ' ἀμειβομένω· κοῦροι δ' ἐπελήκεον ἄλλοι 379

ἑσταότες κατ' ἀγῶνα, πολὺς δ' ὑπὸ κόμπος ὀρώρει. 380

ἀγών, -ῶνος, ὁ: assembly, 5
ἀείδω: to sing, 13
ἀείρω: to lift, raise up, 1
ἀκούω: to hear, listen to, 14
Ἅλιος, ὁ: Halius, 2
ἄμ-βροτος, -η, -ον: immortal, divine, 3
ἀμείβομαι: to reply, respond, 5
ἀν-αίσσω: to start, spring, leap up, 2
ἀοιδός, ὁ: bard, singer, 12
αὐτίκα: straightway, at once; presently, 6
Ἀφροδίτη, ἡ: Aphrodite, 5
βωμός, ὁ: a platform; altar, 3
δαί-φρων, -ονος: skilled in war, in peace, 7
δολιχ-ήρετμος, -ον: long-oared, 2
ἔλαιον, τό: olive-oil, 7
ἕννυμι: to put clothes on, clothe, put on, 4
ἐπενήνοθε: *3rd sg.* to cover, be on the surface 1
ἐπ-ήρατος, -ον: lovely, charming, pleasing, 1
ἐπι-ληκέω: to beat time to, 1
ἐρίζω: to contend, quarrel, strive, 3
ἕτερος, -η, -ον: one of two, one...the other, 4
θαῦμα, -ατος, τό: wonder, amazement, 3
Θρήκην-δε: to Thrace, 1
θυήεις: fragrant with sacrifice, 1
ἰδνόομαι: to bend oneself, lean, 1
ἰθύς, ἡ: straight (course)
ἱκάνω: to approach, come, arrive, reach, 10
κόμπος, ὁ: noise, din, 1
κοῦρος, ὁ: boy, young man, son, 7
Κύπρος, ὁ: Cyprus, 1
Λαοδάμας, -αντος, ὁ: Laodamas, 9
λούω: to wash, bathe, 10
μεθ-αιρέω: to catch in turn, 1

μουνάξ: alone, by oneself, singly, 1
ναυσι-κλυτός, -όν: famed for ships, 3
νέφος, -εος τό: cloud, mass of clouds, 1
οἷος, -α, -ον: of what sort, such, as, 8
ὀπίσσω: backwards; in the future, later, 3
ὄρνυμι: to stir, set in motion, rouse, 11
ὀρχέομαι: to dance, dance in a row, 2
οὖδας, τό: ground, earth, 1
οὖν: and so, then; at all events, 4
πάρος: before, formerly, in former time 6
Πάφος, ὁ: Paphos, 1
πειράω: to try, attempt, endeavor, 13
περι-κλυτός, -ή, -όν: very famous, 7
Πόλυβος, ὁ: Polybus, 1
ποιέω: to do, make, create, compose, 5
πολυ-βότειρος, -η, -ον:: much nourishing, 1
πορφύρεος, -η, -ον: darkgleaming, dark red, 3
ποτί: πρός, 2
πούς, ποδός, ὁ: a foot, 12
ῥηδίως: easily, 1
ῥίπτω: to throw, cast, hurl, 2
σκιόεις, -εντος: shady, shadowy, dim 2
σφαῖρα, ἡ: ball, playing-ball, 4
ταρφέα: often, frequently, 1
τέμενος, τό: precinct, marked off land, 2
τέρπω: to delight; mid. enjoy, feel joy, 12
ὑπό: because of, from (gen.), under (dat.), 14
ὑψόσε: upward, aloft, on high, 1
φιλο-μμειδής, -ές: laughter-loving, 1
Χάρις, -ιτος, ἡ: Grace, 2
χθών, -ονός, ἡ: the earth, ground, 6
χρίω: to anoint, rub, 4

---

361 ἀναΐξαντε: *(the two) leaping up*; dual
nom. pple. ἀν-αίσσω
ὁ μὲν...ἡ δὲ: *the one...the other*;
βεβήκει: *had set out*; plpf. βαίνω
363 ἔνθα δέ οἱ: *where (there is) to her*; dat. of
possession, supply the verb
λοῦσαν, χρῖσαν: 3rd pl. aor. λούω, χρίω
οἷα: *such (oils)*; neuter pl. relative, the
subject of a 3rd singular verb
365 αἰὲν ἐόντας: *living always*; "being
always"
366 ἀμφὶ...ἕσσαν: *they put around*; aor.
ἕννυμι
ἰδέσθαι: *to look upon*; epexegetical
(explanatory) inf. εἶδον
ᾗσιν: *his*; dat. pl. ἑός
371 ὀρχήσασθαι: *to dance*; aor. inf.

σφισιν: *them*; dat. governed by ἔριζεν
373 οἱ δ ': *they*; i.e. the two young men
χερσὶν: dat. pl. χείρ
ἕλοντο: *took*; aor. mid. αἱρέω
τὴν: *which...*; relative pronoun
374 ῥίπτασκε: *would throw*; impf., -σκ
suggests iterative or customary action
375 ἰδνωθείς: *bending*; nom. aor. pass. pple
ἀερθείς: *lifted up*; aor. pass. pple ἀείρω
376 μεθέλεσκε: *would catch*; aor. μεθαιρέω
-σκ suggests repeated, customary action
377 ἀν ' ἰθύν: *straight up*
378 ὀρχείσθην: dual aor. pass. dep ὀρχέομαι
380 ἑσταότες: *standing*; pf. pple ἵστημι
ὀρώρει: *had arisen*; plpf. ὄρνυμι

δὴ τότ᾽ ἄρ᾽ Ἀλκίνοον προσεφώνεε δῖος Ὀδυσσεύς·            381

" Ἀλκίνοε κρεῖον, πάντων ἀριδείκετε λαῶν,            382

ἠμὲν ἀπείλησας βητάρμονας εἶναι ἀρίστους,            383

ἠδ᾽ ἄρ᾽ ἑτοῖμα τέτυκτο· σέβας μ᾽ ἔχει εἰσορόωντα."            384

ὣς φάτο, γήθησεν δ᾽ ἱερὸν μένος Ἀλκινόοιο,            385

αἶψα δὲ Φαιήκεσσι φιληρέτμοισι μετηύδα·            386

"κέκλυτε, Φαιήκων ἡγήτορες ἠδὲ μέδοντες.            387

ὁ ξεῖνος μάλα μοι δοκέει πεπνυμένος εἶναι.            388

ἀλλ᾽ ἄγε οἱ δῶμεν ξεινήιον, ὡς ἐπιεικές.            389

δώδεκα γὰρ κατὰ δῆμον ἀριπρεπέες βασιλῆες            390

ἀρχοὶ κραίνουσι, τρισκαιδέκατος δ᾽ ἐγὼ αὐτός·            391

τῶν οἱ ἕκαστος φᾶρος ἐυπλυνὲς ἠδὲ χιτῶνα            392

καὶ χρυσοῖο τάλαντον ἐνείκατε τιμήεντος.            393

αἶψα δὲ πάντα φέρωμεν ἀολλέα, ὄφρ᾽ ἐνὶ χερσὶ            394

ξεῖνος ἔχων ἐπὶ δόρπον ἴῃ χαίρων ἐνὶ θυμῷ.            395

Εὐρύαλος δέ ἑ αὐτὸν ἀρεσσάσθω ἐπέεσσι            396

καὶ δώρῳ, ἐπεὶ οὔ τι ἔπος κατὰ μοῖραν ἔειπεν."            397

ὣς ἔφαθ᾽, οἱ δ᾽ ἄρα πάντες ἐπῄ            νεον ἠδ᾽ ἐκέλευον,            398

δῶρα δ᾽ ἄρ᾽ οἰσέμεναι προέσαν κήρυκα ἕκαστος.            399

τὸν δ᾽ αὖτ᾽ Εὐρύαλος ἀπαμείβετο φώνησέν τε·            400

αἶψα: straightaway, quickly, at once, 6
ἀολλής, -ές: all together, in throngs, crowds, 1
ἀπ-αμείβομαι: to reply, answer, 11
ἀπ-ειλέω: to threaten; *here* boast, promise, 1
ἀρέσκω: to make amends, appease, 3
ἀρι-δείκετος, -ον: renowned, much shown, 2
ἀρι-πρεπής, -ές: very distinguished, stately, 3
ἀρχός, ὁ: leader, commander, captain, 2
αὖτε: again, this time, in turn, 12
βασιλεύς, ὁ: a king, chief, 10
βητάρμων, -ονος, ὁ: a dancer, 2
γηθέω: to rejoice, 5
δῆμος, ὁ: district, country, land; people, 12
δόρπον, τό: dinner, the evening meal, 3
δοκέω: to seem, seem good, think, imagine, 2
δώδεκα: twelve, 1
δῶρον, τό: gift, present; reward, 8
εἰσ-οράω: to look upon, view, behold, 6
ἕκαστος, -η, -ον: each, every one, 10
ἐπ-αινέω: to approve, assent, concur, 2
ἐπιεικής, -ές: fitting, suitable, 1
ἑτοῖμος, -η, -ον: at hand, ready, prepared, 3
ἐυ-πλυνής, -ες: well-washed, well-cleansed, 1
Εὐρύαλος, ὁ: Euryalus, "Broad-sea" 6
ἡγήτωρ, -ορος, ὁ: leader, commander, 8

ἠμέν: both, as well, as also, 2
ἱερός, -ή, -όν: holy, divine; *n.* temple, victim 7
κλύω: to hear, 8
κραίνω: to accomplish; hold sway, reign, 2
κρείων, ὁ: ruler, lord, master, 2
λαός, ὁ: the people, 10
μέδων, -οντος, ὁ: ruler, lord , commander, 7
μένος, τό: might, force, prowess, 11
μετ-αυδάω: to address, speak among, 5
μοῖρα, ἡ: due measure, portion, one's lot, 6
ξεινήιον, τό: a host's gift, 1
πέπνυμαι: to be wish, prudent; have breath, 2
προ-ίημι: to send forth, throw, launch, 2
προσ-φωνέω: to call to, speak to, address, 1
σέβας, τό: reverential awe, astonishment, 2
τάλαντον, τό: a talent (a unit of weight), 1
τεύχω: to make, build, construct, prepare, 12
τιμήεις, -εσσα, -εν: honored, esteemed, 1
τρισ-και-δέκατος, -η, -ον: thirteenth, 1
φᾶρος, τό: mantle, cloak, 8
φιλ-ήρετμος, -η, -ον: lover of the oar, 3
φωνέω: to utter, speak, 14
χαίρω: to rejoice, be glad; fare well, 10
χιτών, -ῶνος, ἡ: tunic, 6
χρυσός, ὁ: gold, 3

381 δὴ τότ ': *just then*
382 Ἀλκίνοε κρεῖον: vocative direct address
383 ἠμὲν...ἠδέ: *both...and*
βητάρμονας: *that the dancers*; acc. subj.
of ind. statement following ἀπείλησας
εἶναι: inf. εἰμί
384 τέτυκτο: *had made*; plpf. τεύχω
387 Κέκλυτε: reduplicated aor. imper. κλύω
388 μοι δοκέει: *the guest seems to me to...*
πεπνυμένος: *a man of understanding*;
"one being wise" pf. pple related to πνέω
389 ἄγε: *come now*; introducing an imper.
δῶμεν: *let us give*; aor. hortatory subj.
ὡς: *as (it is)...*; supply ἐστίν
391 ἀρχοί: *as leaders*; nom. in apposition
393 ἐνείκατε: *bring*; 2nd pl. aor. imper. φέρω

from the 2nd aor. stem ενεκ, ενεγκ
φέρωμεν: *let us bring*; aor. hortatory subj.
394 ὄφρ '...ἴη: *so that...may go*; purpose
clause with 3rd sg. pres. subj. ἔρχομαι
396 ἑ αὐτὸν: *him himself*; 3rd person. Acc. sg.
pronoun and an intensive pronoun
ἀρεσσάσθω: *let...make amends to* (acc);
3rd sg. aor. mid. impf. ἀρέσκω
ἐπέεσσι: dat. pl. of means, ἔπος
397 οὔ τι: *not at all*
κατὰ μοῖραν: *according to due measure*
398 ἐπήνεον: *3rd pl.* impf. ἐπ-αινέω
399 οἰσέμεναι: fut. inf. φέρω (οισ) expressing
purpose
προέσαν: *sent forth*; impf. προίημι

" Ἀλκίνοε κρεῖον, πάντων ἀριδείκετε λαῶν,    401

τοιγὰρ ἐγὼ τὸν ξεῖνον ἀρέσσομαι, ὡς σὺ κελεύεις.    402

δώσω οἱ τόδ᾽ ἄορ παγχάλκεον, ᾧ ἔπι κώπη    403

ἀργυρέη, κολεὸν δὲ νεοπρίστου ἐλέφαντος    404

ἀμφιδεδίνηται· πολέος δέ οἱ ἄξιον ἔσται."    405

ὣς εἰπὼν ἐν χερσὶ τίθει ξίφος ἀργυρόηλον    406

καί μιν φωνήσας ἔπεα πτερόεντα προσηύδα·    407

"χαῖρε, πάτερ ὦ ξεῖνε· ἔπος δ᾽ εἴ πέρ τι βέβακται    408

δεινόν, ἄφαρ τὸ φέροιεν ἀναρπάξασαι ἄελλαι.    409

σοὶ δὲ θεοὶ ἄλοχόν τ᾽ ἰδέειν καὶ πατρίδ᾽ ἱκέσθαι    410

δοῖεν, ἐπεὶ δὴ δηθὰ φίλων ἄπο πήματα πάσχεις."    411

τὸν δ᾽ ἀπαμειβόμενος προσέφη πολύμητις Ὀδυσσεύς·    412

"καὶ σὺ φίλος μάλα χαῖρε, θεοὶ δέ τοι ὄλβια δοῖεν.    413

μηδέ τι τοι ξίφεός γε ποθὴ μετόπισθε γένοιτο    414

τούτου, ὃ δή μοι δῶκας ἀρεσσάμενος ἐπέεσσιν."    415

ἦ ῥα καὶ ἀμφ᾽ ὤμοισι θέτο ξίφος ἀργυρόηλον.    416

δύσετό τ᾽ ἠέλιος, καὶ τῷ κλυτὰ δῶρα παρῆεν.    417

καὶ τά γ᾽ ἐς Ἀλκινόοιο φέρον κήρυκες ἀγαυοί·    418

δεξάμενοι δ᾽ ἄρα παῖδες ἀμύμονος Ἀλκινόοιο    419

μητρὶ παρ᾽ αἰδοίῃ ἔθεσαν περικαλλέα δῶρα.    420

ἀγαυός, -ή, -όν: illustrious, noble, 2
ἄελλα, ἡ: squal, whirlwind, stormy wind, 1
αἰδοῖος, -α, -ον: reverent, august, venerable, 6
ἄλοχος, ἡ: wife, spouse, 2
ἀμύμων, -ονος: blameless, noble, 8
ἀμφι-δινέομαι: to be put around, 1
ἀν-αρπάζω: to snatch up, 1
ἄξιος, -η, -ον: worthy, due, 1
ἄορ, τό: sword, sword hung on a belt, 1
ἀπ-αμείβομαι: to reply, answer, 11
ἀργύρεος, -η, -ον: of silver, silver, 5
ἀργυρό-ηλος, -ον: silver-studded, 4
ἀρέσκω: to make amends, appease, 3
ἀρι-δείκετος, -ον: renowned, much shown, 2
ἄφαρ: straightway, at once, quickly, soon, 3
βάζω: to speak, say, utter, 1
δεινός, -ή, -όν: fearful, terrible, dire, strange, 5
δέχομαι: to accept, receive; wait for, expect, 3
δηθά: for a long time, for long, long, 2
δύω: to enter, go; set, 10
δῶρον, τό: gift, present; reward, 8
ἐλέφας, -φαντος, ὁ: ivory; elephant, 1
ἦ: in truth, truly (begins open question), 11
ἠέλιος, ὁ: sun, 7
ἠμί: I say, 4
κλυτός, -ή, -όν: famous, renowned, heard of, 6

κολεόν, τό: scabbard, sheath, 1
κρείων, ὁ: ruler, lord, master, 2
κώπη, ἡ: handle of a sword or an oar, 1
λαός, ὁ: the people, 10
μετ-όπισθε : again, back, from behind, 1
μη-δέ: and not, but not, nor, 7
μήτηρ, ἡ: a mother, 11
νεό-πριστος, -ον: newly sawn, fresh-sawn, 1
ξίφος, τό: sword, 3
ὄλβιος, -η, -ον: happy, blest, fortunate, 2
παγ-χάλκεος, ον: all-brass, all-brasen, 1
παῖς, παιδός, ὁ, ἡ: a child, boy, girl; slave, 13
πάρ-ειμι: to be near, be present, 3
πάσχω: to suffer, experience, 10
πατρίς, -ιδος, ἡ: of one's father, 11
περι-καλλής, -ές: beautiful, fair, lovely, 5
πῆμα, -ατος, τό: suffering, misery, woe, 4
πολύ-μητις: of much cunning, many device, 9
ποθή, ἡ: longing, yearning, mourning, 2
προσ-αυδάω: to speak, address, accost, 5
πρόσ-φημι: to speak to, address, 12
πτερόεις, -εντος: feathered, winged, 5
τοι-γάρ: so then, therefore, accordingly, 2
χαίρω: to rejoice, be glad; fare well, 10
ὤ: O! oh!, 4
ὦμος, ὁ: shoulder, 6

401  Ἀλκίνοε κρεῖον: vocative direct address
402  ἀρέσσομαι: will make amends to (acc.);
     fut. dep. ἀρέσκω
403  δώσω: 1ˢᵗ sg. fut. δίδωμι
     ᾧ ἔπι: on which (there is); relative
405  ἀμφιδεδίνηται: has been placed around;
     pf. pass. ἀμφιδινέομαι
     πολέος ἄξιον: worth much; "worthy of
     much"
     ἔσται: 3ʳᵈ sg. fut. dep. εἰμί
406  ἐν χερσὶ: in his hands; dat. χείρ
     τίθει τίθεε, 3ʳᵈ sg. impf. τίθημι
407  ἔπεα: neut. pl. acc. ἔπος
408  χαῖρε: sg. imperative
     βέβακται: has been uttered; pf. βάζω
409  τὸ: it; i.e. the harsh word, acc. sg.
     φέροιεν: may...carry; opt. of wish. φέρω
     ἀναρπάξασαι: nom. pl. aor. pple
410  ἰδέειν, ἱκέσθαι: aor. inf. of εἶδον and
     ἱκνέομαι

411  δοῖεν: may...grant; 3ʳᵈ pl. opt. of wish
     φίλων ἄπο: far away from friends
412  προσέφη: addressed; impf. πρόσ-φημι
413  φίλος: O friend; nom. apposition where
     one would expect voc. direct address
     δοῖεν: may...give; aor. opt. of wish
414  μηδέ τί...γένοιτο: may..not at all occur;
     aor. opt. of wish γίγνομαι
     ξίφεος: for the sword; objective gen.
415  θέτο: placed; 3ʳᵈ sg. aor. mid. τίθημι
416  Ἦ ῥα: so he spoke; 3ʳᵈ sg. impf. ἠμί
417  δύσετο: set; 3ʳᵈ sg. aor. mid. δύω
     παρῆεν: were at hand; impf. πάρειμι
     with a neuter plural subject
418  τά γ ': and these things; i.e. the gifts
     ἐς Ἀλκινόοιο: to Alcinous' (house)
419  δεξάμενοι: aor. δέχομαι
420  ἔθεσαν: placed; 3ʳᵈ pl. aor. τίθημι

τοῖσιν δ᾽ ἡγεμόνευ᾽ ἱερὸν μένος Ἀλκινόοιο, 421

ἐλθόντες δὲ καθῖζον ἐν ὑψηλοῖσι θρόνοισι. 422

δή ῥα τότ᾽ Ἀρήτην προσέφη μένος Ἀλκινόοιο· 423

"δεῦρο, γύναι, φέρε χηλὸν ἀριπρεπέ᾽, ἥ τις ἀρίστη· 424

ἐν δ᾽ αὐτῇ θὲς φᾶρος ἐϋπλυνὲς ἠδὲ χιτῶνα. 425

ἀμφὶ δέ οἱ πυρὶ χαλκὸν ἰήνατε, θέρμετε δ᾽ ὕδωρ, 426

ὄφρα λοεσσάμενός τε ἰδών τ᾽ εὖ κείμενα πάντα 427

δῶρα, τά οἱ Φαίηκες ἀμύμονες ἐνθάδ᾽ ἔνεικαν, 428

δαιτί τε τέρπηται καὶ ἀοιδῆς ὕμνον ἀκούων. 429

καί οἱ ἐγὼ τόδ᾽ ἄλεισον ἐμὸν περικαλλὲς ὀπάσσω, 430

χρύσεον, ὄφρ᾽ ἐμέθεν μεμνημένος ἤματα πάντα 431

σπένδῃ ἐνὶ μεγάρῳ Διί τ᾽ ἄλλοισίν τε θεοῖσιν." 432

ὣς ἔφατ᾽, Ἀρήτη δὲ μετὰ δμῳῆσιν ἔειπεν 433

ἀμφὶ πυρὶ στῆσαι τρίποδα μέγαν ὅττι τάχιστα. 434

αἱ δὲ λοετροχόον τρίποδ᾽ ἵστασαν ἐν πυρὶ κηλέῳ, 435

ἔν δ᾽ ἄρ᾽ ὕδωρ ἔχεαν, ὑπὸ δὲ ξύλα δαῖον ἑλοῦσαι. 436

γάστρην μὲν τρίποδος πῦρ ἄμφεπε, θέρμετο δ᾽ ὕδωρ· 437

τόφρα δ᾽ ἄρ᾽ Ἀρήτη ξείνῳ περικαλλέα χηλὸν 438

ἐξέφερεν θαλάμοιο, τίθει δ᾽ ἐνὶ κάλλιμα δῶρα, 439

ἐσθῆτα χρυσόν τε, τά οἱ Φαίηκες ἔδωκαν· 440

ἀκούω: to hear, listen to, 14
ἄλεισον, τό: cup, goblet, 1
ἀμύμων, -ονος: blameless, noble, 8
ἀμφι-έπω: to tend do, busy about, 1
ἀοιδή, ἡ: song, lay, 8
Ἀρήτη, ἡ: Arete, wife of Alcinoos, 11
ἀρι-πρεπής, -ές: very distinguished, 3
γάστηρ, ἡ: underside, 1
δαίς, -τός, ἡ: meal, 9
δαίω: kindle; *mid.* burn, blaze, 5
δεῦρο: hither, here, 4
δμῳή, ἡ: a female servant, 5
δῶρον, τό: gift, present; reward, 8
ἐκ-φέρω: to carry out, carry off, 1
ἐνθάδε: here, hither, there, thither, 8
ἐσθής, -ῆτος, ἡ: clothing, clothes, 5
εὖ: well, 11
ἐυ-πλυνής, -ες: well-washed, well-cleansed, 2
ἦμαρ, -ατος, τό: day, 13
ἡγεμονεύω: to lead, rule, command, 4
ἰαίνω: to heat, warm, gladden, cheer, 2
ἱερός, -ή, -όν: holy, divine; *n.* temple, victim 7
θάλαμος, ὁ: room, chamber, sleeping room, 5
θέρμω: to warm, heat, make hot, 2
θρόνος, ὁ: a seat, chair, 7
κάλλιμος, -η, -ον: beautiful, 1
καθ-ίζω: to sit down, make sit down, 2
κεῖμαι: to lie down, be laid, 7

κήλεος, -ον: burning, 1
λοέσσομαι: to wash, bathe, 2
λοετροχόος, -ον: water-washing, 1
μένος, τό: might, force, prowess, 11
μετ-εῖπον: to speak among, address, 4
μιμνήσκω: to remind, recall, recollect, 6
ξύλον, τό: wood, 1
ὀπάζω: to give, grant, 3
περι-καλλής, -ές: beautiful, fair, lovely, 5
πρόσ-φημι: to speak to, address, 12
πῦρ, πυρός, τό: fire, 9
σπένδω: to pour a drink-offering, libation, 8
τάχιστα: very quickly, very speedily, 4
τέρπω: to delight; mid. enjoy, feel joy, 12
τόφρα: during that time, meanwhile, 4
τρί-πους, -ποδος, ὁ: three-footed, tripod, 3
ὕδωρ, ὕδατος, τό: water, 6
ὕπνος, ὁ: sleep, slumber, 5
ὑπό: because of, from (gen.), under (dat.), 14
ὑψ-ηλός, -ή, -όν: high, lofty, tall, 7
φᾶρος, τό: mantle, cloak, 8
χαλκός, ὁ: copper, bronze, 2
χέω: to pour, 6
χηλός, -οῦ, ἡ: a large chest, coffer, 2
χιτών, -ῶνος, ἡ: tunic, 6
χρύσεος, -η, -ον: golden, of gold, 11
χρυσός, ὁ: gold, 3

---

421 τοῖσιν: *them*; dat. pl.
422 ἐλθόντες: nom. pl. aor. pple. ἔρχομαι
    καθῖζον: 3ʳᵈ pl. impf. καθίζω
423 προσέφη: *addressed*; impf. πρόσ-φημι
424 γύναι: *O woman*; vocative direct address
    ἥ τις: *whatever (is)*; relative
425 ἐν δ ': *in (it); therein*
    θές: *place*; aor. sg. imperative τίθημι
426 χαλκὸν: a bronze (cauldron)
    ἰήνατε: *heat up*; 2ⁿᵈ pl. aor. imper. ἰαίνω
427 ὄφρα...τέρπηται: *so that he might delight in the feast...*; purpose
    ἰδών...δῶρα: *seeing all the gifts well stored*; nom. sg. aor. εἶδον
428 τά...ἔνεικαν: *which...carried*; relative clause, 3ʳᵈ pl. aor. φέρω (ενεκ, ενεγκ)
430 ὀπάσσω: 1ˢᵗ sg. fut. ὀπάζω
431 ὄφρα...σπένδῃ: *that he may make a libation*; 3ʳᵈ sg. pres. subj. σπένδω
    ἐμέθεν: *me*; gen. obj. of μεμνημένος

μεμνημένος: *recalling*; pf. pple μιμνήσκω
ἤματα πάντα: *every day*; "for all days" acc. of duration
432 Διί: *of Zeus*
433 μετὰ...ἔειπεν: *told*; tmesis + dat.
434 στῆσαι: *to set*; "make stand" aor. inf. ἵστημι
    ὅττι τάχιστα: *as quickly as possible*
435 αἱ δὲ: *they*; i.e. the servants
    ἔστασαν: *set*; "make stand" 3ʳᵈ pl. aor. ἵστημι
436 ἐν δ ': *in (it); therein*
    ἔχεαν: *poured*; 3ʳᵈ pl. aor. χέω
    ὑπὸ δὲ: *beneath (it)*
    δαῖον: *kindled*; 3ʳᵈ pl. impf. δαίω
    ἐλοῦσαι: *taking*; nom. pl. aor. αἱρέω
437 ἄμφεπε: *busied about*; impf. ἀμφιέπω
439 ἐξέφερεν: 3ʳᵈ sg. impf. ἐκφέρω
    τίθει: τίθεε, 3ʳᵈ sg. impf. τίθημι
440 ἔδωκεν: 3ʳᵈ sg. aor. δίδωμι

ἐν δ' αὐτῇ φᾶρος θῆκεν καλόν τε χιτῶνα,            441

καί μιν φωνήσασ' ἔπεα πτερόεντα προσηύδα·          442

"αὐτὸς νῦν ἴδε πῶμα, θοῶς δ' ἐπὶ δεσμὸν ἴηλον,    443

μή τίς τοι καθ' ὁδὸν δηλήσεται, ὁππότ' ἂν αὖτε     444

εὕδῃσθα γλυκὺν ὕπνον ἰὼν ἐν νηὶ μελαίνῃ."          445

αὐτὰρ ἐπεὶ τό γ' ἄκουσε πολύτλας δῖος Ὀδυσσεύς,     446

αὐτίκ' ἐπήρτυε πῶμα, θοῶς δ' ἐπὶ δεσμὸν ἴηλε        447

ποικίλον, ὅν ποτέ μιν δέδαε φρεσὶ πότνια Κίρκη·     448

αὐτόδιον δ' ἄρα μιν ταμίη λούσασθαι ἀνώγει          449

ἔς ῥ' ἀσάμινθον βάνθ'· ὁ δ' ἄρ' ἀσπασίως ἴδε θυμῷ   450

θερμὰ λοέτρ', ἐπεὶ οὔ τι κομιζόμενός γε θάμιζεν,    451

ἐπεὶ δὴ λίπε δῶμα Καλυψοῦς ἠϋκόμοιο.                452

τόφρα δέ οἱ κομιδή γε θεῷ ὣς ἔμπεδος ἦεν.           453

τὸν δ' ἐπεὶ οὖν δμῳαὶ λοῦσαν καὶ χρῖσαν ἐλαίῳ,      454

ἀμφὶ δέ μιν χλαῖναν καλὴν βάλον ἠδὲ χιτῶνα,         455

ἔκ ῥ' ἀσαμίνθου βὰς ἄνδρας μέτα οἰνοποτῆρας         456

ἤϊε· Ναυσικάα δὲ θεῶν ἄπο κάλλος ἔχουσα             457

στῆ ῥα παρὰ σταθμὸν τέγεος πύκα ποιητοῖο,           458

θαύμαζεν δ' Ὀδυσῆα ἐν ὀφθαλμοῖσιν ὁρῶσα,            459

καί μιν φωνήσασ' ἔπεα πτερόεντα προσηύδα·           460

ἀκούω: to hear, listen to, 14
ἀνώγω: to command, order, bid, 4
ἀσάμινθος, ἡ: bathing-tub, 2
ἀσπασίως: gladly, pleasingly, 1
αὖτε: again, this time, in turn, 12
αὐτίκα: straightway, at once; presently, 6
αὐτόδιον: straightaway, 1
βάλλω: to throw, shoot, hit, strike, 10
γλυκύς, ύ: sweet, pleasant, 3
δάω: to learn, get to know; teach, 4
δεσμός, ὁ: chains, bindings, bonds, 10
δηλέομαι: to hurt, do mischief to, 1
δμῳή, ἡ: a female servant, 5
ἔλαιον, τό: olive-oil, 7
ἔμ-πεδος, -ον: steadfast; adv. continuously, 4
ἐπ-αρτύω: to fit on, 1
εὕδω: to sleep, lie down to sleep, 5
ἠύ-κομος, -ον: fair-haired, 1
θαμίζω: to go about, come often, 2
θαυμάζω: to wonder, marvel, be astonished, 4
θερμός, -όν: hot, warm, 2
θοός, -ή, -όν: swift, quick, nimble, 7
ἰάλλω: to send forth, send, let loose, 4
κάλλος, -εος, τό: beauty, 3
Καλυψώ, -οος, ἡ: Calypso, 4
Κίρκη, ἡ: Circe, 1
κομιδή, ἡ: provisions, care, attendance, 2
κομίζω: to take care of, provide for, attend, 2
λείπω: to leave, forsake, abandon, 9

λοετρόν, τό: bathwater, bath, 2
λούω: to wash, bathe, 10
μέλας, μέλαινα, μέλαν: black, dark, 7
μή: not, lest, 11
Ναυσικάα, ἡ: Nausikaa, 11
ὁδός, ἡ: road, way, path, journey, 7
οἰνο-ποτήρ, ὁ: wine-drinker, 1
ὁπότε: when, by what time, 2
ὁράω: to see, 6
οὖν: and so, then; at all events, 4
ὀφθαλμός, ὁ: the eye, 2
πότνια, ἡ: mistress, queen, 3
ποιητός, -ή, -όν: made, crafted, 1
ποικίλος, -η, -ον: many-colored, spotted, 1
πολύ-τλας, -αντος: much-enduring, stout, 10
προσ-αυδάω: to speak, address, accost, 5
πτερόεις, -εντος: feathered, winged, 5
πύκα: strongly, thickly, 1
πῶμα, -ατος, τό: lid, cover, 2
σταθμός, ὁ: door-post, column, 3
ταμίη, ἡ: housekeeper, 3
τέγος, -γεος, ὁ: a roof, house, 1
τόφρα: during that time, meanwhile, 4
ὕπνος, ὁ: sleep, slumber, 5
φᾶρος, τό: mantle, cloak, 8
φωνέω: to utter, speak, 14
χιτών, -ῶνος, ἡ: tunic, 6
χλαῖνα, ἡ: mantle, cloak, outer garment, 2
χρίω: to anoint, rub, 4

---

441 ἐν δ᾽: in (it); therein
   θῆκεν: 3rd sg. aor. τίθημι
443 αὐτός...ἴδε: you yourself now look;
   aor. imper. εἶδον
   ἐπί...ἴηλον: cast a cord upon (it); aor.
   imper. ἰάλλω
444 μή τίς...δηλήσεται: lest anyone do
   mischief; aor. subj., fearing clause
   καθ᾽ ὁδὸν: on the journey
   ὁππότ᾽ ἄν: whenever...; general
   temporal; pres. subjunctive
445 ἰών: nom. sg. pple. ἔρχομαι
446 τό γ᾽: this; acc. direct object
447 ἐπήρτυε: fit on; 3rd sg. impf. ἐπαρτύω
   ἐπί...ἴηλον: cast a cord upon (it); 3rd sg.
   aor. ἰάλλω
448 ὅν...δέδαε: which (knot)... taught;
   reduplicated aor δάω
   φρεσὶ: with her wits, with cunning; dat pl.

450 βάνθ᾽: walking; acc. sg. aor. pple βαίνω
   ἴδε: saw; 3rd sg. aor. εἶδον
   θυμῷ: in his heart
451 οὔ τι: not at all
   κομιζόμενος: being tended to; pass. pple
452 ἐπεὶ δὴ: since the time when
   λίπε: 3rd sg. aor. λείπω
453 οἱ...ἦεν: he had; "there was to him" dat.
   of possession, 3rd sg. impf. εἰμί
   θεῷ ὥς: like a god
454 λοῦσαν, χρῖσαν: 3rd pl. aor. λούω, χρίω
455 ἀμφὶ δὲ μιν βάλον: they wrapped around
   himself;
456 βὰς: walking; nom. aor. pple βαίνω
457 ἤϊε: 3rd sg. impf. ἔρχομαι
   θεῶν ἄπο: from the gods; gen. source
458 στῆ: stood; 3rd sg. aor. ἵστημι
   τέγεος ποιητοῖο: of strongly made house
459 ὁρῶσα: nom. sg. pres. pple ὁράω

"χαῖρε, ξεῖν', ἵνα καί ποτ' ἐὼν ἐν πατρίδι γαίῃ     461

μνήσῃ ἐμεῖ', ὅτι μοι πρώτῃ ζωάγρι' ὀφέλλεις."     462

τὴν δ' ἀπαμειβόμενος προσέφη πολύμητις Ὀδυσσεύς     463

"Ναυσικάα θύγατερ μεγαλήτορος Ἀλκινόοιο,     464

οὕτω νῦν Ζεὺς θείη, ἐρίγδουπος πόσις Ἥρης,     465

οἴκαδέ τ' ἐλθέμεναι καὶ νόστιμον ἦμαρ ἰδέσθαι·     466

τῷ κέν τοι καὶ κεῖθι θεῷ ὣς εὐχετο ῴμην     467

αἰεὶ ἤματα πάντα· σὺ γάρ μ' ἐβιώσαο, κούρη."     468

ἦ ῥα καὶ ἐς θρόνον ἷζε παρ' Ἀλκίνοον βασιλῆα·     469

οἱ δ' ἤδη μοίρας τ' ἔνεμον κερόωντό τε οἶνον.     470

κῆρυξ δ' ἐγγύθεν ἦλθεν ἄγων ἐρίηρον ἀοιδόν,     471

Δημόδοκον λαοῖσι τετιμένον· εἷσε δ' ἄρ' αὐτὸν     472

μέσσῳ δαιτυμόνων, πρὸς κίονα μακρὸν ἐρείσας.     473

δὴ τότε κήρυκα προσέφη πολύμητις Ὀδυσσεύς,     474

νώτου ἀποπροταμών, ἐπὶ δὲ πλεῖον ἐλέλειπτο,     475

ἀργιόδοντος ὑός, θαλερὴ δ' ἦν ἀμφὶς ἀλοιφή·     476

"κῆρυξ, τῇ δή, τοῦτο πόρε κρέας, ὄφρα φάγῃσι,     477

Δημοδόκῳ· καί μιν προσπτύξομαι ἀχνύμενός περ.     478

πᾶσι γὰρ ἀνθρώποισιν ἐπιχθονίοισιν ἀοιδοὶ     479

τιμῆς ἔμμοροί εἰσι καὶ αἰδοῦς, οὕνεκ' ἄρα σφέας     480

αἰδώς, -οῦς, ὁ: reverence, respect, modesty, 3
ἀλοιφή, ἡ: fat, unguent, oil, hog's grease, 2
ἀμφίς: on both sides, round, about, 4
ἀοιδός, ὁ: bard, singer, 12
ἀπ-αμείβομαι: to reply, answer, 11
ἀπο-προ-τέμνω: to cut off from, 1
ἀργι-όδους, -οδοντος: white-tusked, 2
ἀχεύω: to grieve, vex, annoy, 4
βασιλεύς, ὁ: a king, chief, 10
βιόω: to live, 1
δαιτυμών, -ονος, ὁ: guest, 4
Δημόδοκος, ὁ: Demodocus, 10
ἐγγύ-θεν: from near, from close at hand, 5
ἐκεῖ-θι: there, in that place, 3
ἐπι-χθόνιος, -ον:: upon the earth, earthly, 1
ἐρείδω: to lean, prop; press, 2
ἐρί-γδουπους, -ον: loud-thundering, roaring, 1
ἐρίηρος, -όν: faithful, trusty; fitting exactly, 2
ἔμ-μορος, -ον: partaking in, taking part in, 1
ἔσθω: to eat, devour, poetic for ἐσθίω, 4
εὐχετάομαι: to pray; boast, brag, 1
ζωάγρια, τά: reward for life saved, 1
ἦ: in truth, truly (begins open question), 11
ἤδη: already, now, at this time, 8
ἦμαρ, -ατος, τό: day, 13
ἠμί: I say, 4
Ἥρα, ἡ: Hera, 1
θαλερός, -ή, -όν: rich, blooming, 2
θρόνος, ὁ: a seat, chair, 7
θυγάτηρ, ἡ: a daughter, 11
ἵζω: to make sit, place, 11
ἵνα: in order that (+ subj.); where (+ ind.), 13

κεράω: to mix, 1
κίων, -ονος, ὁ, ἡ: a pillar, 3
κρέας, τό: flesh, meat, piece of meat, 1
λαός, ὁ: the people, 10
λείπω: to leave, forsake, abandon, 9
μακρός, ά, όν: long, far, distant, large, 6
μεγαλ-ήτωρ, -ορος: great-hearted, heroic, 10
μέσος, -η, -ον: the middle of, 6
μιμνήσκω: to remind, recall, recollect, 6
μοῖρα, ἡ: due measure, portion, one's lot, 6
Ναυσικάα, ἡ: Nausikaa, 11
νέμω: to distribute, dispense, deal out, 3
νόστιμος, -ον: of or concerning a return, 1
νῶτον, τό: the back, chine, 2
οἴκα-δε: to home, homeward, 5
οἶνος, ὁ: wine, 6
ὅτι: that; because, 10
οὕνεκα: since, because, seeing that, in that, 8
οὕτως: in this way, thus, so, 5
ὀφέλλω: to owe, ought, be obliged, 3
πατρίς, -ιδος, ἡ: of one's father, country, 11
πλεῖος, -η, -ον: full, 2
πόρω: to give, furnish, offer, supply, 2
πόσις, -εως, ὁ: husband, 3
πολύ-μητις: of much cunning, many device, 9
προσ-πτύσσω: to embrace, welcome, 1
πρόσ-φημι: to speak to, address, 12
πρῶτος, -η, -ον: first, earliest; foremost, 13
τιμή, ἡ: honor, 1
τίνω, τίω: to value, pay honor; pay a price, 3
ὗς, ὑός ὁ, ἡ: swine, pig, 2
χαίρω: to rejoice, be glad; fare well, 10

---

461 χαῖρε: *farewell*; "rejoice" sg. imperative
    καὶ...ἐών: *even (while) living...*; "being"
    nom. sg. pple εἰμί, καί is adverbial
    ἵνα..μνήσῃ: *so that you may recall me* ;
    purpose, 2ⁿᵈ sg. aor. mid. subj. μιμνήσκω
462 ὅτι: *because*
465 θείη: *may Zeus ordain*; "may Zeus set
    forth that" 3ʳᵈ sg. aor. opt. of wish, τίθημι
466 ἐλθέμεναι: *(that I) go*; aor. inf. ἔρχομαι
    ἰδέσθαι: *(that I) see*; inf. εἶδον
467 τῷ: *then*
    κεῖθι: ἐκεῖθι
    θεῷ ὥς: *like a god*
    κέν..εὐχετοῴμην: *I would pray*; 1ˢᵗ sg.
    pres. potential optative
468 ἤματα πάντα: *every day*; acc. duration
    ἐβιώσαο: *you gave...life*; ἐβιώσασο, 2ⁿᵈ

sg. aor. mid. βιόω
469 Ἦ ῥα: *so he spoke*; 3ʳᵈ sg. impf. ἠμί
    Ἷζε: *he sat*; impf. ἵζω
470 κερόωντο: *were mixing*; impf mid.
    κεράω
472 τετιμένον: *honored*; pf. pass. τίνω, τίω
    εἷσε: *sat him down*; 3ʳᵈ pl. aor. ἵζω
473 μέσσῳ: *in the middle of*; dat. place where
    ἐρείσας: *leaning*; aor. pple ἐρείδω
475 νώτου: *(a piece) of the backbone (of the
    pig)*; "of the chine," partitive gen.
    ἐπὶ δὲ: *on this*; the piece not cut off
    πλεῖον ἐλέλειπτο: *more had been left
    over*; plpf. pass. λείπω
476 ἦν: *was*; 3ʳᵈ sg. impf. εἰμί
477 φάγῃσιν *may eat*; aor. subj. ἐσθίω (φαγ)
478 ἀχνύμενός περ: *though being grieved*

οἴμας Μοῦσ' ἐδίδαξε, φίλησε δὲ φῦλον ἀοιδῶν.'' 481

ὣς ἄρ' ἔφη, κῆρυξ δὲ φέρων ἐν χερσὶν ἔθηκεν 482

ἥρῳ Δημοδόκῳ· ὁ δ' ἐδέξατο, χαῖρε δὲ θυμῷ. 483

οἱ δ' ἐπ' ὀνείαθ' ἑτοῖμα προκείμενα χεῖρας ἴαλλον. 484

αὐτὰρ ἐπεὶ πόσιος καὶ ἐδητύος ἐξ ἔρον ἕντο, 485

δὴ τότε Δημόδοκον προσέφη πολύμητις Ὀδυσσεύς· 486

''Δημόδοκ', ἔξοχα δή σε βροτῶν αἰνίζομ' ἁπάντων. 487

ἢ σέ γε Μοῦσ' ἐδίδαξε, Διὸς πάϊς, ἢ σέ γ' Ἀπόλλων· 488

λίην γὰρ κατὰ κόσμον Ἀχαιῶν οἶτον ἀείδεις, 489

ὅσσ' ἔρξαν τ' ἔπαθόν τε καὶ ὅσσ' ἐμόγησαν Ἀχαιοί, 490

ὥς τέ που ἢ αὐτὸς παρεὼν ἢ ἄλλου ἀκούσας. 491

ἀλλ' ἄγε δὴ μετάβηθι καὶ ἵππου κόσμον ἄεισον 492

δουρατέου, τὸν Ἐπειὸς ἐποίησεν σὺν Ἀθήνῃ, 493

ὅν ποτ' ἐς ἀκρόπολιν δόλον ἤγαγε δῖος Ὀδυσσεὺς 494

ἀνδρῶν ἐμπλήσας οἵ ῥ' Ἴλιον ἐξαλάπαξαν. 495

αἴ κεν δή μοι ταῦτα κατὰ μοῖραν καταλέξῃς, 496

αὐτίκ' ἐγὼ πᾶσιν μυθήσομαι ἀνθρώποισιν, 497

ὡς ἄρα τοι πρόφρων θεὸς ὤπασε θέσπιν ἀοιδήν.'' 498

ὣς φάθ', ὁ δ' ὁρμηθεὶς θεοῦ ἤρχετο, φαῖνε δ' ἀοιδήν, 499

ἔνθεν ἑλὼν ὡς οἱ μὲν ἐϋσσέλμων ἐπὶ νηῶν 500

ἀείδω: to sing, 13
Ἀθήνη, ἡ: Athena, 11
αἰνίζομαι: to praise, commend, 1
ἀκούω: to hear, listen to, 14
ἀκρό-πολις, ἡ: acropolis, citadel, 2
ἀοιδή, ἡ: song, lay, 8
ἀοιδός, ὁ: bard, singer, 12
ἅπας, ἅπασα, ἅπαν: every, quite all, 6
Ἀπόλλων, ὁ: Apollo, 9
ἄρχω: to begin; rule, be leader of, 7
Ἀχαιός, -α, -ον: Achaian, (Greek), 5
αὐτίκα: straightway, at once; presently, 6
βροτός, ὁ, ἡ: a mortal, human, 10
δέχομαι: to accept, receive; wait for, expect, 3
Δημόδοκος, ὁ: Demodocus, 10
διδάσκω: to teach, instruct, 2
δόλος, ὁ: trap, trick, bait; cunning, 4
δουράτεος, -η, -ον: wooden, of wood planks 2
ἐγώ: I, 123
ἐδητύς, -ύος, ἡ: meat, food, 3
ἐμ-πίπλημι: to fill, to fill quite full, 3
Ἐπειός, ὁ: Epeius, craftsman of the horse 1
ἔνθεν : from there; whence, on the one side, 2
ἐξ-αλαπάζω: to sack, 1
ἔξοχα: adv. especially, beyond, 2
ἔργω: to shut up, shut in; shut out, bar, 3
ἔρος, ὁ: desire, love, 2
ἑτοῖμος, -η, -ον: at hand, ready, prepared, 3
ἐΰ-σσελμος, -ον: well-benched, 1
ἥρως, ὁ: hero, warrior, 6
θέσπις, -ιος, ὁ, ἡ: god-inspired, 1

ἰάλλω: to send forth, send, let loose, 4
Ἴλιον, τό: Ilium, Troy, 2
ἵππος, ὁ: horse, 3
κατα-λέγω: to tell in order, recount, relate, 3
κόσμος, ὁ: order, arrangement, 3
λίην: exceedingly, very much, 3
μετα-βαίνω: to change; pass over, 1
μογέω: to toil, suffer hardship, 5
μοῖρα, ἡ: due measure, portion, one's lot, 6
Μοῦσα, ἡ : Muse, 4
μυθέομαι: to say, speak of, mention, declare, 4
οἴμη, ἡ: a lay, song, 1
οἶτος, ὁ: fate, doom, 2
ὄνειαρ, -ατος, τό: food, goods; aid, benefit, 2
ὀπάζω: to give, grant, 3
ὁρμάω: to set in motion, begin, urge, 1
παῖς, παιδός, ὁ, ἡ: a child, boy, girl; slave, 13
πάρ-ειμι: to be near, be present, 3
πάσχω: to suffer, experience, 10
ποιέω: to do, make, create, compose, 5
πολύ-μητις: of much cunning, many device, 9
πόσις, -εως, ἡ: drink, 8
πρό-κειμαι: to be set before, lie before, 2
πρόσ-φημι: to speak to, address, 12
πρόφρων, -ονος, ὁ, ἡ: willing, ready, 1
σύν: along with, with, together (+ gen.), 7
φαίνω: to show, point out; mid. appear, 10
φιλέω: to love, befriend, 13
φῦλον, τό: race, tribe, class, 3
χαίρω: to rejoice, be glad; fare well, 10

---

481 ἀοιδῶν: of singers; gen. pl. ἀοιδός
482 ἐν χερσίν: in his hands; dat. pl. χείρ
    ἔθηκεν: placed; 3ʳᵈ sg. aor. τίθημι
483 ὁ δ ': and he; i.e. Demodocus
    χαῖρε: he rejoiced; 3ʳᵈ sg. impf. χαίρω
484 ὀνείαθ ': over the food...; ὀνείατα
485 πόσιος, ἐδητύος: for...; following ἔρον
    ἐξ...ἕντο: sent away; 3ʳᵈ pl. aor. mid. ἵημι
    likely tmesis with ἐξ
487 ἔξοχα: beyond + gen.; adverbial acc.
    αἰνίζομ ': αἰνίζομαι
488 ἤ...ἠ: either...or
    Διὸς: of Zeus; gen. sg.
489 κατὰ κόσμον: duly, rightly; "in order"
490 ὅσσ '...ὅσσ: how many things...and how
    many things; apposition to οἶτον
    ἔπαθον: 3ʳᵈ pl. aor. πάσχω
491 ὥς τέ: as if...; governs the participles

ἤ...ἤ: either...or
παρεών: being present; pple πάρειμι
ἀκούσας: nom. sg. aor. pple. ἀκούω
492 ἄγε: come on; introducing an imperative
    μετάβηθι: change; aor imper μεταβαίνω
    κόσμον: form; i.e. structure
    ἄεισον: aor imper ἀείδω
493 τὸν: which; relative pronoun
494 δόλον: as a trap, as a trick
    ἤγαγε: 3ʳᵈ sg. aor. ἄγω
495 ἐμπλήσας: nom. sg. aor. pple ἐμπίπλημι
    οἳ: who; relative pronoun
496 ἄἰ κεν...καταλέξῃς, μυθήσομαι: if you
    recount..., I will declare; future more
    vivid condition; aor. subj. καταλέγω
499 ὁρμηθεὶς θεοῦ: roused by god; gen. agent
500 ἑλὼν: picking up (the narrative); αἱρέω

βάντες ἀπέπλειον, πῦρ ἐν κλισίῃσι βαλόντες, 501

Ἀργεῖοι, τοὶ δ᾽ ἤδη ἀγακλυτὸν ἀμφ᾽ Ὀδυσῆα 502

ἥατ᾽ ἐνὶ Τρώων ἀγορῇ κεκαλυμμένοι ἵππῳ· 503

αὐτοὶ γάρ μιν Τρῶες ἐς ἀκρόπολιν ἐρύσαντο. 504

ὡς ὁ μὲν ἑστήκει, τοὶ δ᾽ ἄκριτα πόλλ᾽ ἀγόρευον 505

ἥμενοι ἀμφ᾽ αὐτόν· τρίχα δέ σφισιν ἥνδανε βουλή, 506

ἠὲ διαπλῆξαι κοῖλον δόρυ νηλέϊ χαλκῷ, 507

ἢ κατὰ πετράων βαλέειν ἐρύσαντας ἐπ᾽ ἄκρης, 508

ἢ ἐάαν μέγ᾽ ἄγαλμα θεῶν θελκτήριον εἶναι, 509

τῇ περ δὴ καὶ ἔπειτα τελευτήσεσθαι ἔμελλεν· 510

αἶσα γὰρ ἦν ἀπολέσθαι, ἐπὴν πόλις ἀμφικαλύψῃ 511

δουράτεον μέγαν ἵππον, ὅθ᾽ ἥατο πάντες ἄριστοι 512

Ἀργείων Τρώεσσι φόνον καὶ κῆρα φέροντες. 513

ἤειδεν δ᾽ ὡς ἄστυ διέπραθον υἷες Ἀχαιῶν 514

ἱππόθεν ἐκχύμενοι, κοῖλον λόχον ἐκπρολιπόντες. 515

ἄλλον δ᾽ ἄλλῃ ἄειδε πόλιν κεραϊζέμεν αἰπήν, 516

αὐτὰρ Ὀδυσσῆα προτὶ δώματα Δηϊφόβοιο 517

βήμεναι, ἠΰτ᾽ Ἄρηα σὺν ἀντιθέῳ Μενελάῳ. 518

κεῖθι δὴ αἰνότατον πόλεμον φάτο τολμήσαντα 519

νικῆσαι καὶ ἔπειτα διὰ μεγάθυμον Ἀθήνην. 520

122

ἀγα-κλυτός, -ή, -όν: glorious, very famous, 2
ἄγαλμα, τό: delight, glory, honor, 1
ἀγορεύω: to speak in assembly, declare, 7
ἀγορή, ἡ: an assembly; marketplace, 5
ἀείδω: to sing, 13
Ἀθήνη, ἡ: Athena, 11
αἰνός, -ή, -όν: terrible, dire, dread, grim, 2
αἰπός, -ή, -όν: high, lofty, sheer, 1
αἶσα, ἡ: fate, lot, portion, destiny, 2
ἄκρη, ἡ: summit, mountain-top, 1
ἄ-κριτος, -ον: unceasing; undistinguished, 1
ἀκρό-πολις, ἡ: acropolis, citadel, 2
ἄλλη: in another place; in another way, 2
ἀμφι-καλύπτω: to cover all round, enclose, 2
ἀνδάνω: to please, delight, gratify (+ dat.) 2
ἀντί-θεος, -η, -ον: godlike, equal to the gods 5
ἀπ-όλλυμι: to destroy, kill, slay, 3
ἀπο-πλέω: to sail away, 1
Ἀργεῖος, -α, -ον: Argive, (Greek), 3
Ἄρης, ἡ: Ares, 10
ἄστυ, τό: a city, town, 10
Ἀχαιός, -α, -ον: Achaian, (Greek), 5
βάλλω: to throw, shoot, hit, strike, 10
βουλή, ἡ: council, counsel, plan, resolve, 4
Δηΐφοβος, ὁ: Deiphobus, 1
διά: through (+ gen.) on account of (+ acc.), 5
δια-πέρθω: to sack, lay waste, destroy, 1
δια-πλήσσω: to cleave, split, 1
δόρυ, δουρός, τό: spear, tree, wood, 4
δουράτεος, -η, -ον: wooden, of wood planks 2
ἐάω: to permit, allow, suffer, let be, leave, 10
ἐκεῖ-θι: there, in that place, 3
ἐκ-προ-λείπω: to forsake, abandon, 1
ἐκ-χέω: to pour out, drop out, 2

ἐπήν: ἐπεὶ ἄν, when, whenever, 4
ἐρύω: to drag, haul, pull, draw, 6
ἤδη: already, now, at this time, 8
ἠέ: or, either…or, 7
ἧμαι: to sit, sit down, be seated, 12
ἠΰτε: as, like as, just as, 2
θελκτήριον, τό: appeasement, charm, 1
ἱππό-θεν: from a horse, 1
ἵππος, ὁ: horse, 3
καλύπτω: to conceal, cover, 4
κεραΐζω: to plunder, ravage, despoil, 1
κήρ, -ος, ἡ: death, destined fate; Death, 2
κλισίη, ἡ: hut, cabin, 1
κοῖλος, -η, -ον: hollow, hollowed, 2
λόχος, ὁ: an ambush, 1
μεγά-θυμος, -ον: great-hearted, 3
μέλλω: to be about to, to intend to, 6
Μενέλαος, ὁ: Menelaus, 1
νηλής, -ές: pitiless, ruthless, 2
νικάω: to defeat, beat, conquer, prevail, 1
ὅ-θι: where, 7
πέτρη, ἡ: rock, ledge, cliff, 3
πόλεμος, ὁ: battle, fight, war, 2
προτὶ: to, 1
πῦρ, πυρός, τό: fire, 9
σύν: along with, with, together (+ gen.), 7
τελευτάω: to finish, accomplish, perform, 2
τολμάω: to endure, undergo, 1
τρίχα: threefold, in three parts, 1
Τρῶες, Τρώων οἱ: Trojans, 5
υἱός, -οῦ, ὁ: a son, 9
φόνος, ὁ: murder, homicide, slaughter, 1
χαλκός, ὁ: copper, bronze, 2

---

501 βάντες: boarding; nom. pl. pple βαίνω
     ἀπέπλειον: 3rd pl. impf. ἀποπλέω
     βαλόντες: throwing; aor. pple. βάλλω
     τοὶ: who; relative pronoun
503 ἧατο: sat
     κεκαλυμμένοι: concealed; pf. pass. pple.
504 αὐτοὶ: themselves; with Τρῶες
     μιν: it; i.e. the wooden horse
505 ὡς…ἑστήκει: when it had stood; plpf.
     ἄκριτα πόλλα: many unceasing things
506 ἥμενοι: sitting; nom. pl. pple. ἧμαι
     ἀμφ ' αὐτὸν: around it; i.e. the horse
     ἥνδανε: 3rd sg. impf. ἀνδάνω
507 ἠὲ…ἦ…ἦ: whether…or…or
     διαπλῆξαι: aor. inf. διαπλήσσω

     κοῖλον δόρυ: the hollowed wood
508 κατὰ πετράων: down from the rocks
     βαλέειν: to throw (the wooden horse)
509 ἐάαν…εἶναι: let it be; inf. ἐάω, εἰμί
510 τῇ περ δὴ: in this very way; fut. inf.
511 αἶσα γὰρ ἦν: it was fate; impf. εἰμί
     ἀπολέσθαι: to be destroyed; aor. inf.
     ἀμφικαλύψῃ: enclosed; aor. subj.
512 ἧατο: sat
514 ἥειδεν..ὡς: he sung how;impf. ἀείδω
     διέπραθον: 3rd pl aor. διαπέρθω
515 ἐκχύμενοι: pouring out; aor. mid. ἐκχέω
516 κεραϊζέμεν: to plunder; inf.
518 βήμεναι: set out; inf. βαίνω, O. subject
520 νικῆσαι: he won; aor. νικάω

ταῦτ' ἄρ' ἀοιδὸς ἄειδε περικλυτός· αὐτὰρ Ὀδυσσεὺς 521

τήκετο, δάκρυ δ' ἔδευεν ὑπὸ βλεφάροισι παρειάς. 522

ὡς δὲ γυνὴ κλαίῃσι φίλον πόσιν ἀμφιπεσοῦσα, 523

ὅς τε ἑῆς πρόσθεν πόλιος λαῶν τε πέσῃσιν, 524

ἄστεϊ καὶ τεκέεσσιν ἀμύνων νηλεὲς ἦμαρ· 525

ἡ μὲν τὸν θνήσκοντα καὶ ἀσπαίροντα ἰδοῦσα 526

ἀμφ' αὐτῷ χυμένη λίγα κωκύει· οἱ δέ τ' ὄπισθε 527

κόπτοντες δούρεσσι μετάφρενον ἠδὲ καὶ ὤμους 528

εἴρερον εἰσανάγουσι, πόνον τ' ἐχέμεν καὶ ὀϊζύν· 529

τῆς δ' ἐλεεινοτάτῳ ἄχεϊ φθινύθουσι παρειαί· 530

ὣς Ὀδυσεὺς ἐλεεινὸν ὑπ' ὀφρύσι δάκρυον εἶβεν. 531

ἔνθ' ἄλλους μὲν πάντας ἐλάνθανε δάκρυα λείβων, 532

Ἀλκίνοος δέ μιν οἶος ἐπεφράσατ' ἠδ' ἐνόησεν, 533

ἥμενος ἄγχ' αὐτοῦ, βαρὺ δὲ στενάχοντος ἄκουσεν. 534

αἶψα δὲ Φαιήκεσσι φιληρέτμοισι μετηύδα· 535

"κέκλυτε, Φαιήκων ἡγήτορες ἠδὲ μέδοντες, 536

Δημόδοκος δ' ἤδη σχεθέτω φόρμιγγα λίγειαν· 537

οὐ γάρ πως πάντεσσι χαριζόμενος τάδ' ἀείδει. 538

ἐξ οὗ δορπέομέν τε καὶ ὦρορε θεῖος ἀοιδός, 539

ἐκ τοῦδ' οὔ πω παύσατ' ὀϊζυροῖο γόοιο 540

ἀείδω: to sing, 13
ἄγχι: near, nigh, close by, 6
ἀκούω: to hear, listen to, 14
αἶψα: straightaway, quickly, at once, 6
ἀμύνω: to keep off, ward off, defend, 1
ἀμφι-πίπτω: to fall around, 1
ἀοιδός, ὁ: bard, singer, 12
ἀσπαίρω: to pant, gasp, struggle, 1
ἄστυ, τό: a city, town, 10
ἄχος, -εος, τό: anguish, distress, grief, 2
βαρύς, -εῖα, -ύ: heavy; grievous, grim, dire, 3
βλέφαρον, τό: pl. eyelids, 1
γόος, ὁ: weeping wailing, groaning, 1
δάκρυον, τό: tear, 7
δεύω: to wet, moisten, 4
Δημόδοκος, ὁ: Demodocus, 10
δορπέω: to dine, take dinner, 2
δόρυ, δουρός, τό: spear, three, stem, 4
εἴβω: to shed, let fall, 1
εἴρερος, ὁ: bondage, slavery, 1
εἰσ-ανα-άγω: to lead (up) into, 1
ἐλεεινός, -η, -ον: pitiable, piteous, 3
ἑός, -ή, -όν: his own, her own, its own, 6
ἐπι-φράζω: to think of, devise, note, 2
ἡγήτωρ, -ορος, ὁ: leader, commander, 8
ἤδη: already, now, at this time, 8
ἧμαι: to sit, sit down, be seated, 12
ἦμαρ, -ατος, τό: day, 13
θεῖος, -η, -ον: divine, immortal, 6
θνήσκω: to die, be dying, perish, 2
κλαίω: to weep, lament, wail, 2
κλύω: to hear, 8
κόπτω: to strike, smite, 2
κωκύω: to shriek, cry, wall, 1
λανθάνω: to escape notice of, be unnoticed, 3

λαός, ὁ: the people, 10
λείβω: to pour (a libation), shed, 3
λίγα: loudly, in a clear tone, 1
λιγύς, -εῖα, -ύ: clear, resonant, whistling, 5
μέδων, -οντος, ὁ: ruler, lord , commander, 7
μετ-αυδάω: to address, speak among, 5
μετά-φενον, τό: the back, behind the midriff 1
νηλής, -ές: pitiless, ruthless, 2
νοέω: to think, mean, indicate, suppose, 10
οἰζυρός, -ά, -όν:: pitable, miserable, 1
ὀιζύς, -ύος, ὁ: sorrow, grief, distress, woe, 2
οἷος, -α, -ον: of what sort, as, 8
ὄπισθεν: behind; in the future, later, 1
ὄρνυμι: to stir, set in motion, rouse, begin, 11
ὀφρύς, ἡ: eyebrow, brow, 2
παρειά, ἡ: cheek, 2
παύω: to stop, make cease, 2
περι-κλυτός, -ή, -όν: very famous, 7
πίπτω: to fall, fall down, drop, 2
πόνος, ὁ: work, labor, toil, 2
πόσις, -εως, ὁ: husband, 3
πρόσθεν: before, 3
πω: yet, up to this time, 4
πως: somehow, in any way, at all, 3
στενάχω: to groan, moan, wail, mourn, 3
τέκος, τό: offspring, a child, 5
τήκω: to melt, melt down, 1
ὑπό: because of, from (gen.), under (dat.), 14
φθινύθω: to waste (away), consume, 1
φιλ-ήρετμος, -η, -ον: lover of the oar, 3
φόρμιγξ, -ιγγος, ἡ: lyre, 7
χαρίζομαι: to show favor, gratify, be dear, 4
χέω: to pour, 6
ὦμος, ὁ: shoulder, 6

---

522 τήκετο: *melted*; 3rd sg. impf. τήκω
    δάκρυ: δάκρυον, nom. sg. subject
523 ὡς δὲ γυνὴ...ὡς Ὀδυσεὺς: *(just) as a
    woman...so Odysseus*; lengthy simile
    κλαίησι: *wails*; 3rd sg. pres. subjunctive
    φίλον: *her own*
    ἀμφιπεσοῦσα: aor. pple ἀμφιπίπτω
524 ὅς..πέσῃσιν: *who has fallen (dead)*; 3rd
    sg. aor. subj.
    ἑῆς..λαῶν: *before his city and people*
525 ἄστεϊ καὶ τεκέεσσιν: *for...*; dat. interest
    ἡ μὲν: *and she*; γυνὴ from l. 523
526 τὸν...ἰδοῦσα: *seeing him...*; nom. sg.
    pple. εἶδον governing pple.
    θνήσκοντα: acc. sg. pres. pple

527 ἀμφ '...χυμένη: *embracing*; "pouring
    around" aor. mid. pple. χέω
    οἱ δέ...ὄπισθε: *those (enemy) behind her*
528 δούρεσσι: *with their spears*; dat. δόρυ
529 ἔχεμεν: *to endure...*; inf. of purpose, ἔχω
533 οἷος: *alone*
    ἐπεφράσατο: noticed; aor. ἐπιφράζω
534 ἥμενος: *sitting*; pple. ἧμαι
    βαρὺ: *deeply*; adverbial acc.
    στενάχοντος: *him groaning*; obj. ἀκούω
536 Κέκλυτε: reduplicated aor. imper. κλύω
537 σχεθέτω: *let him cease*; 3rd imper. ἔχω
539 ἐξ οὗ: *from which (time)*
    ὦρορε: *began*; 3rd sg. aor. ὄρνυμι
540 ἐξ τοῦδ ': *from this (time)*; separation

ὁ ξεῖνος· μάλα πού μιν ἄχος φρένας ἀμφιβέβηκεν. 541

ἀλλ' ἄγ' ὁ μὲν σχεθέτω, ἵν' ὁμῶς τερπώμεθα πάντες, 542

ξεινοδόκοι καὶ ξεῖνος, ἐπεὶ πολὺ κάλλιον οὕτως· 543

εἵνεκα γὰρ ξείνοιο τάδ' αἰδοίοιο τέτυκται, 544

πομπὴ καὶ φίλα δῶρα, τά οἱ δίδομεν φιλέοντες. 545

ἀντὶ κασιγνήτου ξεῖνός θ' ἱκέτης τε τέτυκται 546

ἀνέρι, ὅς τ' ὀλίγον περ ἐπιψαύῃ πραπίδεσσι. 547

τῷ νῦν μηδὲ σὺ κεῦθε νοήμασι κερδαλέοισιν 548

ὅττι κέ σ' εἴρωμαι· φάσθαι δέ σε κάλλιόν ἐστιν. 549

εἴπ' ὄνομ' ὅττι σε κεῖθι κάλεον μήτηρ τε πατήρ τε, 550

ἄλλοι θ' οἳ κατὰ ἄστυ καὶ οἳ περιναιετάουσιν. 551

οὐ μὲν γάρ τις πάμπαν ἀνώνυμός ἐστ' ἀνθρώπων, 552

οὐ κακὸς οὐδὲ μὲν ἐσθλός, ἐπὴν τὰ πρῶτα γένηται, 553

ἀλλ' ἐπὶ πᾶσι τίθενται, ἐπεί κε τέκωσι, τοκῆες. 554

εἰπὲ δέ μοι γαῖάν τε· τεὴν δῆμόν τε πόλιν τε, 555

ὄφρα σε τῇ πέμπωσι τιτυσκόμεναι φρεσὶ νῆες· 556

οὐ γὰρ Φαιήκεσσι κυβερνητῆρες ἔασιν, 557

οὐδέ τι πηδάλι' ἔστι, τά τ' ἄλλαι νῆες ἔχουσιν· 558

ἀλλ' αὐταὶ ἴσασι νοήματα καὶ φρένας ἀνδρῶν, 559

καὶ πάντων ἴσασι πόλιας καὶ πίονας ἀγροὺς 560

ἀγρός, ὁ: fields, lands, 2
αἰδοῖος, -α, -ον: reverent, august, venerable, 6
ἀμφι-βαίνω: to go about, encompass, 1
ἀντί: in place of, opposite (gen), 1
ἀν-ώνυμος, -ον: nameless, without name, 1
ἄστυ, τό: a city, town, 10
ἄχος, -εος, τό: anguish, distress, grief, 2
δῆμος, ὁ: district, country, land; people, 12
δῶρον, τό: gift, present; reward, 8
εἵνεκα: for the sake of, for (+ preceding gen.) 4
ἐκεῖ-θι: there, in that place, 3
ἐπήν: ἐπεὶ ἄν, when, whenever, 4
ἐπι-ψαύω: to touch on, touch lightly, handle 1
ἔρομαι: to ask, enquire, question, 4
ἐσθλός, -ή, -όν: good, well-born, noble, 12
ἱκέτης, ὁ:, suppliant, one seeking protection, 4
ἵνα: in order that (+ subj.); where (+ ind.), 13
καλέω: to call, summon, invite, 8
κάλλιον: better, more fitting, more beautiful, 4
κασί-γνητος, ὁ: a brother, 4
κερδαλέος, -η, -ον: clever, crafty, cunning, 1
κεύθω: to cover up, enclose; hide, conceal, 2
κυβερνητήρ, ὁ: helmsman, pilot, 1
μη-δέ: and not, but not, nor, 7

μήτηρ, ἡ: a mother, 11
νόημα, τά : thought, notion, idea, 5
ξεινο-δόκος, ὁ: host, guest-receiver, 2
ὁμῶς: equally, likewise, alike, 1
ὀλίγος, -η, -ον: few, little, small, 3
ὄνομα, -ατος, τό: name, 3
οὕτως: in this way, thus, so, 5
πάμπαν: quite, wholly, altogether, 1
πέμπω: to send, conduct, convey, dispatch, 4
περι-ναιετάω: to dwell around, 1
πηδάλιον, τό: rudder, oar for steering, 1
πίων, -ον: rich, fertile, plentiful, 1
πομπή, ἡ: conduct, escort, departure, 10
πραπίδες, αἱ: wits; midriff, 2
πρῶτος, -η, -ον: first, earliest; foremost, 13
τέρπω: to delight; mid. enjoy, feel joy, 12
τεός, -ή, -όν: your, 3
τεύχω: to make, build, construct, prepare, 12
τῇ: here, there, 10
τίκτω: to beget, conceive, bear, bring forth, 4
τιτύσκομαι: to make ready, prepare, 1
τοκεύς, ὁ, ἡ: parent, 4
φιλέω: to love, befriend, 13

---

541 ἀμφιβέβηκεν: 3ʳᵈ sg. pf. ἀμφιβαίνω
542 ἄγε: *come now*; introducing an imper.
    σχεθέτω: *let him cease*; 3ʳᵈ sg imperative ἔχω
    ἵνα...τερπώμεθα: *so that...*; pres. subj.
543 ἐπεὶ κάλλιον: *since (it is) better*
    πολύ: *by far*
    τέτυκται: *have been prepared*; 3ʳᵈ sg. pf. pass. τεύχω, subject is neut. pl. τάδε
545 φίλα: *his*
    τά: *which...*; neut. pl. relative pronoun
546 ἀντὶ κασιγνήτου...πραπίδεσσι: *he has been made both a guest as good as a brother and a suppliant to a man who reaches ever so little with his wits*;
    the use of ἀντί suggests an equivalence, "as good as;" and the words ἀνέρι, ὅς "the man who" refer to Alcinous; περ adds force to ὀλίγον
548 τῷ: *therefore*
    μηδὲ κεῦθε: *do not conceal*; imperative
549 ὅττι κε: *whatever...*; with pres. subj.
    εἴρωμαι: pres. subj. ἔρομαι

    φάσθαι: *that you speak*; mid. inf. φημί
550 εἴπ ': *tell (to me)*; aor. imper. εἶπον
    ὅττι: *that...*; relative pronoun, acc. sg.
    κάλεον: *were accustomed to call*; 3ʳᵈ pl. impf. suggesting customary action
551 κατὰ ἄστυ: *(are) in your city*
553 τὰ πρῶτα: *first, for the first time*; adverbial acc. pl.
    γένηται: *he is born*; aor. subjunctive γίγνομαι in a general temporal clause
554 ἐπὶ πᾶσι τίθενται: *assign (a name) to all*
    τέκωσι: *they give birth to*; 3ʳᵈ pl aor. subj.
555 εἴπ ': *tell*; εἶπε, aor. sg. imperative
556 ὄφρα...πέμπωσι: *so that...*; purpose clause with pres. subjunctive
    τῇ: *there*; i.e. to Odysseus' homeland
    τιτυσκόμεναι φρεσί: *made ready with the mind*; dat. plural of means
557 Φαιήκεσσι...ἔασιν: *Phaeacians do not have...*; dat. possession, 3ʳᵈ pl pres. εἰμί
559 ἴσασι: 3ʳᵈ pl present οἶδα
    πόλιας: *the cities*; acc. pl.

ἀνθρώπων, καὶ λαῖτμα τάχισθ᾽ ἁλὸς ἐκπερόωσιν          561
ἠέρι καὶ νεφέλῃ κεκαλυμμέναι· οὐδέ ποτέ σφιν          562
οὔτε τι πημανθῆναι ἔπι δέος οὔτ᾽ ἀπολέσθαι.          563
ἀλλὰ τόδ᾽ ὥς ποτε πατρὸς ἐγὼν εἰπόντος ἄκουσα          564
Ναυσιθόου, ὃς ἔφασκε Ποσειδάων᾽ ἀγάσασθαι          565
ἡμῖν, οὕνεκα πομποὶ ἀπήμονές εἰμεν ἁπάντων.          566
φῆ ποτὲ Φαιήκων ἀνδρῶν εὐεργέα νῆα          567
ἐκ πομπῆς ἀνιοῦσαν ἐν ἠεροειδέϊ πόντῳ          568
ῥαισέμεναι, μέγα δ᾽ ἧμιν ὄρος πόλει ἀμφικαλύψειν.          569
ὣς ἀγόρευ᾽ ὁ γέρων· τὰ δέ κεν θεὸς ἢ τελέσειεν          570
ἤ κ᾽ ἀτέλεστ᾽ εἴη, ὥς οἱ φίλον ἔπλετο θυμῷ·          571
ἀλλ᾽ ἄγε μοι τόδε εἰπὲ καὶ ἀτρεκέως κατάλεξον,          572
ὅππη ἀπεπλάγχθης τε καὶ ἅς τινας ἵκεο χώρας          573
ἀνθρώπων, αὐτούς τε πόλιάς τ᾽ εὖ ναιετοώσας,          574
ἠμὲν ὅσοι χαλεποί τε καὶ ἄγριοι οὐδὲ δίκαιοι,          575
οἵ τε φιλόξεινοι, καί σφιν νόος ἐστὶ θεουδής.          576
εἰπὲ δ᾽ ὅ τι κλαίεις καὶ ὀδύρεαι ἔνδοθι θυμῷ          577
Ἀργείων Δαναῶν ἠδ᾽ Ἰλίου οἶτον ἀκούων.          578
τὸν δὲ θεοὶ μὲν τεῦξαν, ἐπεκλώσαντο δ᾽ ὄλεθρον          579
ἀνθρώποις, ἵνα ᾖσι καὶ ἐσσομένοισιν ἀοιδή.          580

ἄγαμαι: to wonder at, admire (dat.) 2
ἀγορεύω: to speak in assembly, declare, 7
ἄγριος, -α, -ον: wild, fierce, 4
ἀήρ, ἠέρος, ἡ: mist, cloud, air, 4
ἀκούω: to hear, listen to, 14
ἅλς, -ος, ὁ: salt, sea, 8
ἀμφι-καλύπτω: to cover all round, enfold, 2
ἀν-έρχομαι: to go up, approach, 2
ἀ-τέλεστος, -ον: unaccomplished, 1
ἀοιδή, ἡ: song, lay, 8
ἅπας, ἅπασα, ἅπαν: every, quite all, 6
ἀ-πήμων, -ονος: unharmed, unhurt, safe, 2
ἀπ-όλλυμι: to destroy, kill, slay, 3
ἀπο-πλάζω: to make wander off, 1
Ἀργεῖος, -α, -ον: Argive, (Greek), 3
ἀτρεκής, -ές: real, genuine, 1
γέρων, -οντος, ὁ: elder, old man, 3
Δαναοί, οἱ: Danaans, (Greeks), 2
δέος, δείους, τό: fear, alarm, dread, awe, 2
δίκαιος, -α, -ον: well-ordered, civilized, 2
ἐκ-περάω: to pass over, traverse, 1
ἔνδο-θι: within, at home, 1
ἐπι-κλώθω: to spin (one's fate), assign, 1
εὖ: well, 11
εὐ-εργής, -ές: well-wrought, well-made, 2
ἠερο-ειδής, -ες: misty, murky, mist-looking, 1
ἠμέν: both, as well, as also, 2
θεου-δής, -ές: god-fearing, 2
Ἴλιον, τό: Ilium, Troy, 2

ἵνα: in order that (+ subj.); where (+ ind.), 13
καλύπτω: to conceal, cover, 4
κατα-λέγω: to tell in order, recount, relate, 3
κλαίω: to weep, lament, wail, 2
λαῖτμα, τό: gulf of the sea, depth of the sea, 3
ναιετάω: to live, dwell, abide, 3
Ναυσίθοος, ὁ: Nausithoos, 5
νεφέλη, ἡ: a cloud, 1
νοῦς, ὁ: mind, thought, reason, attention, 7
ὀδύρομαι: to lament, weep, bewail, 2
οἶτος, ὁ: fate, doom, 2
ὄλεθρος, ὁ: ruin, destruction, death, 1
ὅπη: in what way, whichever direction, 2
ὄρος, -εος, τό: a mountain, hill, 4
οὕνεκα: since, because, seeing that, in that, 8
πέλομαι: to come upon, come to be, to be, 9
πημαίνω: to harm, to bring into misery, 1
πομπή, ἡ: conduct, escort, departure, 10
πομπός, ὁ: escort, guide, conductor, 1
πόντος, ὁ: sea, 8
Ποσειδεών, -εῶνος, ὁ: Poseidon, 7
ῥαίω: to break, shatter, crush, (ship)wreck, 3
τάχιστα: very quickly, very speedily, 4
τελέω: to complete, fulfill, accomplish, 4
τεύχω: to make, build, construct, prepare, 12
φιλό-ξεινος, -ον: hospitable, 2
χαλεπός, -ή, -όν: difficult, hard, harmful, 2
χώρα, ἡ: region, place, 1

---

561 ἐκπερόωσιν: *pass over*; 3$^{rd}$ pl. pres.
  τέκωσι: *they give birth to*; 3$^{rd}$ pl aor. subj.
562 ἠέρι: *with mist* dat. sg. ἀήρ
  κεκαλυμμέναι: pf. pass. pple. καλύπτω
  τῇ: *there*; i.e. to Odysseus' homeland
  σφιν..ἔπι δέος: *they have fear to..*; "there is fear to them," dat. of possession
563 πημανθῆναι: aor. pass. inf. πημαίνω
  ἀπολέσθαι: aor. inf. ἀπόλλυμι
564 τόδ᾽ ὥς ποτε...ἄκουσα: *I heard this in this way once...*; 1$^{st}$ sg. aor. ἀκούω
  πατρὸς: *from my father...*; gen. of source
565 Ναυσιθόου: in apposition to πατρὸς
  ἔφασκε: *used to say*; iterative impf. φημί
  Ποσειδάωνα: acc. subject, inf. ἄγαμαι
566 εἰμεν: *we are*; 1$^{st}$ pl. pres. εἰμί
567 φῆ: 3$^{rd}$ sg impf. φημί
568 νῆα: acc. subject of fut. ῥαισέμεναι
  ἀνιοῦσαν: acc. sg. pple ἀνέρχομαι
569 ῥαισέμεναι: fut. inf. ῥαίω
  μέγα ὄρος: acc. subject of fut. infinitive

570 ὡς ἀγόρευ ᾽: *thus the old man used to say*; impf. ἀγορεύω
  τὰ δέ: *which things...*; neut. acc. pl. of τελέσειεν and nom. subj. of 3$^{rd}$ sg. εἴη
  τελέσειεν: *would bring to pass*; potential aor. opt. τελέω
571 εἴη: *would be*; potential opt.
  οἱ φίλον: *dear to him*
  ἔπλετο: *was*; impf. πέλομαι
572 ἄγε: *come now*; introduces an imperative
  εἰπέ: *tell (to me)*; aor. imper. εἶπον
  κατάλεξον: aor. imperative καταλέγω
573 ἀπεπλάγχθης: *you were made to wander*; 2$^{nd}$ sg. aor. pass. ἀποπλάζω
  ἵκεο: *you reached*; ἵκε(σ)ο 2$^{nd}$ sg. aor mid.
576 σφιν...ἐστί: *they have*; dat. possession
577 ὀδύρηαι: *you bewail...*; ὀδύρε(σ)αι mid.
580 ᾖσι...ἐσσομένοισι: *there may be for those going to be*; pres. subj. and fut. pple εἰμί

ἢ τίς τοι καὶ πηὸς ἀπέφθιτο Ἰλιόθι πρὸ                           581

ἐσθλὸς ἐών, γαμβρὸς ἢ πενθερός, οἵ τε μάλιστα           582

κήδιστοι τελέθουσι μεθ' αἷμά τε καὶ γένος αὐτῶν;         583

ἢ τίς που καὶ ἑταῖρος ἀνὴρ κεχαρισμένα εἰδώς,             584

ἐσθλός; ἐπεὶ οὐ μέν τι κασιγνήτοιο χερείων                     585

γίγνεται, ὅς κεν ἑταῖρος ἐὼν πεπνυμένα εἰδῇ"               586

αἷμα, -ατος τό: blood, 1
ἀπο-φθίω: to perish, die away, 2
γαμβρός, ὁ: son-in-law, 2
γένος, -εος, τό: race, family, 2
ἐσθλός, -ή, -όν: good, well-born, noble, 12
ἑταῖρος, ὁ: comrade, companion, 6
ἦ: in truth, truly (begins open question), 11
Ἰλιό-θι: at Ilium, at Troy, 1
κασί-γνητος, ὁ: a brother, 4

κήδιστος, -η, -ον: nearest kin by marriage, 1
μάλιστα: most of all; certainly, especially, 5
πενθερός, ὁ: father-the-law, 1
πέπνυμαι: to be wise, prudent; have breath, 2
πηός, ὁ: kinsman by marriage, 1
πρό: before, in front; in place of (+ gen.), 2
τελέθω: to turn out to be, prove to be, 2
χαρίζομαι: to show favor, gratify, be dear, 4
χερείων, -ον: inferior, worse, 1

---

581 τίς...πηὸς: *did some kinsman by marriage...?*; ἦ precedes a question
ἀπέφθιτο: *perished*; aor. mid. ἀποφθίω
Ἰλιόθι πρὸ: *before Ilium*; -θι here is gen. ending that later suggests place where
582 ἐών: *being*; nom. sg. pres. pple εἰμί
583 μεθ᾽ αἷμα...αὐτῶν: *of those after (one's one) blood and kin*; partitive gen.
584 τίς ἑταῖρος ἀνὴρ: *did some companion, a man...*
κεχαρισμένα: *pleasing things* ; "things

being pleasing," pf. pple χαρίζομαι
εἰδώς: *knowing*; nom. sg. pf. pple οἶδα
585 οὐ μέν τι: *not at all*
κασιγνήτοιο: *than a brother*; gen. of comparison following χερείων
586 ὅς...εἰδῇ: *(the one) who knows...*; the nom. antecedent of the relative pronoun is missing; 3rd sg. subjunctive, οἶδα
πεπνυμένα: *prudent things*; "things being prudent," neut. pl. pf. pple πέπνυμαι

24025875R00081

Printed in Great Britain
by Amazon